U0572991

BLUE BOOK

智 库 成 果 出 版 与 传 播 平 台

重庆慈善蓝皮书
BLUE BOOK OF CHONGQING CHARITY

重庆互联网慈善发展报告（2022)

ANNUAL REPORT ON CHONGQING'S INTERNET CHARITY DEVELOPMENT (2022)

中国慈善联合会
重庆市慈善捐赠服务中心 ／ 研创

社会科学文献出版社
SOCIAL SCIENCES ACADEMIC PRESS (CHINA)

图书在版编目（CIP）数据

重庆互联网慈善发展报告.2022 / 中国慈善联合会，
重庆市慈善捐赠服务中心研创 . --北京：社会科学文献
出版社，2023.3
　（重庆慈善蓝皮书）
　ISBN 978-7-5228-1445-2

　Ⅰ.①重… Ⅱ.①中… ②重… Ⅲ.①互联网络-应
用-慈善事业-研究报告-重庆-2022 Ⅳ.①D632.1

　中国国家版本馆 CIP 数据核字（2023）第 029304 号

重庆慈善蓝皮书
重庆互联网慈善发展报告（2022）

研　　创／中国慈善联合会
　　　　　重庆市慈善捐赠服务中心

出 版 人／王利民
责任编辑／侯曦轩　陈　颖
责任印制／王京美

出　　版／社会科学文献出版社·皮书出版分社（010）59367127
　　　　　地址：北京市北三环中路甲 29 号院华龙大厦　邮编：100029
　　　　　网址：www.ssap.com.cn
发　　行／社会科学文献出版社（010）59367028
印　　装／天津千鹤文化传播有限公司

规　　格／开　本：787mm×1092mm　1/16
　　　　　印　张：18.25　字　数：208 千字
版　　次／2023 年 3 月第 1 版　2023 年 3 月第 1 次印刷
书　　号／ISBN 978-7-5228-1445-2
定　　价／158.00 元

读者服务电话：4008918866

编　委　会

主编单位简介

中国慈善联合会　2013 年成立的全国性社会团体，在民政部领导下，紧紧围绕"联合慈善力量、沟通社会各方、促进行业自律、推动行业发展"的宗旨，近年来下大气力参与脱贫攻坚和抗击疫情，加强行业自律与维权，开展慈善行业研究和标准建设，弘扬慈善文化、培养慈善人才。在慈善研究领域，中国慈善联合会每年编制发布《中国慈善捐赠报告》，定期制作发布"中国城市公益慈善指数"，受民政部委托开展调研并撰写《互联网公开募捐信息平台运行和管理机制研究报告》《慈善组织和慈善活动分类研究报告》等，与重庆、苏州、成都等地合作编制区域慈善事业发展报告，还通过"竹林计划"项目资助全国年轻学者开展研究，行业研究成果丰富。

重庆市慈善捐赠服务中心　成立于 2008 年，重庆市民政局直属事业单位。围绕培育重庆慈善文化、打造"慈善之城"，充分履行在全市慈善事业高质量发展中的指导、促进等服务职能，激发全市慈善组织发挥服务乡村振兴大局和扶弱济困等功能。曾在参与脱贫攻坚工作中记大功、荣获重庆市新冠肺炎疫情防控先进集体表彰。编撰出版《重庆慈善事业"十四五"发展规划研究》（获 2021 年重庆市民政政策理论研究一等奖）、《重庆市互联网慈善事业发展研究》（获 2022 年重庆市民政政策理论研究一等奖）、《重庆"互联网+慈善"研究》（获 2021 年全国民政政策理论研究二等奖）等系列互联网慈善理论研究成果，为推动全国互联网慈善事业发展贡献了重庆智慧。

摘　要

近年来，各种基于互联网的商业模式和产业形态重组了经济社会运行与发展的各个过程，公益慈善领域也不例外。在公益慈善领域，互联网能够迅速匹配慈善项目的捐赠方和需求方，使慈善募捐日益突破时间和空间限制，越来越多的人通过数字平台进行捐赠。回顾互联网慈善发展历程，大数据、云计算、人工智能等以数字化、智能化和网络化为核心特征的技术进步构建了慈善事业发展所需的基础设施，为慈善事业发展带来巨大改变。重庆市互联网慈善在全国起步早、发展快，在重庆市委市政府的重视支持下、在各级枢纽型慈善组织的大力推动下、在各领域各类型社会组织的广泛参与下，已经形成重要的慈善事业发展极和城市名片。

作者通过对近年来重庆市慈善领域捐赠情况、发展趋势和社会环境等方面的梳理，概括出重庆互联网慈善的主体特征为慈善主体多元协同、公众参与范围广泛并热情高涨；内容特征为覆盖领域广泛多元、慈善内容积极向上、慈善项目效果显著；慈善的发展模式有慈善组织到捐赠人模式、募捐平台到捐赠人模式、线上与线下结合模式和个人求助模式；慈善运作机制为政府动员机制、多元协作机制以及信息公开机制，未来将进一步呈现慈善募捐网络化、参与

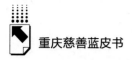

主体广泛化、网络慈善规范化、慈善组织技术化的发展态势。

本书在结构安排上，分为总报告、专题篇、案例篇、借鉴篇四个部分，结合当下的国家战略目标，从多个角度对重庆互联网慈善事业发展进行了多维度的深入观察和透视分析。本书不仅适合关注互联网慈善的研究者和读者学习参考，亦可在实践层面为国内其他城市开展互联网慈善建设提供借鉴。

关键词： 互联网慈善　高质量发展　重庆市

Abstract

In recent years, various internet based business models and industrial forms have restructured various processes of economic and social operation and development, and the field of public welfare and charity is no exception. In the field of public welfare and charity, the internet can quickly match the donors and demanders of charitable projects, making charitable fundraising increasingly break through time and space constraints, and people increasingly rely on digital platforms for donations. Looking back on the development process of internet charity, the technological progress of big data, cloud computing, artificial intelligence and other technologies with the core characteristics of digitalization, intelligence and networking has built the infrastructure needed for the development of charity, bringing great changes to the development of charity. The development of internet charity in Chongqing started early and developed rapidly in the country. With the support of the Chongqing Municipal Party Committee and Government, the promotion of the hub organization charity, and the extensive participation of other social organizations in Chongqing, it has formed an important charity development pole and a city card.

By sorting out the donation situation, development trend and social environment in the charity field of Chongqing in recent years, it can be concluded that the main characteristics of internet charity in Chongqing are as follows: diversified and cooperative charity subjects, extensive public participation and high enthusiasm; The content features are wide and diverse coverage, positive charity content, and significant effect of charity projects; The development model of charity shows the fund-raising model from charitable organizations to donors, the fund-raising platform to donors, the online and offline combination model and the personal help seeking model; The charity operation mechanism includes the government mobilization mechanism, the multi-cooperation mechanism and the information disclosure mechanism. In the future, it will further present the development trend of charity fundraising networking, the widespread participation of subjects, the standardization of online charity, and the technicalization of charitable organizations.

In terms of structural arrangement, the report is divided into five parts: general report, special topic, reference, case and appendix. In combination with the current national strategic objectives, the report conducts multi-dimensional in-depth observation and perspective analysis on the development of internet charity in Chongqing from multiple perspectives. This book is not only suitable for domestic researchers and readers of internet charity to learn from, but also can provide reference for other cities in China to carry out internet charity construction in practice.

Keywords: Internet Charity; High Quality Development; Chongqing

目 录 ⟍⟋

Ⅰ 总报告

Ⅱ 专题篇

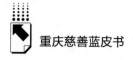

Ⅲ 案例篇

Ⅳ 借鉴篇

皮书数据库阅读 **使用指南**

CONTENTS ↰↲

I   General Report

II   Special Topic Chapters

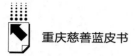
Ⅲ　Cases Chapters

Ⅳ　Reference Chapter

总 报 告

General Report

B.1
重庆互联网慈善发展形势及展望

重庆互联网慈善发展报告课题组*

摘 要： 近年来，重庆市致力于大力弘扬慈善文化、多向度推进慈

* 重庆互联网慈善发展报告课题组成员：李喜燕，重庆工商大学法学与社会学学院教授，重庆"互联网+慈善"法律与治理研究中心主任，硕士生导师，研究方向为慈善法学、社会法学；李健，中央民族大学管理学院教授，博士生导师，中央民族大学基金会研究中心执行主任，研究方向为社会组织、公益慈善；李雨洁，中央民族大学管理学院博士研究生，研究方向为社会组织、公益慈善；陈淑娟，中央民族大学管理学院硕士研究生，研究方向为社会组织、公益慈善；吴磊，上海工程技术大学管理学院教授，硕士生导师，研究方向为社会组织、社会治理、第三次分配与共同富裕；施敏，上海工程技术大学现代城市社会治理专业硕士研究生，研究方向为公益慈善与基层治理；徐锡雨，上海工程技术大学行政管理硕士研究生，研究方向为公益慈善与乡村振兴；卢锡涛，重庆工商大学法律硕士研究生，研究方向为慈善法学。李喜燕负责第一部分，李健、李雨洁负责第二部分，吴磊、施敏、徐锡雨负责第三部分，李健、陈淑娟负责第四部分，李喜燕、卢锡涛负责第五部分。

善募捐、努力打造慈善品牌、全力支持脱贫攻坚、有序开展疫情防控，着力提升慈善能力，成效显著。在上述举措推动下，重庆市慈善事业发展呈现良好的发展态势，具体体现在"人人慈善"氛围逐步形成，互联网募捐取得突出成绩，大量慈善品牌逐步兴起，助力脱贫攻坚成效明显，配合疫情防控效果良好，慈善综合实力不断夯实。重庆市互联网慈善发展的瓶颈问题体现为互联网慈善法律法规不健全、社会公众的互联网慈善意识不够、互联网慈善发展的专业性不强、互联网慈善组织的内部管理能力不足、互联网慈善的外部监督机制不健全。未来重庆市应该加强统筹规划，提升重庆市慈善共治创新能力；发挥重庆市慈善组织枢纽型组织作用，营造良性慈善行业生态环境；优化人才引进政策，构造慈善人才输送机制；深挖慈善潜能，提升重庆慈善创新水平。

关键词： 慈善事业　互联网慈善　慈善文化　监管政策　重庆市

一　重庆慈善事业发展概述

慈善事业是我国多层次社会保障体系的有机组成部分，也是弘扬社会主义核心价值观的重要载体。近年来，慈善事业在国家建设中的作用日益凸显。2014 年，国务院发布《关于促进慈善事业健康发展的指导意见》，标志着国家对慈善健康事业发展的重视。自

《中华人民共和国慈善法》颁布以来，2019 年 10 月十九届四中全会、2020 年 10 月十九届五中全会连续两年强调发展慈善事业，可见，国家对慈善事业的重视程度日益凸显。2021 年 3 月《政府工作报告》等中央文件显示党和国家对慈善事业格外重视。2021 年 8 月 17 日召开的中央财经委员会第十次会议将以慈善事业作为核心机制的第三次分配与初次分配、再分配一起上升为基础性制度性安排。重庆在认真学习和贯彻党和政府历次会议和文件精神的基础上，结合国家发展规划总体安排和重庆市总体发展规划方案，认真贯彻《慈善法》及相关法规和政策，大力弘扬慈善文化，多向推进慈善募捐，努力打造慈善品牌，全面开展脱贫攻坚，有序进行疫情防控，着力提升慈善能力，在慈善事业发展方面，取得了引人注目的成绩，"人人慈善"氛围逐步形成，互联网募捐取得突破性进展，大量慈善品牌日益兴起，助力脱贫攻坚成效显著，配合疫情防控效果良好，慈善综合能力不断夯实，开创了重庆市慈善事业发展新局面。

（一）重庆慈善事业发展举措

重庆市委市政府历来十分重视慈善事业发展，把慈善事业的发展作为构建和谐重庆的重要组成部分，着力增强全社会的慈善意识、突出强化慈善事业的基层、基础和经常性工作[1]。2015 年《重庆市人民政府关于促进慈善事业健康发展的实施意见》（渝府发〔2015〕44 号）提出构建慈善事业发展新格局。在中国慈善联合会

---

[1] 袁天长：《重庆市——"三抓"并举　推进慈善事业大发展》，《社会福利》2008 年第 10 期。

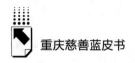

推出的"中国城市公益慈善指数"倡导下，2018 年包括重庆在内全国 30 多个城市共同发起"创建慈善城市联合行动"。

1. 大力弘扬慈善文化

慈善文化是衡量一个国家和地区文明程度的重要标志，也是促进慈善事业健康发展的动力和根基[①]。山城重庆自古以来就有着丰厚的慈善文化底蕴，近年来随着经济社会的飞速发展，重庆慈善文化也日渐浓厚，传统文化内涵与现代文明相融合展现出时代新特征。重庆在传统慈善文化的积淀基础上，利用多渠道多模式宣传现代慈善文化，积极倡导"人人重庆，人人慈善"的慈善理念，将重庆市江湖文化中的急公好义升华为慈善文化中的乐善好施。

首先，营造慈善氛围，培育慈善意识。在"十三五"时期重庆积极构建慈善文化价值理念，将慈善文化与传统文化、企业文化、社区文化、消费文化和传播文化五种文化"五结合"，推动慈善文化与机关、企业、学校、社区和乡村等各类载体"五进入"，培养公民参与慈善的社会责任感，在全社会普及慈善理念，倡导慈善行为，将公益慈善纳入精神文明建设的重要内容，纳入文明城区、文明社区及文明单位的评选范围，鼓励和支持社会各界以各类社会救助对象为重点，广泛开展扶贫济困、赈灾救孤、扶老助残、助学助医等慈善活动，营造重庆全社会积极参与慈善的良好氛围。以重庆市慈善总会为例，2014 年设立了慈善文化基金，首批注资 5500 万元，旨在为更多的爱心企业和爱心人士从事慈善文化宣传和研究、帮扶困难弱势群体搭建平台，助推重庆市慈善总会和社

---

① 石国亮：《慈善文化进机关：意义、挑战与路线图》，《江海学刊》2016 年第 4 期。

会各界在慈善文化方面出成果、出品牌，培育和传播全民慈善理念，为慈善事业发展提供了强大的舆论支持，引导更多的人崇德向善。

其次，强化慈善宣传，推广慈善文化。在宣传方面，通过传统纸质媒介、新闻媒体、各类网站、"互联网+媒体"开展慈善宣传。一是在《重庆日报》《重庆民政》等纸质媒介开辟《慈善法》解读专栏，邀请知名专家学者权威解读《慈善法》，13家公益慈善类机构联合出版正式刊物《公益慈善》，重庆市慈善总会还主办了《重庆慈善》刊物。截至2022年12月29日，《重庆慈善》已经发行68期，成为传播慈善文化、推广慈善项目、宣传慈善人物和故事、报道慈善活动、学习了解慈善最新信息的重要渠道。二是充分运用重庆华龙网、重庆电视台及重庆广播电台等传统媒体和网络媒体，解读慈善政策，普及慈善知识，传播慈善文化。华龙网、腾讯·大渝网、新华网·重庆频道等重庆市主流媒体均开设公益板块，其中"巴渝慈善文学"专题持续宣传本土慈善故事，塑造了巴渝慈善文化。三是积极开辟"互联网+宣传平台"，通过各大网站、微信公众号、微博以及抖音等多元的自有宣传平台，拓展慈善宣传渠道。四是鼓励慈善组织召开宣传慈善文化的一系列活动，比如重庆市慈善总会连续两年举办慈善诗歌朗诵会，承办第二届"一带一路·手拉手"十国少年中国行重庆站活动，努力开展慈善国际合作宣传活动。重庆市慈善总会举办了"互联网+慈善"论坛26期，设立重庆"互联网+慈善"发展研究基地，加强"互联网+慈善"宣传活动，举办"善的力量"重庆公益慈善文化展、公益慈善事业发展交流会等系列活动。这些是推动重庆城市公益的良好

开端，助力新时代重庆公益慈善事业行稳致远。

最后，开展慈善表彰，营造慈善氛围。在慈善表彰方面，"十三五"时期，重庆市委宣传部专门下发了《关于进一步加强慈善事业发展宣传的通知》，市精神文明办开展了"爱老敬老道德风尚奖"评选活动，围绕宣传典型和表扬善事，成果突出、效果显著。市民政局与市人力社保局联合于2020年连续组织开展了"重庆慈善奖"评选表彰，对达到一定影响力的典型人物进行慈善表彰，充分发挥慈善典型人物和事迹的作用；借助"中华慈善日""重庆慈善奖"表彰等时点或活动，在《重庆慈善》《重庆政协报·慈善专刊》等媒体上宣传抗疫捐赠典型人物，开展"中华慈善日"扶贫济困大型主题宣传募捐活动，举办重庆（中国）慈善诗歌朗诵会等主题活动，颂扬慈善典型事例。在2020年"重庆慈善奖"表彰中，重庆市慈善总会、重庆市教育发展基金会、重庆市扶贫基金会、重庆市残疾人福利基金会及重庆市妇女儿童基金会获评2020年重庆慈善奖慈善楷模（单位），15个项目获得重庆慈善奖，5个企业获得重庆慈善奖捐赠企业称号，8名个人获得重庆慈善奖慈善楷模称号，5名个人获得重庆慈善奖捐赠个人称号①。

2. 多措并举推进慈善募捐

重庆倡导实行"线上线下两个轮子一齐转"，引导慈善组织创新募捐手段，开辟慈善项目。就线上募捐而言，重庆大力开展互联网募捐，把互联网募捐作为慈善募捐的新增长点来抓。一是多方向

---

① 《重庆市慈善奖拟表彰对象公示》，重庆市民政局网页，http://mzj.cq.gov.cn/zwgk_218/zfxxgkml/tzgg/202003/t20200326_6173925.html，最后检索时间：2021年10月29日。

开辟募捐平台。通过构建基金募集平台、企业募集平台、网络募集平台及慈善信托平台多方式推动慈善募捐发展。二是以重庆市慈善总会为代表的慈善组织组建网络募捐部门，拓展网络募集平台，开通网站、蚂蚁金服公益及腾讯公益等十余家互联网捐赠平台。就线下募捐而言，各慈善组织各显神通，分别利用各自优势开展慈善活动。重庆市慈善总会通过"募捐小专家"培养慈善会系统内部的募捐能手；各个高校基金会依托自己的优秀校友在校庆日等特殊时点募捐。比如，西南政法大学教育基金会每年校庆日募捐已经形成了良好的传统，2019~2021 年校庆日，广大师生校友积极响应，捐赠额达 260 余万元。西南政法大学教育基金会还利用已经开展的品牌项目良好反馈效果，进一步促进原有的慈善项目发展，如"金开名家讲坛"成为我国学界尤其是法学界具有影响力的学术品牌，是顶级学术讲坛之一。同时，也对捐赠方产生了一定的影响力，实现双方互利共赢。西南政法大学教育基金会还开辟了"9·20 就爱您""奔跑吧西政""八一奖学金"等一系列朗朗上口、具有很强宣传效应和吸引力的慈善品牌项目[1]。重庆大学教育发展基金会开辟了学校发展、学生资助、教师发展及学科建设等不同用途的基金会项目，其"母校情结"校友年度捐赠基金颇受校友关注[2]。另外，西南大学教育发展基金会有"含弘学生奖助基金"等项目[3]；重庆理工大学教育发展基金会有"筑梦启航贫困大学生资助项目"[4]；重

---

① 《西南政法大学基金会自评报告（2021 年度）》。
② 重庆大学教育发展基金会官网。
③ 《西南大学教育发展基金会年度报告（2020 年度）》。
④ 《重庆理工大学教育发展基金会年度报告（2020 年度）》。

庆交通大学教育发展基金会有一系列冠名基金①。区县的一些基金会也利用各自优势及需要开展了一系列项目，如重庆开州教育基金会的"梦想齐飞"助学行动、沙坪坝区教育发展基金会的"四有"好老师慰问活动、重庆市璧山区教育基金会的"情暖中秋"、重庆市石柱土家族自治县教育基金会的"甘露计划"、重庆市渝中区教育发展基金会的"精准慈善共同抗疫"、重庆市江津区教育基金会的"暖冬行动"、重庆市巫山县教育基金会的"魏前江捐赠奖教奖学基金"。其他宗旨的基金会也分别打造各自的品牌活动，比如重庆市儿童医疗救助基金会的"小天使基金""天使阳光基金"等品牌项目，重庆市急救医疗救助基金会的"白衣天使放飞助飞计划"等项目；重庆儿童救助基金会的"阳光童年"项目，重庆市残疾人福利基金会的"关爱眼健康，世界更精彩"项目，重庆红十字基金会的"芯连心"项目，重庆市妇女儿童基金会的"母亲水窖""春蕾圆梦行动"；重庆大德公益基金会的"小太阳特教活动"送温暖行动、重庆德勤公益基金会的"德勤成长陪伴计划"，重庆市渝中区红樱桃义工协会的"红樱桃冬日针爱志愿服务活动"。其他慈善组织也都通过一些深入人心、印象深刻的项目吸引慈善募捐。比如重庆市慈善总会为助力脱贫攻坚，避免农村因病致贫、因病返贫问题，开辟了大病医疗救助基金项目、"渝东南少数民族地区脱贫攻坚助推综合项目"、"助浴快车万里行"公益项目及"青龙山陵园爱心慈善项目"等②。还有一些慈善组织利用自己的背景资源

---

① 《重庆交通大学教育发展基金会年度报告（2020年度）》。
② 所有项目名称均来源于慈善中国官网各慈善组织上传的年度报告。

和人力优势开展线下募捐，大大提升了慈善募捐的效果。

3. 努力打造慈善品牌

"十三五"时期，重庆市积极打造具有自身特色的慈善品牌。《重庆市人民政府关于加强和改进新时代民政工作的意见》（渝府发〔2019〕22号）中提出，"全力打造慈善环境良好、群众参与广泛、社会文明和谐的'慈善重庆'品牌"。在此意见指导下，围绕党委政府关心、社会关注及群众急需的民生事项，重庆市针对不同地区和不同社区特点，开展慈善活动，努力根据不同区位、不同群体的不同需求打造不同的慈善品牌，各级各类慈善组织也分别根据不同群体的需要，突出慈善工作亮点和特色。比如，重庆市慈善总会针对特殊困难群体和特定社区设立的慈善项目；针对贫困区县大病困难群众设立的大病医疗救助基金；针对失能半失能老人洗浴难的问题，推出"助浴快车"项目，为失能半失能老人提供免费洗浴，提高失能半失能老人的生活质量；为响应国家川渝两地共建的战略，重庆市慈善总会与四川省慈善总会签订了《四川省慈善总会、重庆市慈善总会推动川渝慈善工作合作框架协议》；设立渝东南少数民族地区脱贫攻坚助推综合项目助力少数民族地区摆脱贫困；为城镇困难群众解决突发性、临时性困难，设立"社区阳光基金"项目，在主城九区、两江新区、彭水县和永川区的18个社区开展试点，帮扶城镇社区困难群众解决突发性、临时性困难；为了与乡村振兴战略有效衔接，设立乡村振兴扶持基金，推进巩固拓展脱贫攻坚成果，形成了多角度参与扶贫的慈善品牌；着眼社会民生，以慈善供给补充公共服务短板。西南政法大学教育基金会根据捐赠人意愿，针对不同的群体，设立"锦上添花奖""乔丹奖学金""银鑫奖学金""金开名家讲坛奖学助学"等17个专项基金项目，共计有3000余名学生受到奖励和资助。受到社会广泛关注的"西政友爱基金"共募集到165万余元，资助对象为因病亟须帮助的西政校友、退休教职工和在校师生；"西政师生校友体育运动基金"累计募集资金1000万元，鼓励健康运动、快乐生活。重庆市其他慈善组织也分别着眼于不同的宗旨开辟不同的慈善项目，比如"大病救助基金""社区阳光基金""助浴快车""健康扶贫·光明助困""母亲水窖""春蕾圆梦行动""零碳行动"等。上述项目都具有较强的针对性并已有一定品牌影响力。

4. 合力服务国家大局

党和国家的发展大局为慈善公益事业发展提供了广阔空间和提出了更高要求。慈善事业只有融入党和国家发展战略大局、服务党和国家发展大局，始终与时代同频共振、与大局任务同向共进，才能发挥出巨大能量[①]。

第一，全力支持脱贫攻坚。慈善事业作为"第三次分配"的重要组成部分，在重庆市脱贫攻坚行动中充分发挥了"补位"性功能，全方位参与新时代各项建设事业。"十三五"时期，重庆市把助力脱贫攻坚作为慈善发展的首要任务，将慈善力量拧成一股绳，打出慈善扶贫组合拳，既有"硬投入"，又有"软服务"，还有"可持续"，实现了慈善扶贫效益最大化。在顶层设计和统筹整理层面，重庆市不断强化对慈善组织参与脱贫攻坚的政策规范和引导，强化对脱贫攻坚项目实施的监督管理，增强慈善组织参与脱贫

---

① 张所菲：《汇聚慈善公益力量　大步走向共同富裕》，《民主与法制》2022年第4期。

攻坚工作的透明度。对慈善组织开展脱贫攻坚提供信息服务和业务指导，鼓励其参与脱贫攻坚资源动员、配置和使用等，建立起协作顺畅、充满活力的社会组织参与本行业、本领域脱贫攻坚工作机制。重庆市慈善组织从困难群众最迫切、最现实的问题展开，与全市的脱贫攻坚形成合力，通过各种渠道整合资源，集中解决济困、救孤及助残等最为迫切的问题，集中力量围绕重庆市贫困地区开展脱贫攻坚工作，并从发展贫困地区乡村旅游、乡村特产等方面扶持本地特色产业。

第二，有序开展疫情防控。疫情期间，重庆市民政局相继下发渝民〔2020〕24 号①、渝民〔2020〕31 号②、渝民〔2020〕44 号③等一系列文件，就规范新冠肺炎疫情防控公开募捐、加强款物管理、合理分配使用、拨付后使用监管、强化信息公开、数据统计报送以及做好对口支援等做出明确规定，完善慈善捐赠监管的政策体系。截至 2020 年底，应急募捐（新冠疫情、抗洪救灾）款物逾 5 亿元，特别在指导慈善组织参与新冠疫情防控募捐工作中，全市慈善会系统共募集抗疫款物 4.8 亿元，为疫情防控做出了积极贡献。

5.着力提升慈善能力

慈善能力是支撑慈善氛围、慈善募捐、慈善品牌的中坚力量，是慈善事业可持续发展的坚实保障。"十三五"时期，重庆慈善事

---

① 《新型冠状病毒感染的肺炎疫情防控慈善捐赠款物管理办法》。
② 《重庆市民政局关于进一步规范新型冠状病毒感染的肺炎疫情防控慈善捐赠款物使用管理的通知》。
③ 《关于进一步加强新冠肺炎疫情防控慈善捐赠款物使用管理的通知》。

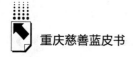

业着眼于提升保障能力、引领能力、专业能力以及研究能力，发展基础不断夯实。

一是以党组织建设为抓手，不断完善重庆慈善系统治理能力。扎实开展党建学习，开设专题党课，确保重庆慈善事业沿着正确方向前行。重庆慈善系统深入贯彻落实《慈善法》，修订一系列管理规章制度。严格遵守慈善信息公开制度，定期通过华龙网、大渝网和总会网站向社会公开善款收入、使用情况，公示总会财务报告，自觉接受各方面的管理监督。重庆市深入贯彻落实《慈善法》，市民政局每年对慈善组织抽查审计，推进日常管理。建立慈善捐助投诉举报机制，建立失信黑名单台账；加强对慈善组织公开募捐活动监管，指导慈善组织、红十字会依法依规开展互联网捐赠工作，依法及时查处慈善领域违法行为。

二是着眼提升专业能力，慈善业务培训保障有力。重庆市民政局连续几年开展慈善组织系统集中培训，邀请慈善领域权威专家，以集中培训会的形式开展了互联网募捐、慈善项目策划与执行等方面的培训，提升慈善组织的专业能力及其素养。重庆市慈善总会召开了20余场"互联网+慈善"论坛，采用多种培训方式，进一步提升基层慈善组织及工作人员的能力，是一项适应新时期慈善事业发展的有力举措。以慈善工作队伍建设为重点，强化基层基础建设，夯实慈善工作根基。

三是理论研究及调查研究不断取得新突破。重庆市慈善总会先后发布《重庆市慈善事业发展报告（2018）》《重庆市慈善事业发展报告（2019）》，资助开展了"重庆慈善事业'十四五'发展规划研究"和"重庆'互联网+慈善'发展研究"课题，启动《重庆互联网慈善发展报告（2022）》的编写。重庆市慈善总会推动中国慈善联合会、腾讯公益基金会、重庆邮电大学、重庆市慈善捐赠服务中心共同设立重庆"互联网+慈善"发展研究基地，这是全国第一个关于"互联网+慈善"的研究基地。重庆市慈善总会还与重庆工商大学合作设立重庆"互联网+慈善"法律与治理研究中心。与此同时，通过"助浴快车"项目调研、"社区阳光基金"救助项目调研、腾讯"99公益日"专项调研，对进一步做好慈善项目提出了整改意见。重庆市的一些高校在慈善研究方面也做出不少成绩，比如出版了《慈善捐赠人权利研究》《非利他性慈善捐赠的法律规制》等研究专著，在《比较法研究》《法商研究》等权威刊物发表了一系列有关慈善方面的文章。

四是日益重视制度化建设。重庆先后出台《关于大力培育发展社区社会组织的实施意见》（渝民发〔2018〕36号）、《关于规范和发展民办社会工作服务机构的意见》（渝民发〔2018〕39号）、《关于加强社会工作专业岗位开发与人才激励保障的实施意见》（渝民发〔2018〕41号）、《关于加快推进"三社联动"的指导意见》（渝民发〔2018〕42号）四个文件，对全市社区社会组织及民办社会工作服务机构规范与发展、基层社会工作专业岗位开发与人才激励保障、社区与社会组织和社会工作"三社联动"加快推进等方面作了较为全面的制度设计。在慈善立法方面，在贯彻落实《慈善法》的基础上，重庆市将地方慈善立法纳入五年立法规划，2020年启动立法调研工作，同年5月，民政局委托重庆理工大学开展立法调研；2021年，委托重庆工商大学开展立法文本起草工作。2022年7月22日《重庆市慈善条例》经市五届人大常

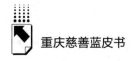

委会第三十五次会议表决通过，进一步推动了重庆慈善事业在法治轨道上健康快速发展。

（二）重庆慈善事业发展成效

1. "人人慈善"氛围逐步形成

在"美食""美景"等重庆名片之外，"美德""善行""美好心灵"等标签正在成为重庆新时代的靓丽名片。重庆作为一座充满爱的城市，在全市上下热心公益、乐于奉献中涌现出大量感人肺腑的人和事。目前，重庆市慈善事业基本形成了全社会支持慈善、参与慈善的良好氛围，社会捐赠额年度增幅近10%。慈善力量在参与灾害救助、扶贫济困、疫情防控、扶老助残和其他公益事业领域中的作用彰显。根据慈善中国网站，截至2021年9月，重庆市登记认定的慈善组织共125家，具有公开募捐资格的慈善组织有30家。截至2020年12月，仅重庆市慈善总会一家慈善组织便累计设立各类基金158只，基金数5年增长了一倍；基金规模10.16亿元；建立了4个助医助学慈善信托项目，备案金额310万元[①]。

2. 互联网募捐取得突破进展

"十三五"时期，重庆市慈善募捐保持稳步高位运行态势，尤其是在"十三五"后期外部经济环境压力增大、受到外来冲击等情况的影响下，重庆慈善募捐总额仍保持稳中有升的趋势。"十三五"期间，重庆市慈善组织、红十字会依法开展慈善捐赠

---

① 刘光磊：《慈善为民　依法行善　推进重庆慈善事业高质量发展——重庆市慈善总会第四届理事会工作报告》，2021年9月28日，第8页。

活动超过 2000 项，累计接收捐赠款物 75.81 亿元，救助困难群众超过 800 万人次，其中超过 34.19 亿元用于脱贫攻坚。2020年，重庆市慈善组织和红十字会累计接受慈善捐赠款物 24.19 亿元，支出 22.36 亿元，其中用于脱贫攻坚支出 12.91 亿元。重庆市慈善总会因助力脱贫攻坚成绩突出，获评"全国脱贫攻坚先进集体"[1]。

以"99 公益日"为例，重庆市互联网募捐一年一个新台阶。2017 年，重庆市慈善系统首次参加"99 公益日"活动，募得善款416 万元；2018 年筹募 3098 万元；2019 年筹募 1.31 亿元[2]。2020年，筹募额一举达到 3.35 亿元，共有 1186 万人次参与捐赠，募捐总额和捐赠人次均居全国第一位[3]。2021 年"99 公益日"期间，重庆市慈善组织累计募集资金 5.29 亿元[4]。其中，重庆市慈善总会联动 38 个区县慈善会、101 个社会组织和志愿服务组织、200 多个慈善专项基金，上线项目 530 个，吸引 769 万人次，捐赠募集善款 5.03 亿元，募集总额比上年"99 公益日"增长 1.68 亿元，位居全国慈善组织第二；获腾讯公益慈善基金会配捐 8813 万元，位

---

① 佚名：《"十三五"期间重庆慈善组织、红十字会接受慈善捐赠 75.81 亿元》，中国新闻网，https：//baijiahao.baidu.com/s？id = 1710142413995800235&wfr = spider&for=pc，最后检索时间：2021 年 10 月 29 日。

② 刘光磊：《慈善为民　依法行善　推进重庆慈善事业高质量发展——重庆市慈善总会第四届理事会工作报告》，2021 年 9 月 28 日，第 5 页。

③ 重庆"互联网+慈善"发展研究基地编著《慈善数字化在重庆的实践》，重庆出版社，2021，第 316 页。

④ 重庆市慈善事业促进和社会工作处：《今年"99 公益日"，重庆募集资金 5.29 亿元！》，http：//mzj.cq.gov.cn/sy_218/bmdt/mzyw/202109/t20210917_9729633.html，最后检索时间：2021 年 10 月 29 日。

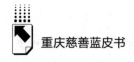

居全国第一。同时，其他慈善组织募集资金 0.26 亿元①。

3. 众多慈善品牌脱颖而出

在重庆市民政局的大力支持下，全市慈善组织、社会组织、志愿者组织协同，慈善品牌创建取得长足进步。慈善中国数据显示，重庆市 77 家慈善组织上传了 2020 年工作年报，其中有 54 家慈善组织共计开展了 485 个慈善项目，合计支出 1942797147.84 元②。

一是重庆市级品牌项目。重庆儿童救助基金会的"男生女生"儿童防性侵教育项目、重庆市民族团结进步促进会的重庆市少数民族青年才俊成长工程、重庆市扶贫开发协会的"雨露工程"助学项目、重庆市慈善总会的渝东南少数民族地区脱贫攻坚助推综合项目、重庆市法律援助基金会的"阳光与花儿"服刑人员与教育矫治人员未成年子女法律援助项目、重庆爱尔麦格眼科医院的"健康扶贫·光明助困"项目、永川区慈善总会的政协关爱基金"扶智助学"项目、重庆国际信托股份有限公司的重庆信托·隘口镇扶贫济困慈善信托项目、綦江区慈善会的"解救枷锁·让爱回家"项目、重庆市慈善总会的"重庆市慈善总会助浴快车"项目、重庆社会救助基金会扶贫安居温馨援建项目、重庆融汇地产（集团）有限公司的"融爱于心·汇爱成行项目"、重庆明天公益基金会"青春再出发——涉案未成年人帮教与维权公益项目"、新华信托股份有限公司的新华信托·华恩 1 号教育扶贫慈善信托项目、重庆德勤公益基金会的德勤成长陪伴计划等 15 个慈善项目在 2020 年获

---

① 刘光磊：《慈善为民　依法行善　推进重庆慈善事业高质量发展——重庆市慈善总会第四届理事会工作报告》，2021 年 9 月 28 日，第 5 页。

② 资料来源：慈善中国官网。

评"重庆慈善奖"①。

二是重庆市慈善会系统的品牌项目。重庆市慈善总会针对贫困区县大病困难群众设立的大病医疗救助基金,实施效果显著,帮助了许多患重病的困难群众,获得中华慈善奖。万州区近3年救助近500位重病患者共计443万元,石柱县近5年救助重病患者4882人次共计494万元②。群众反映,大病基金的救助,减轻了患者的经济负担,让患者感受到社会主义大家庭的温暖,有效防止因病致贫返贫;"助浴快车"项目2018年12月开始试运行,至今已为23个区县2万多名老人提供免费洗浴,受到广大群众的一致欢迎,项目荣获"重庆慈善奖"③。目前,助浴的车辆已从2018年的1辆增至10辆。2021年5月,总会助浴快车开进成都市青羊区,为200位失能老人提供免费洗浴服务。渝东南少数民族地区脱贫攻坚助推综合项目,共为渝东南少数民族地区募集捐赠款物1.42亿元④,开展多种形式救助活动,惠及困难群众数十万人次。该项目获得民政部第十一届"中华慈善奖"。重庆市设立了社区阳光基金,效果显著。社区阳光项目在主城九区、两江新区、彭水县和永川区的18个社区开展试点。项目帮助城镇社区群众解决突发性、临时性困

---

① 《重庆市慈善奖拟表彰对象公示》,重庆市民政局网页,http://mzj.cq.gov.cn/zwgk_218/zfxxgkml/tzgg/202003/t20200326_6173925.html,最后检索时间:2021年10月29日。

② 刘光磊:《慈善为民 依法行善 推进重庆慈善事业高质量发展——重庆市慈善总会第四届理事会工作报告》,内部资料,2021年9月28日,第6页。

③ 刘光磊:《慈善为民 依法行善 推进重庆慈善事业高质量发展——重庆市慈善总会第四届理事会工作报告》,内部资料,2021年9月28日,第6页。

④ 刘光磊:《慈善为民 依法行善 推进重庆慈善事业高质量发展——重庆市慈善总会第四届理事会工作报告》,内部资料,2021年9月28日,第7页。

难，如帮助社区内面临突发性困难的家庭解决医疗费、子女入学等燃眉之急，受助群众和基层干部称赞，社区阳光基金是"雪中送炭"，是"对民政救助边缘群体社会保障的有力补充"，有效促进互助友爱的和谐社区建设。产业扶贫项目也取得良好效果，企业积极参与产业扶贫，包括金科集团、渝丰线缆、博赛集团、华宇集团、深圳引路者集团在内的企业，分别帮助了石柱、城口、奉节、酉阳等贫困县改造基础设施，因地制宜发展旅游、特色种植等产业。市属重点国有企业捐款5000万元，专项用于4个深度贫困区县精准扶贫。健康扶贫"亮点频现"，金山科技集团、重庆力隆生物技术发展有限公司等企业单位向基层卫生院捐赠医疗设施1836万元①。西南医院、普瑞眼科医院、格林医院以及芳华医院等，救助贫困患者6.45万人次②。银鑫集团、融汇集团、京师（重庆）律师事务所、瀚华金控以及福彩中心等爱心企业和单位，围绕资助贫困学生、改善农村教育设施"授人以渔"；西部之星助学、关爱留守儿童之家等项目，使得贫困学生及留守儿童2200余人受益。"慈善情暖万家"慰问活动受益面广。重庆市对酉阳、彭水、城口、秀山、石柱县等13个深度贫困区县和少数民族地区及市革命伤残军人康复院等单位的困难群众、部分环卫困难职工进行走访慰问。慈善国际交流项目迈出新步伐。重庆市慈善总会成功举办第二届"一带一路·手拉手"十国少年中国行重庆站活动，来自缅甸、

① 2021年9月15日起草的《重庆市慈善事业"十四五"发展规划（2021-2025）》，第9页。
② 刘光磊：《慈善为民 依法行善 推进重庆慈善事业高质量发展——重庆市慈善总会第四届理事会工作报告》，内部资料，2021年9月28日，第3页。

柬埔寨、蒙古国、俄罗斯等十国的 104 位少年开展了 3 天的深度体验①，感受现代中国和开放活力的重庆城市形象。关于慈善组织与社工机构合作方面也卓有成效。以九龙坡区慈善会为例，仅 2020 年就支出 260 万元购买社会工作服务项目。该区九龙街道设立"居民自治金""社区公益服务基金"，已累计投入居民自治金 400 余万元。各地慈善会分别开展了卓有成效的品牌项目，比如綦江区慈善会和潼南慈善会的"慈善情暖万家活动"项目、南川慈善会的"延续摇曳的生命之火"项目、永川区慈善会的"爱心牵手集善光明"项目、石柱土家族自治县慈善会的"牢记嘱托同步小康"项目、开州慈善会的"情暖开州·爱传万家"项目、巴南区慈善会的"德耀巴南·慈善救助"项目、璧山区慈善会的"爱洒璧山·延续关怀"项目、垫江县慈善会的"情暖垫江·助梦飞翔"项目。

三是教育类慈善组织的品牌项目。重庆市教育发展基金会联合顶新国际集团在全市范围内逐步推广"4+1"公益项目，目前该项目已经帮扶重庆 20 万余名学生。"4+1"教育培养模式即从思想品德教育、人格品质教育、心理情感教育、行为养成教育及营养与健康维度，深入关爱农村留守青少年，让他们能够健康成长②。重庆市教育发展基金会以关注民生、扶贫济困、奖励创新为宗旨，实施了"金秋圆梦"、关爱留守儿童"4+1"、"关爱特教孩子，共享同

---

① 2021 年 9 月 15 日起草的《重庆市慈善事业"十四五"发展规划（2021-2025）》，第 10 页。

② 韦玥：《重庆"4+1"公益项目 10 年帮扶 20 万余名学生》，《重庆商报》2021 年 6 月 2 日，第 2 版。

一蓝天"、"烛光行动，情系乡村困难教师"、"寻找最美幼儿教师"、"奖励科技创新"等项目；西南政法大学教育基金会开设有"西政友爱基金"、"金开名家讲坛"、"920·就爱您"校庆日年度捐赠、《西南政法大学校史续编》项目、"八一级奖学金"、"奔跑吧西政"等 17 项具有相当社会影响力的公益品牌项目。西南大学教育基金会开辟了"含弘学生奖助基金""光大教师基金"等 14 个品牌项目，2020 年支出 2516.9 万元。重庆邮电大学教育基金会 2020 年开设了"春华秋实奖学金"等 36 个公益慈善项目，支出了 403.1 万元①。重庆交通大学教育发展基金会开辟了"北京中交路通百万奖学金""北京中交华联百万伯乐奖""华西路航研究生奖学金""道桥 78 级校友奖学金""新港湾奖助学金""深圳校友助航基金""福耀玻璃奖学金"等 33 个公益项目。重庆理工大学教育发展基金会 2020 年共有 27 项公益慈善项目，项目总支出 333.9 万元②。重庆大学教育发展基金会、重庆文理学院教育基金会也分别在各自的官网上开辟了学校发展基金、学生资助基金、教师发展基金、校园建设基金以及校友捐赠基金等项目。重庆市南川区教育基金会、重庆市开州区教育基金会、重庆市大足区教育发展基金会、重庆市合川区教育基金会、重庆市沙坪坝区教育发展基金会以及重庆市江北区教育基金会等区域教育基金会也分别开展了富有特色的项目。

四是其他慈善基金会品牌项目。除了上述品牌项目外，其他慈善组织特色品牌项目探索也各有成就。重庆儿童基金会发展了

---

① 参见慈善中国重庆邮电大学 2020 年工作报告。
② 参见慈善中国重庆理工大学 2020 年工作报告。

"阳光童年""公益创投项目",重庆残疾人基金会创设了"爱可声传递助听项目",重庆市妇女儿童基金会的"母亲水窖""春蕾圆梦行动"等 11 项公益项目;重庆市扶贫基金会开展了"春暖行动"活动,腾讯基金会将投入 400 万元善款,定向捐赠给重庆彭水地区的留守儿童、特殊学校困难学生以及脱贫重残重疾群体;迪马公益基金会召集 1800 余名零碳派志愿者践行"零碳"承诺①;重庆市红十字基金会开展了"渝爱同行助学活动"等 31 项活动;重庆明天公益基金会开展了"青春再出发"等公益项目;重庆银保扶贫慈善基金会开展了一系列助学扶智扶贫项目;重庆市社区治理创新发展基金会开展了"特钢能人坊"等项目;重庆市见义勇为基金会开展了见义勇为项目;重庆数联信用建设公益基金会开展了诚信能力建设项目;重庆市青年创新创业基金会开展了"未来企业家培养青峰计划"等 16 个项目;重庆市老年事业发展基金会开展了"关爱失能老人,共享生命尊严"等 8 个项目。各个地区的慈善基金会也分别开辟了各自的慈善品牌项目。南岸区民泰基金会致力于社区公益和社会组织发展,牵头在社区分设 138 个公益站,每个公益站首期补贴 3 万元,实现大基金和小基金联动,填补社区工作不足,积极推进社区治理;九龙坡区在 13 个镇街成立了"慈善纾困基金",给予每个镇街 10 万元公益启动金。"十三五"时期重庆首个群团公益基金会——重庆市江北群团公益基金会成立,筹集资金用于公益性慈善项目,培育、扶持优秀公益性社会组织和开

---

① 佚名:《迪马公益基金会携手原聚场与 1800 名志愿者践行"零碳"承诺》,https://www.sohu.com/a/455980644_121036486,最后检索时间:2021 年 10 月 29 日。

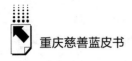

展各类慈善公益交流活动，并开展了"向日葵阳光成长江北区青少年一日公益研学活动""爱心背包公益摄影"等品牌项目；重庆市渝北职工帮扶基金会开展了"益路同行·温暖过冬"敬老关爱活动；重庆市华岩文教基金会开展了"学术研究、弘法利生"等项目；重庆浙商爱心基金会开展了"助学援救公益项目"；重庆市科普发展基金会、重庆大德公益基金会、重庆市桃源居社区发展基金会、重庆市阳光公益事业基金会、重庆市民泰社区公益事业发展基金会、重庆德勤公益基金会、重庆广德公益慈善文化基金会、重庆市大爱渝商慈善基金会、重庆市大足应急救助基金会等也开展了各有特色的慈善公益品牌项目。

五是其他慈善组织开展的慈善项目。重庆市红十字会系统开展了"三救三献"等品牌宣传活动；重庆市潼南区红十字会开展"博爱送万家""博爱助学""博爱募捐""生命安康"品牌活动，2020年荣获全国红十字系统先进集体称号。重庆市扶贫开发协会助力"连援贫困村安全用水工程项目培训"等项目；渝中区红樱桃义工协会，已经举办了7年多的"冬日针爱"活动；重庆市渝中区红领巾志愿者协会组织开展了"探秘善缘 志愿山城"公益宣传慈善沙龙及"红火山城 清凉一夏"公益活动；重庆市长寿区爱心帮扶协会开展了"新春送温暖"等项目；重庆市民族团结进步促进会开展了"少数民族青年才俊成长工程"等项目；重庆市渝中区七彩阳光爱心公益事业发展促进会开展了助学活动等项目。

4.助力社会发展效果明显

重庆市慈善组织根据重庆市社会发展需要，在助力脱贫攻坚和

022

抗击疫情方面开展了诸多工作，取得了一系列成绩。

第一，助力脱贫攻坚成效明显。"十三五"时期以来，重庆市慈善组织坚持把助推脱贫攻坚作为慈善发展的头等大事，坚持"予鱼不如予渔"的理念，着力助推产业扶贫。以重庆市慈善总会为例，五年来，用于脱贫攻坚的款物共计 27.65 亿元，占同期总支出的 85% 以上；帮扶贫困人口 123 万人次，成为重庆市社会力量扶贫的主力军[①]。募集投入扶贫善款 10.39 亿元，帮助石柱、云阳、彭水、城口等 18 个贫困县，改善基础设施，发展特色种养殖、乡村旅游、电商平台等产业项目；重庆市慈善总会在 13 个贫困区县分别设立了 1000 万元以上的大病医疗救助基金，累计资助贫困患者 20 多万人次，有效防止因病致贫返贫；争取到中华慈善总会药品援助 11.31 亿元，救助贫困癌病患者 6.45 万人次；重庆市慈善总会与西南医院等医院合作，救助严重烧烫伤儿童、先心病患儿、贫困眼病患者等 10 余万人次；实施"为希望续航""授人以渔·公益助匠"等 10 多个助学项目，共资助贫困区县 3.5 万余名贫困学子完成学业；为山区捐建希望小学 2 所；为 28 所山区学校增添教育设施；招募 80 名志愿者教师到 33 所山区学校慈善支教2 年；开展"慈善情暖万家"慰问、关怀孤寡老人等城乡助困活动，10 万余名困难群众受益。重庆市慈善总会组织 2 万余名慈善志愿者深入贫困山乡，开展义诊、电商培训等；重庆市慈善总会在健康扶贫领域募集投入款物 13.29 亿元；引导企业捐赠医疗器械 2700 多万元，为贫困地区基层医院改善医疗设施；教育扶贫募集

① 刘光磊：《慈善为民　依法行善　推进重庆慈善事业高质量发展——重庆市慈善总会第四届理事会工作报告》，内部资料，2021 年 9 月 28 日，第 3 页。

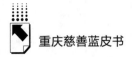

投入善款 3.96 亿元；2016 年以来，重庆市慈善总会为济困帮扶筹集款物 5863 万元，开展"慈善情暖万家"慰问、关怀孤寡老人等城乡助困活动①。

为助力解决农村因病致贫、因病返贫问题，重庆市慈善总会实施"大病医疗救助基金"项目。该项目因成效显著，于 2018 年荣获民政部第十届中华慈善奖。创设"渝东南少数民族地区脱贫攻坚助推综合项目"，近 5 年捐赠 1.42 亿元②。为提升贫困失能老人生活质量，实施"助浴快车万里行"公益项目。为帮助贫困死者安葬，重庆市慈善总会实施"青龙山陵园爱心慈善项目"，为贫困群众免费安葬骨灰。

第二，配合疫情防控效果良好。2020 年 1~9 月，全市红十字会、慈善组织累计接受捐赠款物近 10 亿元，大力支持了重庆市和湖北省的疫情防控工作。同时，加大检查和审计整改督促力度，全市已较好地完成新冠肺炎疫情防控慈善捐赠审计工作。2020年，重庆市慈善总会募集抗疫款物 3.33 亿元。其中，接收 197 万爱心网友和互联网基金会捐赠的抗疫善款 9113 万元，位居全国慈善会系统前列，接收包括来自 36 个国家、地区及国际组织在内的境内外捐赠物资 202 批次 626 万件，价值 7930 万元，全部及时准确分发到位，对支援湖北及重庆抗疫斗争发挥了重要补充

---

① 刘光磊：《慈善为民 依法行善 推进重庆慈善事业高质量发展——重庆市慈善总会第四届理事会工作报告》，内部资料，2021 年 9 月 28 日，第 3~4 页。

② 刘光磊：《慈善为民 依法行善 推进重庆慈善事业高质量发展——重庆市慈善总会第四届理事会工作报告》，内部资料，2021 年 9 月 28 日，第 7 页。

作用①。

5.慈善综合能力不断夯实

"十三五"时期,重庆市慈善组织治理能力、专业能力建设、理论建设和制度建设都取得了长足进步。

截至 2021 年 10 月 31 日,通过"慈善中国"网站以"重庆"为关键词,查询到 125 家慈善组织,其中 30 家为具有公开募捐资格的慈善组织。这 125 家慈善组织中,"十三五"时期成立的有 42 家,以教育基金会或教育发展基金会命名的有 32 家,以其他基金会命名的有 47 家,以慈善会或慈善总会命名的有 22 家,以红十字会命名的有 8 家,以协会命名的有 6 家,以促进会命名的有 2 家,以中心命名的有 8 家,基本形成了以基金会为主体,红十字会、协会和公益服务中心共同发展的慈善组织。

市民政局每年开展慈善组织骨干培训,市慈善组织内部管理规章制度不断完善,有效保障慈善组织内部治理能力提升;重庆市慈善总会组织举办了 27 期"互联网+慈善"论坛,培训数千人,进一步提升慈善组织及工作人员的能力;通过腾讯公益、支付宝公益、百度公益、公益宝、微公益、水滴公益、美团公益、360 大病筹、轻松筹以及抖音公益(筹)等十个互联网公益平台开展募捐,专业募捐能力不断提升,慈善组织充分发挥社会组织数量多、贴近群众、专业性强的优势,着重在化解社会矛盾、平衡财富差距,扶助弱势群体以及促进社会和谐等方面开展业务活动,将实实在在的

---

① 刘光磊:《慈善为民 依法行善 推进重庆慈善事业高质量发展——重庆市慈善总会第四届理事会工作报告》,内部资料,2021 年 9 月 28 日,第 4 页。

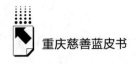

服务送到百姓身边。

"十三五"时期，重庆市慈善组织出版发行了《慈善数字化在重庆的实践》《"互联网+慈善"在重庆的实践与应用》专著；完成了"'互联网+慈善'的运作机制与实施策略""'互联网+慈善'在重庆的实践与探索"等省部级课题研究；在省部级及以上刊物发表《"互联网+慈善"在重庆》等十多篇论文；出版了《两个轮子一起转　迈上互联网募捐新台阶》《重庆市慈善总会互联网募捐"十四五"规划》等材料；编纂了《重庆"互联网+慈善"大事记》。中共重庆市委党校与重庆市慈善总会、重庆市慈善捐赠服务中心联合开展了"重庆'互联网+慈善'研究""重庆慈善事业'十四五'规划研究"的省部级课题和重庆市民政局课题研究；申报了"'慈善汇'公益慈善协同平台建设项目""互联网慈善标准体系组成与构建项目""互联网筹款平台的运行机制建设"三个腾讯公益慈善基金会千百计划项目。"十三五"时期重庆市形成了以"互联网+慈善"为主题的由慈善组织和高校科研两支固定力量组成的理论研究团队。

《重庆市慈善条例》已于 2022 年 7 月 22 日经市五届人大常委会第三十五次会议通过，并于 2022 年 9 月 1 日起施行。《重庆市慈善条例》坚持监管与促进，强化慈善事业发展机制，规范慈善组织发展，破解慈善突出问题，完善促进支持举措，为重庆市慈善事业提供了重要的法治保障。

（三）重庆慈善事业发展工作展望

近年来，重庆慈善事业不断发展，公众参与慈善工作的热情不断提升，对慈善组织规范运行、慈善活动规范开展以及慈善捐赠款物有效使用提出更高要求。"十四五"期间，应以构建新时代慈善事业发展新格局为目标，全力推进慈善事业高质量发展，让慈善在助力民生保障、乡村振兴、基层社会治理、基本社会服务中全面作为。

1.加强慈善事业发展统筹规划，提升重庆市慈善共治创新能力

一是建立健全慈善事业主体慈善发展联系协调机制。重庆市各级民政部门与各级慈善行业组织、枢纽组织应当加强沟通联系，建立协调网络机制，将重庆市慈善事业下成一盘有规划、有战略、分步骤、抓落地的大棋局。通过定期举办慈善发展研讨会、慈善发展联席会、慈善规划咨询会、民生领域问题解决会等形式，组织慈善行业组织、枢纽组织、高校智库、社会公众提意见、出主意、想办法，做到统筹全局、利益兼顾，协调一致。尤其是在农村留守儿童问题、养老服务供给问题、志愿服务与社区治理问题等方面应加强与行业组织、社区社会组织的沟通交流，充分利用社会力量解决社会问题，共同提升重庆市慈善共治创新能力。

二是拓宽慈善事业发展领域，创新慈善领域新模式。在做好扶贫、救助、特殊群体关怀、应急救灾等传统慈善项目的同时，重庆市慈善事业管理部门和慈善组织应当加强与其他城市的联系，学习北京、上海、广州、深圳、成都等地慈善创新和社会治理先进做法和经验。通过政策层面支持慈善创新，促进慈善组织活动、慈善人才培育、各类创业活动的良性有序发展，如北京三级培育孵化体系、上海的社区慈善、广州市的公益创投、深圳的慈善创新以及成

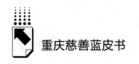

都市的社会企业扶持政策等。

三是加大慈善事业各类支撑平台建设力度。《中华人民共和国慈善法》第二十三条规定"慈善组织通过互联网开展公开募捐的，应当在国务院民政部门统一或者指定的慈善信息平台发布募捐信息"。因此建议重庆市按照要求搭建属于重庆市慈善事业的互联网募捐平台，可以通过本地互联网企业搭建互联网募捐信息平台，及时发布相关信息。同时，要进一步精细化打造运作诸如志愿服务平台和慈善扶贫信息平台，细化平台建设主页，做到基本慈善信息的全面透明公开，将数字慈善发展融合进慈善信息平台建设进程中。

四是做好慈善行业数据统计工作。完善慈善信息数据统计平台，实行年度慈善数据发布制度，鼓励慈善组织通过多种方式和渠道进行信息公开，使受众对象、利益相关方都能得到及时、有效的内部和外部信息。通过信息披露制度加强慈善组织的能力建设，形成法律监督、行政监督、舆论监督、公众监督的监督管理机制，不断增强慈善组织的社会公信力。针对全市的慈善组织做好信息统计工作，每年及时收集与更新各类组织的动态信息，包括慈善捐赠、社会组织、志愿者、从业人员、慈善项目等方面的信息，并通过各类媒体、官方网站定时披露。一方面，能够掌握全市慈善基础数据，有利于找出短板，提高决策效率；另一方面，能够通过数据推动慈善组织的信息公开和信息统计水平，利于慈善组织的规范化和专业化运作，打通组织间的交流障碍，实现信息共享与资源对接。

2. 发挥重庆市慈善总会枢纽型组织作用, 营造良性城市慈善生态环境

重庆市慈善总会和重庆市慈善捐赠服务中心在重庆市慈善事业发展进程中充当着领头雁的角色, 在"互联网+慈善"的理论实践上一马当先。在充分肯定重庆市慈善总会成绩的同时, 应当继续鼓励重庆市慈善总会进一步发挥行业组织功能, 营造良性慈善行业生态环境。

(1) 继续加强行业引领功能。从过去一年的筹款情况来看, 各级慈善会筹款能力不断提升, 但部分区县慈善会未参与到"99公益日"活动中来。因此, 有必要通过慈善总会发动各级慈善会、各区县慈善组织广开善源, 挖掘各级区县慈善组织募捐潜能, 打造团结在慈善总会周围的重庆市互联网慈善筹款联合体。

(2) 继续推进去行政化改革。夯实现代独立法人治理结构, 成为权责明确、运转协调、制衡有效的法人主体。在完成政府、民政民生兜底任务的同时, 下大力气构筑地方公益慈善生态环境, 培育、支持当地慈善组织成长, 对慈善生态的薄弱环节精准发力, 瞄准慈善事业发展的资源整合、行业支持和服务递送等环节, 推动全行业发展。

(3) 推进各类慈善捐赠活动纵深发展。利用重庆市慈善捐赠数据服务中心信息平台, 深度挖掘重庆市公益捐赠数据规律进行慈善捐赠数据研究, 进而找到重庆市互联网慈善捐赠乃至重庆市慈善捐赠规律, 利用慈善捐赠规律进行慈善捐赠倡导, 让研究层面上的结果服务于慈善实践, 从而更好地聚合重庆市慈善资源, 找到慈善捐赠热情高的社群, 精准倡导慈善捐赠, 推动重庆市慈善捐赠活动

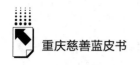

科学有序发展，将重庆市的互联网慈善探索梳理总结成为中国慈善事业发展的重要经验，打造中国互联网慈善的"重庆样本"。

（4）拓展公益创投等慈善创新方式。应该科学合理地利用好慈善资源，让慈善资源真正地改变弱势群体社会生活的方方面面。因此，重庆市慈善总会可通过公益创投等创新方式征集优秀的慈善项目，给予资金和知识支撑，让公益创投类社会组织更好地发挥自我服务的功效。一方面公益创投能够为慈善项目精准踏实落地提供财力、人力、技术支持，另一方面公益创投能够为基层组织提供发展的基础条件。

（5）继续深入挖掘重庆慈善文化内涵。重庆市社会公众急公好义的慈善文化一直是重庆市慈善事业生生不息的源泉，也为重庆市志愿服务、社会工作、慈善扶贫等工作开展提供人财物的各项支持。重庆民政部门围绕慈善文化宣传做了很多实实在在的工作，今后应当从重庆市特有的慈善文化中寻找社会共鸣点，深入挖掘慈善人物善迹、扩大慈善精神宣传广度和深度，利用新媒体、短视频等多种创新途径拓展传播绩效，让以往慈善文化工作成果更好地为社会公众接收、融合、认同。

3. 优化人才引进政策，构造慈善人才输送机制

国以才立，业以才兴。慈善事业作为我国基本经济制度的组成部分、第三次分配的重要载体和推动国家治理体系和治理能力现代化的有生力量，专业化、职业化的人才队伍是事业健康、有序、高质量发展的第一要素。重庆慈善事业发展与重庆市社会经济发展息息相关，重庆应当在各层级、各领域、各地区人才引进政策中加入慈善从业人才引进的内容，通过诸如"鸿雁计划""重庆英才计划""科教兴市和人才强市行动计划"等人才计划，积极与各部门协商出台相应方案，加大对社会工作、社会创业创新、社会组织发展所需人才的引进和培育，为重庆慈善事业发展奠定人才基础，源源不断地输入新鲜血液，推动重庆慈善从业人才的专业化、职业化。

（1）依托重庆市丰富的高等教育资源，在全市范围内鼓励对慈善组织从业者的教育与培养。鼓励更多的学校开设相关专业，培养后备潜能，为慈善事业的发展储备人才。同时，通过公开讲座、公选课等方式传授社会服务与慈善管理知识，激发更多群体对于慈善以及公益事业的热爱，吸引更多有识之士投身慈善事业。开展诸如智慧公益人才、募捐人才、项目管理人才、财务管理人才等专门人才的教育培育工作，提升慈善人才的专业能力和工作水平。

（2）强化慈善组织管理人员的培训交流。应积极构筑相关渠道，打通慈善组织与国内外院校慈善研究、国内外城市慈善经验交流、国内外慈善创新学习借鉴的壁垒。通过资助慈善组织管理人员会议交流、城市交流、定期学习等方式拓宽重庆市慈善组织管理人员管理视野，保持慈善组织管理人员创新能力，通过与行业内标杆看齐，强化自身组织建设活力和创造力，在慈善组织中形成学习氛围，从而推动慈善组织可持续良性运转，为重庆市慈善事业打下组织基础。

（3）强化社会工作领域人才培训支持。通过政府购买培训服务、公益创投等形式加大对人才培训资源支撑力度，购买社会工作机构培训服务为社会志愿者、高校社工系学生、专业社工机构社工从业者提供社会工作从业资质培育，从而构筑"资源+社工机构+高校+志愿者+社区"的传送链条，为养老服务、留守儿童教育、社区工作问题解决提供人才支撑。

（4）加大政策优惠力度以吸引人才。引进人才是解决公益慈善领域人才匮乏的重要途径，需要设计一定的激励机制、住房优惠政策以及落户政策，吸引外部慈善专业人才。同时，在引入专业人才的过程中考虑到年龄的阶梯性，保证在不同程度上拥有专业领域的应届本科毕业生、硕士生以及专业精英等多层级人才。在保证现有专业水平的基础上，长远考虑未来慈善事业专业人员队伍发展。在对人才"引进来"的基础上要进一步考虑将人才"留下来"。一方面要待遇留人，设置合理的薪酬结构、提高福利待遇，在全行业形成针对慈善事业人员的统一工资标准。在制定标准的过程中充分发挥市场化的作用，避免由于收入落差和待遇低而人才流失；另一方面要事业留人，激发从业者的道德情操和家国情怀，积极组织慈善文化和精神文明创建活动，提高从业者的责任感和成就感，同时做好员工情绪管理工作。

4. 深挖慈善潜能，提升重庆慈善创新水平

重庆慈善事业借助互联网持续推进慈善创新，在互联网募捐、慈善信息公开、慈善宣传等方面取得了很多突破。重庆市慈善事业的新阶段应从互联网入手，需要及时总结互联网带来的新改变、新经验和新规律，结合重庆地方特色提出新思路。

（1）深挖"互联网+慈善"资源，为重庆慈善事业赋能。在近两年与腾讯公益基金会的合作步入深化阶段的基础上，利用近几年互联网慈善捐赠数据，结合腾讯平台数据，从捐赠结构、捐赠来源、捐赠额度等方面全面、深刻总结重庆市互联网公益的经验，找到共性、规律。继续用好用足重庆市慈善总会与腾讯公益慈善基金会、全国性行业组织合作成立的互联网慈善研究基地，深入开展全国"互联网+慈善"发展政策理论和城市"互联网+慈善"发展的规律性、创新性和前瞻性研究，为全国"互联网+慈善"发展提供理论支撑、政策参考和实践指导，为国内"互联网+慈善"发展提供经验。

（2）拓宽与高校智库的合作联系，为重庆慈善事业引智。在重庆慈善总会前期与重庆工商大学合作成立"互联网+慈善"法律与治理研究中心的基础上，重庆相关部门可以进一步拓宽与重庆大学、重庆市委党校、西南政法大学等本地高校以及北京、上海、广州等地的研究机构建立联系，探索重庆市社会企业认证、社会创业倡导、公益创投、社会组织发挥作用等相关研究，为重庆慈善事业发展建立智库而出谋划策，为实现重庆慈善事业的融合发展打下坚实的智力基础。

（3）鼓励公益创投主体多元化，为重庆慈善事业开源。公益创投的主体不仅仅局限在政府，可以鼓励慈善会、基金会、企业等社会资本关注公益慈善领域，以"投资"思维支持公益慈善组织的能力发展。同时关注以"经济"和"社会"效益为出发点的社会影响力投资，一方面关注项目解决社会问题的成果，另一方面关注项目的可持续发展能力。

（4）探索新兴技术在慈善领域的运用，为重庆慈善事业增效。大胆尝试区块链技术、数字慈善技术、平台技术在慈善领域的应用，鼓励高校、企业科研团队为重庆慈善事业研究开发新产品，开

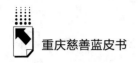

展对智慧公益人才的培养，为慈善组织开展网络募捐、信息公开、项目管理等基础工作提质增效，为重庆慈善事业向更高层次发展提供技术支撑，保持重庆市慈善创新的领先势头。

二 重庆互联网慈善发展的基本状况

2015年至今，重庆市抓住了"互联网+慈善"这一既是赛道也是风口的关键抓手，在重庆市委市政府的关怀支持和重庆市慈善总会的大力推动下，重庆市互联网募捐实现了从零到具有全国影响力的历史性跨越，互联网慈善正逐渐成为重庆慈善事业的软实力和重庆的新名片。根据重庆市慈善总会提供的数据：2015年，重庆市慈善总会首次探索"互联网+慈善"发展模式。通过与重庆邮电大学、华龙网、《重庆晨报》合作，推进互联网捐赠，先后开通官方网站在线捐赠、支付宝二维码捐赠、微信捐赠平台，并接通腾讯乐捐平台，为人人慈善开辟了快捷通道①。首次试水，互联网募捐总额达到25.7万元。2018年，重庆市慈善总会互联网募捐额3300多万元。2018年，重庆市委下发了《重庆市以大数据智能化为引领的创新驱动发展战略行动计划（2018—2020年）》，明确了推进互联网募捐工作的路径。在新战略的引领下，2020年重庆市慈善总会互联网募捐额一举达到4.2亿元；2021年更是突破了5.5亿元。近五年来，重庆在腾讯公益平台上捐款总额达11.87亿元，捐款次数达

---

① 刘光磊：《创新开拓 再接再厉 为助推脱贫攻坚战作出更大贡献》，在重庆市慈善总会第四届二次会员代表大会上的工作报告，2016年12月8日。

3272. 25 万人次，连续五年排名全国前十。其中，2021 年，重庆捐款金额为 5. 35 亿元，再创新高，在全国各大省区市中排名第二；捐款人次也达到了 1083. 6 万人次，在全国地区排名中同样位列前二[①]。本部分将从重庆市互联网慈善的整体治理格局、互联网募捐数据、互联网慈善项目、互联网慈善监管、互联网慈善文化、互联网慈善理论研究、互联网慈善人才培养和组织成长七个维度展示重庆市互联网慈善发展的基本状况，力图呈现一个互联网慈善的"重庆样本"。

（一）重庆互联网慈善的整体治理格局

在近年来的实践探索中，重庆互联网慈善工作的格局不断变化，并初步走出了一条符合重庆实际的路子，其主要特点是形成了政府重视、各部门大力支持、市慈善总会牵头推动、社会力量积极参与、多平台相结合的整体治理格局，大大促进了重庆互联网慈善的抱团式快速发展。

1. 市委市政府高度重视，相关部门大力支持

重庆市委市政府高度重视慈善事业的发展，将其作为社会建设和文化建设的重要内容，并纳入国民经济和社会发展总体规划、相关专项规划和年度工作计划，主要领导关于重庆慈善事业发展创新募捐方式的重要批示为互联网募捐指明了方向。2018 年，市委下发了《重庆市以大数据智能化为引领的创新驱动发展战略行动计划（2018—2020 年）》，明确了推进互联网募捐工作的路径；市民

---

① 何兴：《去年重庆公益捐款总额达 5. 35 亿元！超过北上广深，全国排第二》，《都市热报》2022 年 4 月 25 日。

政局印发了《重庆市"互联网+民政服务"实施方案》，提出在2020年基本建成覆盖全市的"互联网+民政服务"云平台，并将"互联网+慈善募捐"纳入全市"互联网+民政服务"云平台建设内容，建设慈善募捐应用平台，探索区块链技术在公益捐赠等方面的运用等。2020年，重庆市民政局发布《关于进一步加强互联网公开募捐工作的通知》；2021年重庆市民政局发布《关于加快推进慈善事业发展的通知》，特别强调要支持发展"互联网+慈善"，加强数字慈善、智慧慈善建设。充分发挥具有公开募捐资格慈善组织的平台优势，搭建社会公众参与慈善、慈善组织募集资金、困难群众求助的供需对接平台。积极维护互联网慈善健康发展，借助互联网推进"指尖公益""链上公益"。另外，互联网慈善连续几年作为申论热点被纳入重庆市公务员考试内容：2016年的考察内容是"如何杜绝互联网慈善骗局"；2017年是"让互联网+公益回到慈善初心"；2019年是"互联网慈善"。重庆市委市政府对慈善事业的支持还可以通过参与慈善活动体现出来。2020年重庆"中华慈善日"，重庆市副市长李明清出席活动并讲话；2021年5月20~21日，2021年中国互联网公益峰会在重庆举行，重庆市副市长李明清出席；2022年重庆市慈善总会召开2022年"乡村振兴 重庆专场"暨开幕宣传周启动仪式，重庆市副市长郑向东出席并讲话。

具体实践层面主要体现在对"99公益日"互联网募捐活动的大力支持上。在重庆市慈善总会的推动下，各区县党政领导高度重视，分管领导参加筹款动员会、召开部门协调会和各种培训活动，带头捐赠、引领示范，为活动提供场地和人员保障，有不少区县更是将募捐情况纳入对有关单位年度考核的重要指标。自2017年以来，"99公益日"互联网募捐活动已逐渐发展成为整个重庆每年一度的互联网慈善盛会。以云阳县为例，2019年"99公益日"网络募捐活动领导小组成员会议在县政府会议室召开，县委副书记丁笙泖、县人大常委会副主任陈先平、县政协副主席熊玉梅及相关成员单位负责人均出席了会议；在"99公益日"网上募捐动员培训会上，各乡镇（街道）、县委各部门、县级国家机关各部门、各人民团体及市属驻云机构、各企事业单位分管领导和实操人员共440余人参加了培训会，县人民政府副县长刘桂虎对所有参会单位作动员部署。类似地，铜梁区成立了"99公益日"活动协调小组并召开会议，将"99公益日"纳入年度工作重要内容，同时纳入对区内有关单位年度考核的重要指标，区民政局、区教委、区卫健委、区工商联、区融媒体中心、区总工会、团区委、区妇联、区残联、区关工委、区慈善会等单位领导均出席会议。

2.市慈善总会的牵头推动和其他组织的有效联动

互联网与慈善互联、开放、共享的特性，使得它们可以打破国界的限制。互联网的诞生将人类文明推向了一个新的高度，互联网时代的公益慈善事业也应当站在人类发展全局的高度，应当以人类共同福祉为根本，推进网络空间的共享共制，携手构建网络空间命运共同体。重庆市慈善总会是重庆市首批5A级社会组织，中华慈善总会的团体会员单位。近年来，依托"99公益日"，重庆市慈善总会一方面不断与各级政府部门探讨互联网募捐的路径，取得了市委市政府的高度重视和积极肯定；另一方面深入学习筹款技巧，把握了一系列制度建设方向，网络筹款成绩显著。以此为基础，重庆市慈善总会充分发挥枢纽型慈善组织的作用和省级慈

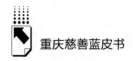

善会的担当，认真谋划、精心组织，层层发动区县慈善会和各级社
会组织，广泛深入并联动街道、村社、学校、医院等，形成了市慈
善总会牵头统筹，各级慈善会和社会组织、有关单位协同推进的良
好局面。

目前，重庆市已经形成了"1+41X+N"的"互联网+慈善"的
募捐格局："1"是市慈善总会，充分发挥枢纽型公募资质慈善组
织的平台作用；"41X"是各区县慈善会，带动一大批街道、乡镇、
村居、企事业单位和社会组织、志愿服务组织；"N"是市慈善总
会带动社会组织、志愿服务组织、企事业单位等，形成慈善组织、
学术界、媒体、企业以及公众积极参与慈善事业，以促进专业化、
多元化、信息化以及社会化的慈善募捐的长足发展局面①。比如，
2018 年 8 月 26 日，綦江区慈善会联合区工商联、区民政局、区教
委、区扶贫办、区总工会、团区委、区融媒体中心等单位，共同组
织几十家区级部门、20 个街镇、志愿者团队等开展了全区"99 公
益日"项目推广和操作培训会。这种全市一盘棋的网格式管理有
利于进行社会动员和营造氛围，看似各自为政，实际上有机联动，
市慈善总会发挥好枢纽作用就能有效地整合全市各类资源。在重庆
市慈善总会的带动下，垫江县自主研发了"互联网+"社会救助掌
上通 App 线上救助系统，在 2018 年，全县就收到掌上通社会救助
申请 201 起，审核通过 176 起，救助金额 55 万元。2018 年，重庆
市慈善总会出资建设云阳胜利村网站（www. cqslc.com）和微信公
众号"天生云阳 美丽胜利"，这也是全市 18 个深度贫困镇中较

---

① 杨艳梅、张龙波、况由志等：《关于慈善数字化的若干思考》，内部资料，2020。

早建成自有网站平台的贫困村。从建立互联网慈善平台，到利用微信、支付宝、微博、QQ等现代互联网的信息技术工具，互联网为慈善项目的多元化与便捷化提供了更多的可能性。

3. "两个轮子一起转"，多平台推进互联网募捐工作

2020年，重庆市慈善总会提出"两个轮子一起转"的互联网募捐发展战略，改变重庆互联网募捐运用腾讯公益平台一个轮子转的格局，逐步接入国家民政部批准的支付宝等其他互联网公募平台，推进"人人慈善、天天慈善"，力图实现"天天捐"与"99公益日"集中募捐同步发展。目前，重庆市慈善总会已入驻10个互联网募集平台，包括腾讯公益、支付宝公益、百度公益、新浪微公益、公益宝、美团公益、轻松公益、水滴公益、淘宝公益网店、360大病筹。一方面注重管理，各平台均安排专人负责，对互联网募捐情况每月进行统计汇报、每季度进行分析评估；另一方面加强联系与合作，努力争取中国慈善联合会、腾讯公益慈善基金会、支付宝公益等平台的指导和支持。随着互联网募捐渠道的拓展，重庆市慈善总会加大公益项目策划力度，不断推出众筹项目，互联网日常筹募额逐步上升，2021年1~3月的日常筹募额达到549.59万元。

（二）重庆互联网募捐数据

1. 互联网募捐金额和项目数量快速增长

近年来，重庆市慈善事业各项核心指标皆实现突破性增长，互联网募捐总额占慈善款物募捐总额的比重更是不断迈上新台阶（见图1）。

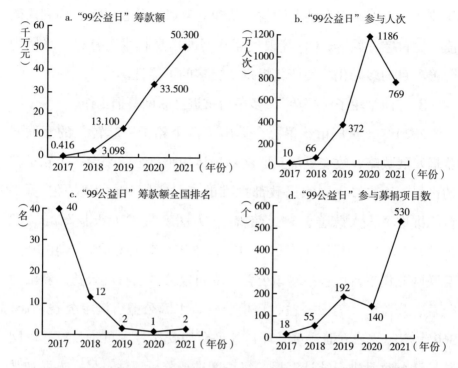

图1　"99公益日"重庆市慈善总会相关数据（不完全统计）

资料来源：重庆市慈善总会《"99公益日"活动总结表彰会资料汇编》。

纵观2017~2021年"99公益日"重庆互联网募捐数据，可见筹款金额、项目数均呈快速增长的态势。特别是在2019年，"99公益日"活动成绩斐然，募捐1.31亿元，募捐额列全国第2位、省级慈善会第1位，重庆市慈善总会联动31个区县慈善会、108个社会组织推出192个项目，参与人数达到372万人次，实现了一次巨大的突破。2020~2021年，募捐成绩持续创下新高，全国排名稳定在前两名。值得注意的是，2017~2020年，参与人次一直保持较大涨幅，互联网募捐人数从万人迅速增长到了千万人级别，而在2021年，虽然募捐项目数量为历年最多，参与人次却回落到769

万。分析造成这种波动的原因，主要是互联网募捐容易受到网络舆论和具有社会影响力的公共事件影响，加之媒体宣传的推动，导致公众的捐款热情波动和捐赠数额起伏，可以说这种涨落效应是互联网募捐的常态。比如，新冠疫情、汶川大地震等重大灾害，以及北京奥运会等重大事件，都曾引发了公众慈善捐款和志愿服务的"井喷"式增长。互联网募捐成为重庆慈善发展新引擎。

2. 区县参与面扩大，项目多元化程度提高

各区县慈善会和社会组织在总会牵头统筹下，认真策划互联网募捐项目，深入广泛发动群众参与，科学引导爱心人士捐赠，部分区县慈善会互联网募捐额已占到募捐总额的 50%，互联网募捐为当地社会民生保障做出了积极贡献。在 2020 年的"99 公益日"活动中，重庆市有 5 个区县捐赠人次进入全国前十位，3 个区县捐赠人次进入全国前五名[①]；2021 年，筹募额超过 1000 万元的区县达到了 14 个，为重庆市各区县开展互联网募捐工作起到了示范引领作用。2021 年是"十四五"规划开局之年，助力巩固拓展脱贫攻坚成果、助力推进乡村振兴是慈善事业发展的重要任务，38 个区县慈善会、101 家社会组织、200 多个慈善专项基金，精心策划包装了 530 个项目参与"99 公益日"活动，"又遇云朵上的村庄""乡村人的一技之长"等助力乡村振兴类项目筹募款项达到 3.8 亿元，"援助困难家庭""抚慰星星的孩子"等助力城市扶弱济困类项目筹募款项 0.8 亿元，"社区治理创新发展"等助推公益事业等

---

① 数据来自 2020 年 10 月 30 日重庆市慈善总会举行的 2020 年"99 公益日"活动总结表彰会。

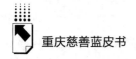

项目 0.43 亿元①。

3. 从"99公益日"的短促突击向常态化发展

2020 年 5 月 26 日，《重庆市慈善总会互联网募捐"十四五"规划》发布，提出互联网募捐规划目标：2025 年达到 2.5 亿元，其中腾讯"99 公益日"1.5 亿元、支付宝公益 7000 万元。这一规划目标，一定程度上体现了重庆市慈善总会对互联网募捐的理性认识，也反映出互联网募捐的重心从腾讯单一平台的"99 公益日"向常态化、多平台发展趋势。2021 年的数据也印证了这一趋势，1~9 月，市慈善总会互联网募款 5.5 亿元，其中腾讯公益 5.37 亿元（含"99 公益日"募捐 5.03 亿元）、支付宝公益 1316 万元、阿里巴巴等其他公益平台 67 万元。目前，重庆市慈善总会已入驻 10 个互联网募集平台，预计未来平台数量不会有大幅增加，但平台功能将得到不断创新和挖掘，逐渐实现"99 公益日"3 天捐和天天捐、月捐、周捐的同步发展。

（三）重庆互联网慈善项目

按照"聚焦脱贫攻坚，聚焦特殊群体，聚焦群众关切"的要求，重庆市慈善总会牵头策划、推出了一大批公益项目，而互联网募捐则提供了一套比较完善的解决方案，犹如源头活水，不仅解决了困难群众的现实问题，还解决了慈善组织的生存发展问题，更是为慈善项目提供了新的机遇，而这也体现出互联网慈善的重要现实

---

① 钟旖：《重庆市慈善总会前 9 月互联网募款达 5.5 亿元》，中国新闻网，https：//baijiahao. baidu. com/s？ id＝1711164138009906002&wfr＝spider&for＝pc/，2021 年 9 月 17 日。

意义。

1. 互联网慈善大大增强了慈善组织的救助活动能力

互联网慈善的发展对慈善组织的蓬勃发展起到了极大推动作用。首先，互联网慈善从根本上解决了慈善组织募款难的问题。重庆市许多慈善组织尚未取得公募资格，很难通过其他平台进行筹款，这类组织也广泛存在缺钱、缺人、缺场地等问题，自身生存已十分艰难，开展救助活动的能力十分有限。互联网慈善在重庆的快速发展，让这类组织可以挂靠在有公募资格的慈善组织下，有效地解决了募款难题。其次，互联网慈善刺激慈善组织规模壮大。已有研究表明，在数字化技术的助力下，公益组织从数量到规模再到可以获得的资源，均发生了重大变化。随着互联网慈善的发展，不仅个人捐款比例大幅提升，慈善组织数量也呈几何级增长。2000年前后中国存在的公益组织数量屈指可数，而现在，仅腾讯平台就已入驻上万家公益组织[1]。最后，互联网慈善加速慈善组织转型升级。在传统公益募款模式下，官方背景的公益慈善组织对个人募款的需求与关注度较低，但随着互联网慈善的兴起，官办组织开始主动拥抱"互联网+公益"平台并谋求转型发展。

重庆社会救助基金会自2011年成立以来，积极践行社会组织的责任和使命，以一对一发放救助金的方式开展线下急难救助。11年来，基金会共救助困难对象2.3万人，支出救助金2.17亿元。其中，仅4000万元是社会募捐获取，而这中间又只有2000多万元是依靠互联网公益募捐平台筹集。2018年，基金会紧跟发

---

① 邓国胜：《移动互联网时代公益组织发展的新格局》，《国家治理》2017年第2期。

展趋势，积极推动"互联网+慈善"多元化发展，利用公益宝平台打造了急难筹项目，成为第一个专属重庆人的众筹平台。项目运行 4 年以来，筹集社会资金 2800 万元，救助 2300 余人。随着国家乡村振兴战略的实施，互联网筹款项目进一步聚焦乡村振兴。2021 年 7 月，国家乡村振兴局公布了 160 个国家乡村振兴重点帮扶县名单，其中 4 个在重庆，分别是城口、巫溪、酉阳和彭水。这 4 个县有不少公益项目进入了"乡村振兴·重庆专场"活动。全市 94 家区县慈善会、社会组织及志愿服务组织参与本次"乡村振兴·重庆专场"公益活动，上线了近 300 个项目。项目围绕产业帮扶、养老帮扶、教育帮扶、人才帮扶、儿童关爱、扶弱济困、生态振兴 7 个方面。"99 公益日"期间，重庆市助力乡村振兴类项目筹募款项高达 3.78 亿元（包含助力产业振兴 0.54 亿元、人才振兴 0.91 亿元、文化振兴 1.25 亿元、生态振兴 1.08 亿元），超过筹款总额的 75%。

2. 互联网慈善交出了抗击新冠疫情的满意答卷

已有研究对第三部门抗击疫情的行动进行了分析，发现疫情加速了以互联网为载体的信息扩散。一方面，互联网以最快的速度带来疫情的最新信息，传播最新的政策动向，传递抗击疫情的正能量，树立起人们的抗疫信心；另一方面，第三部门积极利用大数据信息，研究判断物资需求，精准地进行慈善款物的募集和配送，极大地提升了疫情防控效率[①]。需要指出的是，在抗击新冠疫情过程中，我国社会组织并未被纳入国家应急管理体系，也未借助市场力

---

① 李健、荣幸：《互联网何以消解志愿失灵？——基于第三部门抗击疫情的行动分析》，《河海大学学报》（哲学社会科学版）2021 年第 2 期。

量开展服务，更多的是依靠自发动员、自我管理和自我协调来支持抗疫行动①，却在动员、链接社会资源和提供社会服务等方面发挥了突出作用。民政部统计数据显示，截至 2020 年 4 月 23 日，全国各级慈善组织、红十字会接收社会各界的捐赠资金 420 亿元，捐赠物资 10.94 亿件，累计拨付捐赠资金 345.19 亿元，拨付捐赠物资 10.49 亿件；20 家互联网募捐平台筹集了 4200 万人次、18 亿元捐赠资金；全国 20 万名社工参与提供服务，开通社会工作心理服务热线近 4000 条，服务 200 余万人次；全国各地开展疫情防控志愿服务项目 29.8 万个，参与疫情防控的注册志愿者约 584 万人②。上述数据刷新了我国第三部门历次参与应对公共危机和突发事件的"历史之最"③。从重庆来看，2020 年初，面对突如其来的新冠疫情，重庆市慈善总会迅速启动了互联网募捐工作，组建互联网募捐抗疫战队，发起"驰援抗击肺炎疫情"网络募捐项目，1 月 24 日在腾讯公益平台成功上线并开展网上募捐，至 1 月 26 日就已募集 25016938.28 元，1 月 1~31 日，重庆市慈善总会募捐款物 27958.48 万元，其中互联网募捐 8312 万元，占募捐款物总量的 29.7%。截至 2021 年 9 月 30 日，在腾讯公益、支付宝公益、百度公益等 7 个互联网募捐平台上发布项目 19 个，吸引 197 万人次爱

---

① 徐家良：《疫情防控中社会组织的优势与作用——以北京市社会组织为例》，《人民论坛》2020 年第 23 期。

② 数据来自 2020 年 4 月 24 日民政部举行的 2020 年第二季度例行新闻发布会。

③ 尽管审计署 2010 年发布的 1 号公告显示，汶川地震社会捐赠资金高达 687.90 亿元，但清华大学 NGO 研究所邓国胜教授经过深入研究后发现：汶川地震募集的社会捐赠资金中，58.1% 流向了可以接受社会捐赠的政府部门，慈善组织和各级红会实际接收的社会捐赠资金低于 2020 年新冠疫情的社会捐赠。

心网友捐赠，共接收来自互联网及基金会的抗疫捐赠9113万元，位居全国慈善会系统前列①。

3. 互联网为社会公众参与慈善提供了便捷的渠道

互联网为慈善增加了平等、参与、互动的属性，带动了捐赠人的捐助行为。正如腾讯公益的基本观点——"网络时代每个网友都是慈善家"。现阶段的互联网慈善衍生出两个鲜明特征：一是传播即公益，现阶段的互联网公益普遍带有互联网的属性，强调"微爱"聚少成多的力量，由点到面呈现出网状扩散的传播特性，个体在转发扩散的同时即参加了公益活动；二是参与即公益，现阶段的互联网公益活动非常注重个体的参与感，通过多样的形式将个体"卷入"网络公益项目，强化个体在公益项目中的获得感，部分公益项目兼具趣味性与商业性，通过非直接捐赠的方式将公益日常化②。据统计，在人均捐款额方面，重庆人均捐款额从2018年的37.3元，上升至2021年的49.3元，在全国各地区排名中由第5名上升至第2名。如果从重庆居民人均可支配收入来看，2021年重庆全市居民人均可支配收入为33803元，49.3元的人均捐款额占重庆居民人均可支配收入的1.46‰，相当于重庆人每1000元的可支配收入，就会捐出1.46元做公益。相当于每三个重庆人中，就有一个人做公益，重庆成为参与人数最多、影响力最广的一座城市③。据统

---

① 数据来自2020年10月30日重庆市慈善总会举行的2020年"99公益日"活动总结表彰会。
② 冯叶露：《"互联网+公益"的筹资模式探索——以13家慈善组织互联网公开募捐信息平台为例》，《西部学刊》2018年第12期。
③ 刘政宁、许琳珮：《有种重庆人的耿直，叫"公益"》，人民网-重庆频道，http：//cq.people.com.cn/n2/2022/0511/c365401-35263080.html/，2022年5月11日。

计，重庆启动的"互联网+乡村振兴"专场期间，共有234万人次参与，募集善款3.79亿元，其中腾讯配捐5054万元。按重庆总人口最新数据3205.42万人来算，本次专场活动重庆人均捐赠金额约12元，以一碗小面7元的市场均价计算，相当于每个重庆人捐出了近2碗重庆小面。重庆人民用火热的公益热情，展现了这个城市的温度。

（四）重庆互联网慈善监管

互联网慈善是新鲜事物，在蓬勃发展的同时，其监管方面的经验不足和力度不当，容易导致信息公开制度不健全、善款使用随意性大、慈善机构内部管理漏洞多等诸多问题，这都会影响互联网慈善的公信度。互联网慈善不是法外之地，从求助信息的真伪到善款的用途，都需要接受监督。几年来，重庆市在互联网慈善监管的探索中，逐渐形成了政府监管、行业自律和社会监督的监督体系，为互联网慈善的健康发展保驾护航。

1. 政府监管

在贯彻落实《中华人民共和国慈善法》《慈善组织公开募捐管理办法》《慈善组织信息公开办法》《民政部中国红十字会总会关于红十字会开展公开募捐有关问题的通知》等的同时，进一步规范互联网公开募捐工作，重庆市多个政府部门先后出台了多项政策和文件，以加强对互联网慈善的监管。2020年，重庆市民政局发布《关于进一步加强互联网公开募捐工作的通知》（渝民发〔2020〕16号），就互联网公开募捐涉及的公开募捐实施主体、公开募捐信息发布、公开募捐备案（见图2）、捐赠信息公开、捐赠票据管理以及民政部门职责进行了明确和规范。

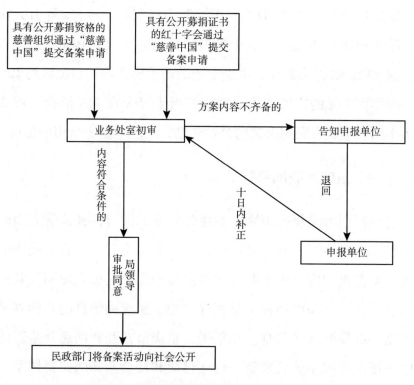

图2　公开募捐慈善活动备案工作流程

资料来源：重庆市民政局《关于进一步加强互联网公开募捐工作的通知》政策解读。

该文件在"全面加强互联网公开募捐活动监管"一项中明确了民政部门互联网公开募捐活动慈善捐赠监管的具体职责，有利于进一步指导区县民政部门开展相关工作，具体包括"进一步规范慈善组织、红十字会的公开募捐活动，严格公开募捐资格审查，完善互联网公开募捐活动备案程序，加强网络舆情监控，督促做好信息公开，并依法查处互联网公开募捐违法违规活动"。

2021年重庆市民政局颁布《关于加强慈善捐赠款物管理使用的通知》（渝民发〔2021〕8号）从规范款物管理、严格款物使用、加强使用监管、加强档案管理四个部分，对慈善项目、专项基金会管理提出具体要求。

2. 行业自律

重庆市慈善总会充分发挥枢纽型慈善组织作用和省级慈善会的担当，在以"99公益日"互联网募捐为代表的互联网慈善监管中充分发挥了指导、监督和示范作用，针对互联网慈善项目单位依法依规筹款和开展项目做了一系列的工作，有效促进了专业协作和行业自律。首先，市慈善总会从自我管理入手，制定了《重庆市慈善总会互联网募捐管理办法（试行）》，从项目立项、项目筹募、项目拨付和执行、监督和激励等多个方面，为开展"互联网+慈善"工作提供了制度保障。其次，对项目合作单位，包括有关慈善会、社会组织等，市慈善总会在动员培训、实施等各个环节都制定了详细的监管规划。以2021年"99公益日"互联网募捐为例，市慈善总会从动员培训开始就重点强调规范问题，"我们的项目要管理规范，经得起第三方机构的审计和评估，从一开始就要做到公开透明，除了惠及群众和慈善组织自身良性发展之外，没有其他任何个人的追求"。2021年9月1日，市慈善总会在官网发布《"99公益日"告知书》，明确规定了在项目上线及筹款过程中，对八种行为"零容忍"，包括：①参与公开募捐主体的违规行为；②公开募捐项目备案号存在过期、冒用、造假或其他违法违规情形；③以套取配捐为目的，挪用自有资金或使用借款和贷款进行捐赠；④以套取配捐为目的，采用资金化整为零后组织多人多次进行捐赠；⑤以套取配捐为目的，采用机器刷单等技术手段扰乱正常捐赠秩序；⑥违反捐赠自愿原则，采用强制命令、摊派、诱骗等方式进行筹款；⑦违反捐赠无偿原则，将经营性收费转化为捐赠，为捐赠人提供利益回报；⑧其他违反《慈善法》等法律规定，或者严重违背行业规范和公益慈善伦理的情形。最后，为了确保慈善项目"最后一公里"的公开透明，专门发布《重庆市慈善总会关于严格依法依规实施2021年"99公益日"项目的通知》，就项目落地阶段对"99公益日"项目合作单位提出了四点要求：一是要严格按照项目文案的有关实施计划、使用方向、实施标准、预算等要求稳妥推进项目的实施；二是要搜集保存实施项目的过程性资料；三是要严格执行公示制度；四是要做好"99公益日"项目财务专账。

3. 社会监督

慈善事业要赢得社会公众的信赖和支持，慈善组织与慈善活动必须把公信力建设放在首位，主动接受公众监督。公益慈善的公益性，决定了公众有权获得各种公益慈善信息[①]，博客、论坛、微博、微信等新媒体工具为网民参与慈善事业监督提供了多样化的选择，在一定程度上实现了全民动员与参与[②]。重庆市慈善组织严格遵守网络募捐法制底线，着眼于夯实基础工作。早在2011年，重庆市慈善总会就制定和实施了《慈善信息"八公开"制度》，内容包括：①公开筹募方式；②公开捐赠款物的接收情况；③公开救助项目；④公开救助对象；⑤公开救助审批程序；⑥公开捐赠款物使用情况；⑦公开回馈爱心企业及爱心人士的方式；⑧公开财务审计情况。按照相关要求，重庆市慈善总会采取了多项措施：

---

① 李卫华：《慈善组织的公共责任与信息公开》，《理论探讨》2017年第6期。

② 陈为雷、毕宪顺：《web2.0时代新媒体慈善监督刍议》，《理论学刊》2015年第6期。

一是每月及时通过总会相关网站、新闻媒体公示总会筹募、救助情况；二是针对特定重大事件成立专项监督委员会进行全程监督；三是成立项目审批委员会对慈善项目的实施和资金使用情况进行监管。同时，通过召开监事会议、随时接受相关部门审计、随时接受社会各界检查等渠道公开相关信息，自觉接受监督。在开展互联网慈善活动之后，重庆市慈善总会愈加重视社会监督的作用，在已有工作基础上进一步推出了多项措施：一是加大宣传力度，让社会公众的监督意识进一步得到提高，使每个利益相关者都能够自发地参与到互联网慈善监督过程中来，加强与社会公众之间的互动，提高慈善信息公开的效率。二是以法律为根本力量保障捐赠者和受益者知情权、监督权以及相应的监督渠道，允许公众及第三方监督主体要求慈善组织公开某特定款项或特定项目信息，并对其中疑问提出质询；慈善组织则应及时、如实答复。三是建设权威的慈善信息发布平台，方便公众查询。一方面将零散、多样的信息公开机制进行整合，另一方面对需要公开的信息进行收集、整理和统计，提高信息的准确性和权威性，从而促进重庆慈善行业信息化、透明化、专业化与效率最大化。

（五）重庆互联网慈善文化

重庆市致力于构建慈善文化影响力体系，通过大众媒体、新媒体、慈善活动等不断提升城市的慈善氛围。重庆市民政局、慈善总会、市委宣传部、市精神文明办多管齐下，发动多方资源传播慈善理念、鼓励善念善举；重庆电视台、重庆广播电台、重庆华龙网等广播、电视、互联网等媒体，解读慈善政策，普及慈善知识，传播慈善文化；重庆市主流媒体如华龙网、腾讯·大渝网、新华网·重庆频道均开设有公益板块，使重庆的现代慈善文化充满了无限的活力。近几年来，重庆市互联网慈善的发展有效推动了慈善文化进机关、进企业、进学校、进社区、进乡村，群众参与网上捐款呈现井喷式增长，可以说慈善事业离不开慈善文化，离不开现代慈善价值观的支撑。作为重庆市慈善文化传播的新路径，互联网慈善正在以更加多元的形式推动着公益事业全民参与的良好氛围，培养公民参与慈善的社会责任感。

1. 借媒体之力，营造良好的慈善氛围

每年的"99公益日"活动期间，重庆市各级慈善组织联合宣传部门和各级各类媒体开展大规模的宣传推广活动，一方面通过报社、电视台、电台等传统媒体向外发声，另一方面运用微博、微信、网络直播平台等新媒体进行专题报道和大力宣传，为广大群众参与慈善捐赠、关注慈善事业提供安全、快速、便捷通道的同时，在全市营造了人人慈善的浓郁氛围。据不完全统计，在2020年"99公益日"活动中，各区县慈善会及社会组织、志愿服务组织动员各级各类媒体，广泛宣传、深度追踪报道1000余篇次，发放宣传资料30余万份；巫山县、綦江区、潼南区、石柱县等区县慈善会近20个项目合作单位开展了公益直播活动对慈善项目进行宣传和介绍，这种新颖的形式吸引了数万人次参与和捐赠。

2. 利用互联网讲慈善好故事、发慈善好声音

2017~2019年，重庆市连续举办了三届"善的力量"网络公益文化节，开展了线上线下、多角度、多渠道、多形式的主题宣传活动，如由重庆市委宣传部、市民政局指导，市慈善总会、华龙网

集团等主办的"寻找善的力量""汇集善的力量""传递善的力量"系列公益主题报道活动,吸引了力帆集团、民生能源等上百家企业积极参与。活动开展期间,运用户外 LED、重庆日报电子阅报屏、重庆手报、重庆客户端、微博、微信等全媒体手段,全面展现了重庆公益慈善故事,宣传典型人物事迹、传播慈善文化、倡导慈善行为、弘扬慈善精神,营造了浓厚的公益慈善氛围,为推动全社会形成支持慈善事业发展的合力提供了舆论支持。该活动两次获评由中央网信办指导的"网络公益年度项目"和"网络公益年度传播力"奖项。另外,重庆市作家协会与重庆市慈善总会联合创办了"重庆(中国)慈善诗歌朗诵会",支持弘扬包括"互联网+慈善"在内的慈善文化,在 2018 年和 2019 年,先后举办了第一届和第二届活动,广大市民创作了一大批"与我有关,在我身边"的故事,其中有一批以互联网慈善为主题的作品,引起了强烈反响,这些诗歌被编纂收录在"巴渝慈善文学丛书"中出版发行。

3. 互联网慈善正在成为人们的生活方式

古人云:"一善染心,万劫不朽,百灯旷照,千里通明。"互联网募捐以其特有的便捷性、低门槛促进了传统的精英慈善向大众慈善转变,"80 后"、"90 后"乃至"00 后"已逐渐成为慈善捐赠的主流,"指尖捐赠""随手捐"等正在被越来越多的人所接受,互联网正在让公益慈善成为人们的一种新的生活方式。重庆市庞大的人口基数和互联网用户一方面使互联网慈善平台得以产生强大的集聚效应,另一方面也形成了浓厚的互联网慈善文化氛围。公众在上网过程中能随时随地了解并参与各种公益项目和活动,这种常态化、全民化的公益参与方式无疑是对"小关怀,大改变"公益理念的最佳诠释与践行。当然，互联网慈善也不仅仅是年轻人的专利。重庆有一个志愿服务组织叫夕阳红大队，是一支老年志愿者队伍，成员平均年龄 63.5 岁，为了更好地参与"99 公益日"的项目，通过收集小红花等形式奉献热情和爱心，他们把老年手机换成了智能机，开办了学习班和培训班，专门学习使用智能手机，这种独特的参与体验，让老人们过了一把"慈善瘾"，更重要的是让老年人不再被孤立于互联网之外。

（六）重庆互联网慈善理论研究

互联网募捐是一项专业性、技术性、规则性、政策性很强的工作，而且规则和机制都在不断变化。重庆市互联网慈善发展的鲜明特征之一是"边学边干"，具体而言包括建设互联网慈善的科研和培训基地，开展互联网慈善理论研究，举办互联网慈善论坛等。

1. 设立"互联网+慈善"发展研究基地

2020 年 9 月 3 日，重庆"互联网+慈善"发展研究基地在重庆市慈善总会揭牌并正式运行，该基地是全国首创，对重庆乃至全国"互联网+慈善"发展都具有重要的促进作用[①]。2021 年 5 月，全国"互联网+慈善"发展研究基地在重庆挂牌，该基地由中国慈善联合会、腾讯公益慈善基金会、重庆市慈善总会、重庆市慈善捐赠服务中心联合主办，将深入开展全国"互联网+慈善"发展政策理

[①] 《重庆市慈善蓝皮书课题研讨会暨重庆"互联网+慈善"发展研究基地专家组第一次会议纪要》，重庆市慈善总会官网，http://www.chongqingcishan.com/nv.html?nid=08b63acc-fa39-419f-8bfc-aa5c96e5233f/，2020 年 9 月 11 日。

论和城市"互联网+慈善"发展的规律性、创新性和前瞻性研究，为全国"互联网+慈善"发展提供理论支撑、政策参考和实践指导，为我国互联网慈善发展提供经验①。

2. 推动互联网慈善理论研究

重庆"互联网+慈善"发展研究基地的一项重要任务是组织国内外专家学者开展"互联网+慈善"发展的实务与理论研究相结合的实践探索，搭建学术研究的常态交流平台，建立"互联网+慈善"发展的政府、慈善家、慈善组织、广大群众的互动机制，形成理论研究体系。

2019 年，重庆市慈善总会、重庆市慈善捐赠服务中心、重庆"互联网+慈善"发展研究基地编印了《重庆"互联网+慈善"大事记》，收集了 2015 年 5 月 1 日至 2020 年 7 月 23 日重庆市党委、政府、企事业单位、慈善组织、志愿者组织、社会组织关于互联网慈善工作的大事记录，这是对重庆"互联网+慈善"探索发展成果的详细记载，为后续开展研究奠定了基础。另外，成立专家组，编制了《重庆市慈善总会互联网募捐"十四五"规划》，发表文章《两个轮子一起转迈上互联网募捐新台阶》系统总结回顾了"十三五"期间重庆互联网募捐的经验，从推进大数据智能化在慈善组织的应用、普及慈善数字化理念、促进传统慈善向现代慈善转变等多个维度进行了深入探讨和研究。

同时，在"互联网+慈善"基本理论和方法的研究方面，公开出版发行《"互联网+慈善"在重庆的实践和应用》和《慈善数字

---

① 张莎：《全国"互联网+慈善"发展研究基地在重庆挂牌》，《重庆日报》2021 年 5 月 21 日。

化在重庆的实践》两本专著，全面介绍总结了重庆互联网慈善工作的经验做法，为重庆慈善数字化提供了智力支撑，弥补了省级层面对慈善理论与实证的系统性研究不足，为全国慈善公益组织推进慈善数字化贡献了重庆智慧。完成一批省部级科研课题，包括重庆邮电大学经济管理学院罗豪、文添、刘思兰发表的论文《"互联网+慈善"研究现状综述》；重庆邮电大学、重庆市慈善总会、重庆市慈善捐赠服务中心联合开展的"'互联网+慈善'在重庆的实践与探索"课题研究；承接市社科联委托的"'互联网+慈善'的运作机制与实施策略""'互联网+慈善'在重庆的实践与探索"等省部级课题研究等。

3.举办互联网慈善峰会和论坛

2020年"互联网公益峰会——公益行业平行会议"在重庆市慈善总会召开，公益慈善行业的优秀组织代表和专家学者共同围绕"后疫情时代公益机构发展面临的机遇和挑战"、"公益机构如何开展数字化工作"和"如何做好99公益日的筹款和传播"三大主题展开讨论。值得一提的是，在峰会"你的名字"致敬环节，重庆标志性的江北嘴9栋大楼等地亮起外屏，真诚致谢善款背后的每一个名字，可见互联网慈善在重庆市呈现巨大活力。另外，长期以来，重庆市慈善总会联合市慈善捐赠服务中心等联合举办"互联网+慈善"论坛，目前已连续举办26期，论坛形式丰富，纳入了讲座、课程培训和交流等多种形式，其主题则从重庆市互联网慈善的实际情况出发，多元务实，紧扣公益慈善发展的时代脉搏。如2016年12月22日，"互联网+慈善"论坛第六讲的主题为"重庆市慈善总会微信募捐的应用推广"；2018年4月13

日第十四讲则增加了"志愿者增能计划"相关内容。随着"99公益日"活动的推动，论坛增加了越来越多的与互联网募捐相关的内容，侧面说明了"互联网+慈善"论坛对重庆市互联网募捐的迅速发展起到了一定的推动作用。

（七）重庆互联网慈善人才培养和组织成长

重庆市互联网慈善的发展过程中，特别是互联网募捐工作，逐渐培养锻炼了一支专业化、年轻化的骨干团队，各级各类社会组织在实干中得到了迅速发展。

1. 人才培养："小专家"担"大任"

互联网慈善是专业性、技术性、政策性、规则性很强的工作，互联网募捐工作更是竞争性很强的工作，其本质是人才的竞争。重庆市互联网募捐实现跨越式发展，关键就是紧紧抓住了人才的培养，倡导专业的人做专业的事。2018年，重庆市慈善总会就设立了互联网募捐部，调配新增了专职懂行的年轻人，培育了一支懂行、年轻、作风过硬的"小专家"队伍，邀请腾讯、公益宝、湖北、成都等外地专家来渝为"小专家"团队授课指导，不断提高从业人员的专业能力和素质，从而确保了互联网慈善有人办事、办事得力。与此同时，市慈善总会充分发挥枢纽型组织的作用，让"小专家"队伍到各区县、各社会组织开展培训，通过"互联网+慈善"论坛和总会"小专家"传帮带等措施，几年来培养了各级互联网募捐骨干数千人次。2020年"99公益日"期间，市级层面近20名小专家联动合作单位层面800多名小专家共同推进互联网募捐工作。

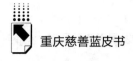

2. 组织成长：培训到位，激励有力

重庆市慈善总会积极开展互联网慈善培训，解决各组织参与互联网慈善遇到的人才和技术问题。重庆市慈善总会常态化地开展"互联网+慈善"论坛，截至2020年底，已举办多个主题共26期，培训各区县、社会组织领导和骨干数千人。另外，加大"99公益日"互联网募捐培训的力度和针对性。2020年"99公益日"筹备期间，重庆市慈善总会先后举行调研会、座谈会、推进会80余次，培训会30多场，从数百家慈善组织、社会组织、志愿者组织中优选了101家单位共同联合各方力量助力活动，组织培训了10多万人次。2021年4月以来，市慈善总会领导多次带领小专家团队深入各项目单位调研，召开片区培训会议，了解筹备情况，从项目设计上线到宣传发动等提供全方位的专业指导和服务，为高效有序开展2021年的"99公益日"活动打下了坚实基础。另外，制定了激励措施，从制度上鼓励创新、激发能量，提升项目团队的策划和运作能力。每年"99公益日"活动结束后，重庆市慈善总会都召开"99公益日"活动总结表彰大会，总结成绩、交流经验、表彰先进，对下一届"99公益日"筹备工作进行部署和动员，以推进互联网募捐工作持续健康发展。重庆市慈善总会通过各种富有重庆特色的宣传动员机制，极大地鼓舞了各区县和各级各类组织参与互联网捐赠的热情。

三 重庆互联网慈善的主要特征

互联网慈善的特征是指在公益慈善与互联网、大数据和数字信息技术相结合下所表现出的新的状态、样貌和形式。在互联网飞速发展的环境下，重庆市慈善由过去传统单一的慈善组织模式朝着互联网慈善的方向拓展，其特征体现为主体、内容、模式和机制四个方面。

（一）重庆互联网慈善的主体特征

第三次分配是实现共同富裕的重要路径，而数字化技术是推动第三次分配的核心要素和重要动力[①]。发挥慈善事业在第三次分配中的作用，推进共同富裕的实现，主要依靠慈善主体的力量，也就是慈善组织、企业和其他社会公众的力量，其各有特点并各展其效，通过对重庆市互联网慈善捐赠情况、发展趋势和社会环境等方面的梳理，发现重庆互联网慈善呈现参与主体多元协同、公众参与范围广泛、公众参与热情高涨等特征。从重庆互联网慈善的实践出发，可以准确地认识重庆市互联网慈善主体的发展规律，从而使得各主体在慈善事业中保持旺盛的生命力，推动重庆市慈善事业的高质量发展。

1. 参与主体多元协同

慈善主体指慈善事业的推动力量，即慈善事业的参与主体，包括慈善组织和慈善资源的主要捐赠者。在互联网融入慈善之前，慈善主体主要是指传统且正式的公益慈善组织，包括中华慈善总会、中国红十字会，以及由政府组建的或民间发起的慈善性质的社会组织，以重庆慈善组织为例，有重庆市科技发展基金会、重庆市青少

---

① 吴磊：《数字化赋能第三次分配：应用逻辑、议题界定与优化机制》，《社会科学》2022 年第 8 期。

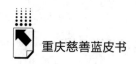

年发展基金会等。如今，网络的普及以及数字技术的应用扩大了公益慈善的主体范围。互联网慈善通过合理配置慈善资源，促进各方力量彼此协作，使慈善组织处于良性竞争的环境之中①。重庆互联网慈善的主体不仅包括正式组建的公益慈善组织，还包括政府、企业及社会公众。

（1）公益组织。公益组织是公益慈善事业的主要载体，是为了实现公益慈善目的而设立的专门机构，是公益慈善事业的主要发起者、公益慈善资源的主要募集者以及公益慈善服务的实现者，是联通捐赠者和受助者之间的桥梁。重庆市公益慈善组织目前主要分为以下几类：一是各级慈善会，主要是指自愿参加、依法核准登记的非营利性公益性社会团体法人，包括从事和支持慈善公益事业的单位，以及关心热爱慈善公益事业的个人；二是公益慈善基金会，指主要资助教育、医学、科学、公共卫生和福利等领域，以私人财富用于公共事业的社会组织，主要有重庆市温暖基金会、重庆市社会救助基金会和重庆市扶贫基金会等；三是社会服务机构，是非营利的、服务于他人和社会的专业化、职业化的组织，重庆市着力构建"慈善+社会工作+志愿服务"融合发展模式，将慈善与基层社区联合，既可以汇聚慈善资源，也可以促进基层社区治理，如重庆市大渡口区山城社会工作服务中心、重庆市渝北区天爱残疾人康复训练中心等；四是志愿服务组织，如重庆市青年志愿者协会、重庆市江北区绿叶义工志愿者协会等。其中第一类和第二类公益组织拥有公开募捐资格，可以依托统一的互联网公开募捐平台开展筹款；

---

① 丁学芳：《〈慈善法〉背景下的网络慈善生态》，《中国民政》2018 年第 19 期。

第三类组织由于没有公募资格，往往以具有公开募捐资格的组织为依托来募集资金，这类组织通过项目设计和实施，发挥自己的专业性。民政部于 2016 年公布的《慈善组织公开募捐管理办法》为慈善组织公开募捐资格和公开募捐活动管理提供了规范指引、为公募和非公募的慈善组织的合作提供了政策参考；2021 年发布的《民政部关于指定第三批慈善组织互联网募捐信息平台的公告》为取得公开募捐资格的慈善组织提供公平、公正的信息服务，以及为互联网慈善募捐工作健康有序发展提供保障。

（2）企业。企业慈善，主要是利用商业的力量推动慈善事业的发展，企业在慈善事业中的身份和地位在很大程度上是由企业所承担的功能和职责决定的[①]。随着互联网慈善的发展，企业可以通过第三方社会责任门户网站来收集慈善大数据，并利用网站进行有效地推广、宣传，以此推动企业积极履行社会责任，为社会做出贡献。新冠疫情突发以来，重庆市商会组织和民营企业积极响应党和政府的号召，捐款捐物献爱心。据不完全统计，截至 2020 年 2 月 27 日，重庆市民营企业及商会组织累计捐款 2.013 亿元、累计捐物折合人民币 1.0538 亿元，总计捐款捐物 3.0668 亿元[②]。

（3）社会公众。发挥慈善在第三次分配中的作用，促进共同富裕，可以激发公众的参与活力，通过参与展现出对社会的关怀和慈爱，可以很好地缓解社会各个阶层之间的矛盾和张力，实现社会

---

① 赵俊男：《中国慈善事业治理研究》，吉林大学博士学位论文，2013，第 132～143 页。

② 白勇：《重庆民企、商会捐赠超 3 亿元》，《中华工商时报》2020 年 2 月 28 日，第 02 版。

的和谐、稳定与发展，这不仅是互联网慈善自身的价值，更是慈善给予整个社会的意义所在。互联网慈善的发展让慈善理念深入每个家庭、每个人。"家庭捐""爱心捐""行走捐"等多样化的捐赠形式让每个人都可以参与到慈善活动中来。以 2020 年"99 公益日"为例，重庆市慈善组织积极参与互联网募捐活动，近 1200 万人次参与捐赠，累计募集资金 3.53 亿元①。除此之外，从重庆市委宣传部、重庆市民政局及重庆市慈善总会举办的"重庆慈善奖"评选表彰所评选出的重庆市"十大慈善人物""十大爱心人士"等来看，他们都是近年来捐赠累计达到 100 万元以上的个人或企业。由此来看，行业精英、企业家等先富群休有着更厚重的经济基础，他们已经成为公益慈善事业的参与主体。

2. 公众参与范围广泛

改革开放以来，我国的慈善事业取得了长足的发展，但是广大的社会公众并没有真正参与到慈善公益事业中来，大多作为观望者，持有事不关己的态度。直到近年来互联网慈善的发展，社会公众逐渐自发、自主地参与公益慈善事业，呈现慈善大众化的趋势。重庆慈善组织利用互联网平台，让公众可以通过各大网络媒介平台，比如微博、微信、支付宝等渠道参与社会公益活动。从此，公益慈善已经打破地域的界限，公益慈善不再是固定的组织或人群才可以参与的活动，而是只要有一颗"公益心"，任何人、任何组织和团体以及任何阶层的人群都可以参与的大众慈善活动，做到了人

---

① 中国新闻网：《"十三五"期间重庆慈善组织、红十字会接受慈善捐赠 75.81 亿元》，https：//baijiahao.baidu.com/s？id = 1710142413995800235&wfr = spider&for = pc，2021 年 10 月 11 日。

人参与慈善、随时随地慈善。由此可见，慈善主体已经呈现"公众化"的特性。

据统计，2020年重庆慈善总会举办的"99公益日"有1186万人次参与捐赠，三天的募捐额超过了3亿元；2021年"99公益日"活动成功吸引了769万人次的捐款，募集善款5.03亿元，比2020年"99公益日"增长1.68亿元①。从重庆慈善总会官方网站一周内捐款数额的统计可以看出，"99公益日"捐款人次数额较大，捐款方式主要是微信和支付宝两个平台，单人捐款数额为1分到上百元不等。互联网慈善已经打破由特定群体通过捐赠大额数量的款项进行捐赠这一单一形式的捐赠活动，而是通过"千斤重担众人挑"的方式去筹集善款的广大公众参与的慈善活动。

除此之外，重庆互联网慈善组织也开始利用互联网和区块链技术优化组织运作模式，开展"时捐""月捐""随手捐"等多种捐赠形式，将娱乐、运动、读书学习以及节能减排等与慈善相结合，形成"人人慈善"、"随时慈善"以及"指尖慈善"，以更加可实际操作的方式实现慈善主体的"公众化"。

3. 公众参与热情高涨

重庆市慈善组织以习近平新时代中国特色社会主义思想为指引，认真贯彻落实市委市政府主要领导对慈善工作的批示精神，积极发挥慈善在第三次分配中的作用，大力发展互联网募捐，不断汇聚爱心力量，在助力乡村振兴、扶弱济困中持续取得好成绩。慈善主体的积极，不仅是重庆慈善组织所表现出的积极，还指在慈善组

---

① 李济慈：《2021年"99公益日"总捐款额超过35.2亿元，捐款人次逾6800万》，《慈善公益报》2021年9月13日。

织的正确引导下，社会公众所表现出来的对慈善事业参与的高度热情和对捐赠的积极性。

2021 年"99 公益日"期间，全市慈善组织积极参与互联网募捐活动，累计募集资金 5.03 亿元①。重庆市社会救助基金会致力于助医、助学、助困、赈灾等各个领域，并以重庆社会救助基金会冠名成立了救急助难配捐基金，截至 2021 年 10 月 11 日，共募集善款 986 万元②；同时，重庆市红十字会在河南等地遭遇严重内涝时，紧急向河南红十字会拨款 20 万元，用于各地开展救灾救援工作③；重庆市科普发展基金会则为助力脱贫攻坚，协助市科协完成 18 个深度贫困乡镇共享科技馆建设，募集社会资金 145 万元④。

重庆慈善组织的积极动员进一步激发了公众的慈善热情。特别是在 2020 年新冠疫情防控期间，约 4200 万爱心人士为重庆市疫情防控工作进行了捐赠，这是"互联网慈善"所特有的力量和速度。重庆慈善组织充分利用互联网慈善这一平台，激发了爱心人士的捐赠热情和公益慈善参与的积极性。全社会爆发的捐赠热情也转化为推动慈善事业发展的强大动力⑤。疫情发生后，重庆慈善总会迅速

① 《重庆市慈善总会 2021 年"99 公益日"769 万人次捐赠 5.03 亿元》，重庆市慈善总会官网，http：//www. chongqingcishan. com/2021-10-11。
② 《重庆社会救助基金会救急助难配捐基金》，重庆市社会救助基金会官网，http：//www. cqshjzjjh. com/f. html？id = d836824c - 1bc4 - 4dc3 - 8358 - 11ab8e187427/2021-10-11。
③ 《重庆市红十字会拨付 20 万元支援河南防汛救灾》，重庆市红十字会官网，http：//www. cqredcross. org. cn/article/202107/9538. html/2021-10-11。
④ 《重庆市科普发展基金会助力脱贫攻坚再添新举措》，重庆市科学技术学会官网，http：//www. cqast. cn/htm/2018-07/27/c_ 50013052. htm/2021-10-11。
⑤ 陈焕奎：《重庆：后疫情时代公益组织面临的挑战和机遇》，内部资料，2020 年 7 月 15 日。

组织、动员，广开善源，在人心向善和互助守望的价值观引领下，这种热情转换为抗击疫情捐款捐物的滚滚洪流。在抗击疫情中形成的全民慈善的氛围，凝聚了慈善之心、仁爱之情的精神力量，将转化为推动慈善事业发展的强大动力，为疫情防控常态化下做好慈善工作提供良好的社会环境和机遇。

（二）重庆互联网慈善的内容特征

慈善内容指的是慈善事业活动的领域和状态，既包括贫困帮扶、残疾救助以及现代慈善所涉及的科教文卫等各个方面，又包括改良社会风气、维护社会公平正义、缓解社会冲突、化解社会风险以及社会治理等方面的内容，就内容的厚度而言，是更高质量的、更有价值的慈善活动①。重庆互联网慈善组织所呈现的内容特征包括慈善覆盖领域广泛多元、慈善内容积极向上和慈善项目效果明显。

1. 慈善覆盖领域广泛多元

《慈善法》的实施，使得慈善不再局限于筹集善款以扶贫助弱，而是扩展到了科学、教育、卫生、文化、体育和环境等各个领域，向更宽泛的公益范畴转变，而互联网为公益慈善覆盖多个领域带来了无限可能，进一步拓展了慈善的实践领域②。重庆慈善组织抓住慈善"用之于民"这个重点，优化慈善质量，在善款的使用和分配上做到科学合规，既在脱贫攻坚、扶贫济困、民生保障中积

---

① 钟开有：《构筑新时代大慈善格局》，《慈善公益报》2020 年 4 月 15 日。
② 徐舒宁、陈为旭：《〈慈善法〉视阈下"互联网+慈善"模式探究》，《行政与法》2016 年第 11 期。

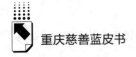

极作为，也在乡村振兴、科技进步、公共卫生等国家战略安排中做出了诸多成效。

在教育助学方面，传统的公益慈善主要是通过向慈善机构捐款或者捐物的方式为贫困地区的儿童或者重症疾病患者提供帮助，但往往忽略了受助者内心的健康状态。重庆慈善总会借助腾讯公益平台所提供的"新一千零一夜"公益项目活动，在网上招募志愿者陪伴农村孩子在线阅读经典童话故事，为无法获得陪伴而产生心理健康问题的农村寄宿学生带来了精神和情感上的陪伴，这是传统慈善服务领域无法触及的。在扶贫济困方面，重庆慈善组织联合各大网络平台，通过"直播卖货"的方式解决农产品滞销的问题，为偏远地区的农户开通网络销售平台，增加了农产品销售量和收入，从而改善偏远地区农户的生活质量。在可持续发展方面，过去的公益慈善只是关注区域性的、个体的帮扶，现在更多地聚焦于环境卫生、动物保护、气候变化、碳中和等全人类所共同关心的话题，例如通过创立"无废小课堂助力成长"项目、"关爱野生动物，守护山水之城"系列公益活动等。在科技养老和公益数字化方面，重庆慈善组织为社区老年人提供免费的智能终端服务，社区通过大数据技术搜集和整理的老年人信息，让贫困的老年人也可以享受到便捷的智能养老服务。

2. 慈善内容积极向上

在慈善活动中，慈善组织通过增强自身的气度、承担工作使命、拓宽工作视野，从而使得互联网慈善向着正能量的方向发展，引导积极向上的社会风向，不断提升慈善在社会生活中的地位和作用。重庆慈善组织积极将慈善事业和互联网相互融合，运用高科技服务社会公众，同时坚持"人民至上"的慈善宗旨，弘扬积极向上的慈善文化。

第一，践行"科技向善"的发展理念。"科技向善"指公益慈善行业在利用"大数据""数字技术"等科技力量时要遵守法律和道德底线，不可利用科技手段榨取捐款人的价值，获取除了捐款之外的额外收入，或者做出危害社会公共利益的行为。为了防止危害公益慈善的乱象发生，慈善组织在提供高科技性质的产品和服务的同时，也提高行业的监管能力，防止违法和违规的现象发生。通过"赋能互联网公益，助力乡村振兴"发挥科技的潜力，为慈善带来更多的可能，让科技为慈善注入正能量，使得互联网慈善行业向着"科技向善"方向发展。

第二，坚持"人民至上"的宗旨。人民至上，一直是重庆慈善组织在发展过程中所坚持的原则。在全面决胜小康社会的脱贫工作中，重庆慈善组织一直将人民放在最重要的位置上，做好保障和改善民生的工作，关心困难群众，给予他们看得见的实惠。在脱贫攻坚取得全面胜利后，各级慈善组织聚焦于特殊贫困群体，包括特困供养对象、城乡低保人口、农村留守儿童等，致力于解决最困难群众所面临的最棘手的问题。同时，重庆市慈善组织创新专业服务方式，与各级政府展开合作，在家庭和社会之间形成支持性的网络，搭建起困难群众的兜底保障网络。

第三，宣扬积极向上的慈善文化。发展积极向上的慈善文化就是要在全社会树立"人文关怀"的慈善氛围，社会公众能够在国家或集体遇到重大灾难和困难时主动、及时伸出援助之手，让社会朝着和谐稳定的方向发展。如在2020年疫情期间，重庆市向全社会发出抗疫募捐倡议书，通过大规模的动员行动圆满完成了抗疫募捐各项任务；重庆慈善总会联合各区县慈善会、各媒体印发宣传稿件1000余篇，对2021年的"99公益日"活动进行大力宣传、广泛动员，在城市主要交通路口、车站、商场、社区街道处、村社和微信朋友圈以及各大媒介平台都可以看到"99公益日"的宣传海报，累计发放宣传资料、张贴海报、投放视频资料等500余万份①。

3. 慈善项目效果明显

政府和慈善组织等主体在国家的战略全局视角下，通过互联网和大数据技术来关注重大社会问题、民生福祉，以促进社会发展公平正义。重庆市互联网慈善一直将乡村振兴、基层治理等重大社会发展问题放在重要的位置，并在一些方面取得了诸多成效。如重庆市永川区残疾人联合会建立"一户多残"家庭数据库，通过数据库提供的相关信息，对"一户多残"的贫困失能残疾人进行集中供养，打造关乎残疾人康复、医疗、教育、就业的生态圈；重庆各区县通过互联网慈善惠及家庭广泛，助残脱贫成效显著，截至2021年6月底，累计投入6000余万元，共惠及1.2万余户"一户多残"家庭②；此外，重庆市扶贫基金会联合腾讯基金会发挥腾讯"科技、互联网+"的技术优势帮助彭水巩固脱贫攻坚成果，全面助力彭水乃至重庆的乡村振兴工作。

---

① 《重庆市慈善总会2021年"99公益日"769万人次捐赠5.03亿元》，重庆市慈善总会官网，http://www.chongqingcishan.com/2021-10-11。
② 《重庆"爱心牵手"助多残家庭"站"起来》，中国新闻网，https://m.gmw.cn/baijia/2020-10/16/1301680343.html/2021-10-11。

（三）重庆互联网慈善的发展模式

传统慈善活动的实践形式仅限于捐款捐物，但互联网、大数据、人工智能、区块链等新技术的发展，为慈善活动的实践创新提供了客观条件，而具有重庆特色的互联网慈善模式开始稳步发展，并逐渐形成了从慈善组织到捐赠人的募捐模式（Charities to Donor，C2D）、从募捐平台到捐赠人模式（Platform to Donor，P2D）、线上与线下结合模式（Online to Offline，O2O）和个人求助模式（Person to Person，P2P）四种模式。

1. 从慈善组织到捐赠人的募捐模式

从慈善组织到捐赠人的募捐模式特指具有公开募捐资格的慈善组织，包括本地的慈善会、红十字会、基金会等，利用其官方网站、微信公众号等方式，开展在线募捐工作，由于捐赠对象多为爱心个人，通常是不确定性的小额捐赠；在慈善资源分配上，捐赠人自行选择慈善项目进行资金捐赠后，再由慈善组织进行统一分配与使用，是一种相对独立的互联网募捐方式。数据统计，截至2021年9月，重庆市登记认定慈善组织126家中，确认有公开募捐资格的慈善组织共有40家。其中，创立于1995年的重庆市慈善总会是一家具有公募资质的非营利性公益社会团体，其依托自身的官方网站，与第三方支付平台合作，开展网络在线募捐。重庆市慈善总会在乡村振兴和扶困济弱两个领域有相对成熟的运作基础和自身的品牌公益项目，如"不定向扶危济困慈善项目""乡村振兴的万隆画卷""沐浴幸福"等。另外，红十字会通常在公共应急管理体系中有突出作用，如重庆市红十字会主要利用网站和微信公众号，开展定向（人道救助、备灾救灾）和非定向的网络募捐。以抗击新冠疫情捐赠款物为例，重庆市红十字会本级累计接收社会捐赠款物 23618.95 万元，其中资金 20863.93 元万元，物资价值 2755.02 万元①。与慈善会、红十字会相比，基金会关注领域则更为广泛，如重庆市科技发展基金会、重庆市青年创新创业基金会、重庆儿童救助基金会等。

2. 从募捐平台到捐赠人模式（P2D）

从募捐平台到捐赠人模式（Platform to Donor），即慈善组织借助互联网公开募捐平台发布慈善项目，借助互联网公开募捐平台的用户和内容流量实现募捐的形式。互联网公开募捐平台主要由大型互联网科技企业发起并运营，依托其互联网资源与网络用户群体，实现社会公众成为慈善活动的捐赠主体。民政部先后遴选的数批互联网公开募捐信息平台，为重庆互联网慈善事业发展注入了巨大的活力，网络募捐总额和公众参与捐赠人次都大幅提高。随着互联网慈善实践的不断丰富和成熟，互联网慈善活动的方式也在不断地创新，为释放公众的公益需求提供了广阔的渠道。这些互联网募捐平台大致可以分为配捐模式、消费捐模式和游戏模式三种，捐赠人借助互联网公开募捐平台实现捐赠行为。其中，"交易捐"主要是指电商平台卖家自愿将在售商品设置一定的捐赠比例或金额，并选择其支持的公益项目，平台会在商品成交时直接代扣相应款项并捐赠，是一种公益慈善与市场交易的融合，是互联网支付向公益慈善

---

① 《重庆市红十字会接收抗击新冠肺炎疫情捐赠款物收支情况公示》，重庆市红十字会官网，http://www.cqredcross.org.cn/jc/tongzhigonggao/yiqinggongshi/2020/0813/8337.html/2021-10-12。

事业的延伸①。如淘宝"公益宝贝"就是对售出商品匹配一定数量的捐赠额，并选择相应慈善机构以及捐款方式，将捐赠资金汇入相关慈善机构账户。2021年上半年，重庆市已经与金牌干溜、陈昌银麻花等本地电商达成了公益宝贝和"XIN益佰计划"合作协议，"渝爱助学计划"已经作为公益宝贝在金牌干溜、陈昌银麻花、味合缘等淘宝网店上架，并积极与市商务委电商处沟通，争取在全市的电商行业中推广公益宝贝项目②。此外，此模式还包括以游戏为主的募捐模式。用游戏思维设计公益产品的案例数不胜数，较为典型的有支付宝"蚂蚁森林""蚂蚁庄园"、微信"运动捐步""灯山行动"、新浪微博的"森林驿站""熊猫守护者"等。重庆市慈善项目也通过这些游戏化的公益产品，提高了互联网慈善用户的流量，引导更多的社会公众参与到慈善事业中。如重庆大学团委组织开展了"美丽中国 绿色重大"线上活动，以支付宝"蚂蚁森林"应用的"重庆大学公益林"为平台，广泛发动、指导学生参与③。截至2021年10月，重庆大学公益林已浇水113.4吨，可以种植776棵樟子松。通过游戏、休闲、趣味的思维来设计公益产品，不仅满足了人们喜欢休闲娱乐的天性，还优化了公益参与过程中的互动体验，让参与者在放松休闲的同时也在思考公益的价值④，并推

① 徐晓新、冯海洋：《交易捐：平台时代的公益捐赠新模式——以公益宝贝为例》，《经济社会体制比较》2021年第1期。

② 《重庆市慈善总会2021年上半年互联网筹募工作分析报告》。

③ 《关于开展"美丽中国 绿色重大"线上活动的通知》，共青团重庆大学委员会官网，http://youth.cqu.edu.cn/info/1011/14531.htm/2021-10-12。

④ 周况：《游戏化设计在互联网公益产品中的应用研究》，华东理工大学硕士学位论文，2019，第18页。

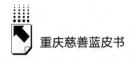

动用户自发性地参与和二次传播，直接提升了公益传播效率。

3.线上与线下结合模式（O2O）

传统慈善筹款活动都是以线下捐赠为主，而互联网慈善带来的线上募捐形式除了更加便捷外，还能让捐赠者了解到善款使用动态。对于企业捐赠而言，线上的捐赠活动具有便捷性和低成本化，但在慈善组织的线下活动中，捐赠者可以直接面对慈善组织人员和捐赠场景，使得捐赠者更能产生共情，因此线下捐赠的力量也同样不可忽视。以重庆市渝中区巴渝公益事业发展中心为例，其首次接触互联网慈善，在腾讯公益和重庆市慈善总会工作人员的指导下，采用了"线上捐款+线下劝募"形式筹募善款，爱心人士和组织纷纷响应，主动担当线下宣传劝募大使，向市民介绍腾讯"99公益日"发布的"无废小课堂助力成长"项目，截至2021年9月10日，巴渝公益在"99公益日"共获得约1.7万人次的捐款支持，其中腾讯配捐4.5万元，非限定性配捐0.9万元，让全社会共同关注生态环保事业的发展。重庆慈善总会也开通"线上+线下"捐赠渠道，线下的捐赠渠道包括：慈善总会组织活动的集中捐赠、财务部现场捐赠、就近的邮局捐赠邮寄、银行转账到总会的账户、捐赠箱等，并根据慈善项目工作的推进适时调整善款使用策略，确保善款及时有效地使用。

4.个人求助模式（P2P）

相较于传统的求助方式，高效和便捷的互联网服务可以更大程度地为公众求助或帮助他人提供便利和保障。互联网公益平台通过调动社会公众自救和互助，降低了公众筹款的门槛，减少"因病致贫、因病返贫"等现象的发生。对于落实精准扶贫、推动健康中国建设、消除致贫根源，平台起到了重要的助力和补充作用，同时也是对国家医保体系的一种有益补充，促进相当一部分社会问题的解决。个人求助，在《慈善法》甚至我国现行法律中都没有禁止，甚至还是公民的一种权利，通常来讲，是指个人因自身或家庭成员出现困难，通过各种渠道、各种方式向社会求助的行为。求助发起人应为本人或其具备民事法律责任能力的监护人、近亲属或委托授权代理人。在个人大病求助互联网服务平台上筹集资金的行为，可以定义为基于互联网的个人求助行为，平台则是网络服务提供者。这在《公开募捐平台服务管理办法》第十条有所印证："个人为了解决自己或者家庭的困难，通过广播、电视、报刊以及网络服务提供者、电信运营商发布求助信息时，广播、电视、报刊以及网络服务提供者、电信运营商应当在显著位置向公众进行风险防范提示，告知其信息不属于慈善公开募捐信息，真实性由信息发布个人负责。"此外，在民政部的引导下，各大网络大病求助平台联合签署的《个人大病求助互联网服务平台自律公约2.0》也表明："平台应对社会公众进行风险提示，在求助页面的显著位置公开收费项目、标准和方式（包括平台服务费）、各方权利、义务和责任等信息，并且明确告知公众个人大病求助信息不属于慈善募捐信息，真实性由发起人负责。"在实务中，求助发起人须按照规定提交医疗机构开具的医疗证明、身份信息等材料，并保证信息的真实可靠，相关方一般都须按平台规定，提交发起人及患者身份信息、患者所在医疗机构开具的医疗证明等真实材料，但这些信息的真实性需由信息发布者负责，可发起人自行提供证明材料，也可邀请第三方提供证明信息协助佐证。平台的义务是要审核发起人提供的信息，

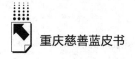

并生成筹款链接，若发现有违规行为，则驳回或撤销申请，一定程度上可以防止发起人或求助人出现刻意欺诈、隐瞒等违法违规行为。

（四）重庆互联网慈善的运作机制

信息化时代，互联网慈善为现代慈善事业发展提供了有效途径。重庆公益慈善首先借助网络的便捷、高效和透明，激发公众参与的动力；其次通过打造公益联盟，实现互联网公益协作，扩大互联网慈善影响力；最后要做好慈善信息公开工作，增进社会公众对慈善的认可度和信任度，实现慈善事业的长效发展。重庆互联网慈善已形成了较为完整的政府动员机制、多元主体协作机制、信息公开机制等，公益治理体系逐步走向多元与完善。

1. 政府动员机制

资源动员论认为，时间和金钱作为基本资源可为任何活动所需。由于两种资源的性质不同，为了最大限度地动员这两种资源，社会运动必须分别采用参与性策略和专业性策略，这两种策略常常是相互排斥的[1]。传统的慈善动员一般都由政府或慈善组织出面来发动个人、企业等参与，很难引起社会公众的注意与参与。得益于网络新媒体的特性，互联网慈善动员的形式表现出灵活多样的特点。在网络新媒体上，除了通过文字外，也可以通过图片、视频等传播方式，调动社会公众的情绪[2]。这种视觉化的感性形式能够让慈善项目更具吸引力和感染力，从而有可能带来更好的动员效果。

---

[1]　冯仕政：《西方社会运动理论研究》，中国人民大学出版社，2013，第117页。

[2]　刘秀秀：《动员与参与：网络慈善的捐赠机制研究》，《福建论坛》（人文社会科学版）2014年第1期。

重庆市以大力宣传《中华人民共和国慈善法》为契机，号召全市各级慈善组织在开展互联网募捐工作中，积极主动地联合宣传部门和各级各类媒体，通过设置公益广告、组织深度报道、发放宣传资料、开设公益直播、录制短视频等方式，开展宣传推广活动，为广大群众参与慈善捐赠、关注慈善事业提供了安全、快速、便捷的通道。慈善事业借助"互联网慈善"的东风走进了寻常百姓家，在全社会逐渐培养了"人人慈善"的文化氛围。据不完全统计，2019年，重庆慈善总会在全市1.2万个公益点位，包括广场LED屏幕、小区楼宇电梯广告、地铁站宣传栏等，集中宣传推荐慈善项目。在2020年"99公益日"活动中，各区县慈善会及社会组织、志愿服务组织动员各级各类媒体，广泛宣传、深度追踪报道1000余篇次，发放宣传资料30余万份。巫山县、綦江区、潼南区、石柱县等区县慈善会近20个项目合作单位，开设公益直播，"叫卖"慈善项目，数万人次参与和捐赠。近10家爱心企业联合市慈善总会，以"您捐赠我送消费券""您捐一元我配捐"等形式撬动社会参与①。

2. 多元主体协作机制

互联网的发展和应用改变了人与人、人与资源的连接方式，也促使慈善资源的传递方式和组织方式发生根本性的变革，从传统以相对固定的社会组织单一主导向以项目或平台化的组织形式、多行动主体协作参与的方式转变②。

---

① 重庆互联网+慈善发展研究基地：《十分春色破朝来——重庆市慈善总会会长谈"互联网+慈善"》，载《重庆互联网慈善文选》，上海辞书出版社，2022。

② 刘佳：《从脆弱到韧性：互联网公益协作参与教育反贫困的治理优化》，《南京社会科学》2021年第8期。

"公益联盟"是重庆主流的互联网慈善协作形态。由于区县级慈善会在劝募人数、善款额度、劝募技巧方面存在一定的困难，重庆市慈善总会作为枢纽型慈善组织，率先提出"公益联盟"策略，旨在把不同区县的慈善会组成公益联盟，团结一批区县慈善会、社会组织和志愿服务组织共同参与互联网募捐，以扩大劝募筹款队伍，一起开展项目筹款，并共同优化慈善项目质量，力图打造重庆市独有的慈善品牌。重庆慈善总会牵头成立的"公益联盟"，吸纳了区县政府部门、社会组织、爱心企业、媒体、专家学者、个人等各方力量，搭建互联网与公益组织、政府部门的沟通桥梁，协助双方资源对接，形成慈善发展共同体。一方面，通过"互联网慈善"论坛和总会"小专家"传、帮、带等措施，提高各区县慈善会及社会组织、志愿服务组织的互联网募捐水平，增强他们协作发力的互联网慈善意识。截至 2021 年，"互联网慈善"论坛已举办 26 期，培养互联网劝募骨干上千人次，为重庆"互联网慈善"的发展提供专业的人才支撑。另一方面，在重庆慈善总会牵头统筹下，各区县慈善会和社会组织精心打磨互联网慈善项目，并深入群众广泛发动其参与，科学引导爱心人士、爱心企业捐赠，提升了重庆互联网慈善公益的现代化服务水平，凸显了新时代慈善组织的主体作用，部分区县慈善会互联网募捐额已占到募捐总额的 50%，互联网慈善为当地社会民生保障工作发挥了积极贡献，得到当地党委和政府的充分肯定和高度重视①。

---

① 重庆互联网+慈善发展研究基地：《十分春色破朝来——重庆市慈善总会会长谈"互联网+慈善"》，载《重庆互联网慈善文选》，上海辞书出版社，2022。

3. 信息公开机制

传统的慈善只是封闭化、机械性的管理模式，其慈善信息的公开消耗大量的体力、时间和精力，纸质化的落后形式，公开范围较小，监管力度不够，信息透明度较低①。这就一定程度上造成了捐款的来源与用途等信息不够透明，使得慈善的公信力缺失。而互联网慈善能够通过移动终端把募捐、捐赠、受助等涉及多方的有关信息输入其中，一方面，可以在短时间内实现社会公众的公益意愿表达；另一方面，实现实时地指导、跟踪与检测，保证慈善信息公开透明，实现运作过程高效透明，形成了交互的社会信任，共同推动慈善事业发展②。

慈善中国作为全国慈善信息公开平台，除了发布募捐信息之外，已经成为国内慈善组织信息公开的重要发布平台。截至2021年10月，重庆市在慈善中国的信息公开备案中共有117条慈善组织数据，其中具有公开募捐资格的慈善组织数据25条，另有已领取公募资格证书的红十字会数据5条，慈善信托备案数据13条，财产总规模共1502.07万元；募捐方案备案数据893条，以及慈善组织年报数据295条。重庆市基金会的透明度指数评级大部分在C级以上，其中重庆儿童救助基金会2020年中基透明指数得分为100。互联网信息技术的加入在一定程度上解决了人们对慈善的透明需求，不管是受助者的个人信息，还是具体捐赠信息及资金和物资的流向与匹配管理，都会在互联网慈善平台上如实公布，

① 李健：《互联网公开募捐平台规范管理研究》，《社会科学辑刊》2018年第3期。
② 徐家良：《互联网公益：一个值得大力发展的新平台》，《理论探索》2018年第2期。

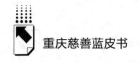

并支持在线数据库查询，以此来接受社会公众和捐赠者的监督，增强互联网慈善的透明度。这将在一定程度上减少骗捐、诈捐的慈善事件发生，有效避免了相关平台或人员挪用善款等风险。

四　重庆互联网慈善发展的趋势、挑战与对策

随着信息技术的普及与发展，互联网慈善作为一种崭新的公益慈善模式在当今的慈善事业中扮演着举足轻重的角色[①]。近年来，在重庆市委市政府高度重视，重庆市民政局领导下，重庆"互联网+慈善"工作取得突出成绩、走在全国前列。主要表现在重庆市重视互联网募捐，积极参与"99公益日"活动，并取得丰硕成果；重视"互联网+慈善"的研究，如举办"互联网慈善峰会"、建立重庆市"互联网慈善"发展研究基地；重视制度和方针政策建设，如重庆市民政局印发《重庆市"互联网+民政服务"实施方案》，提出建设慈善募捐应用平台，探索区块链技术在公益捐赠等方面的运用等。由此可见，"互联网+慈善"已经成为重庆市慈善事业的一种常态。近年来，随着重庆互联网慈善事业的深入发展，重庆互联网慈善事业也出现了新的变化，未来必须敏锐地掌握互联网慈善事业的这些趋势，才能获得互联网慈善事业持久的生命力。

目前，互联网逐渐成为公民参与重庆慈善事业的重要途径，使

---

① 杨萃萃：《论"共享价值"对当前慈善事业发展的影响——基于社会学的分析视角》，《赤峰学院学报》（哲学社会科学版）2017年第12期。

得慈善捐赠更有效率，并扩展了行善的主体。然而，在重庆互联网慈善的发展方兴未艾之时，也出现了"骗捐""诈捐"，甚至是"善款滥用"等不良现象，这在一定程度上弱化了重庆互联网慈善的公信力，也可能动摇重庆慈善事业持续发展的根基。本部分基于重庆互联网慈善事业发展的趋势、发展中面临的挑战，提出了重庆互联网慈善事业未来的发展方向。

（一）重庆互联网慈善发展趋势

为了更好地展现重庆市慈善互联网化的发展趋势，本报告主要以重庆市近年来"互联网+慈善"建设过程中的"'互联网+慈善'大事记"为线索，利用重庆市民政局、相关慈善组织的官方网站以及相关负责人的会议资料，通过描述性统计分析方法，详细展现当前重庆市互联网慈善的主要特征和发展趋势。

1.慈善募捐网络化趋势[①]

重庆市慈善总会实行"线上线下两个轮子一齐转"，把互联网募捐作为慈善募捐的新增长点来抓。2016年1月，新一届理事会接手，互联网募捐刚刚起步，理事会认准互联网募捐这条道路，齐心协力，坚持推进，连年取得突破性进展。

（1）互联网募集额持续增长

2016年，重庆市慈善总会互联网募捐总额25.7万元；2018年，总会加强力量，设立互联网募捐部，建立"小专家"团队，全年互联网募捐额3300多万元；2020年募捐额一举达到4.2亿元，占到总

---

① 刘光磊:《重庆:赋能互联网公益,助力乡村振兴》,在2021中国互联网公益峰会机构共建分会场上的主题演讲,2021年5月21日。

会全年募捐总额的 40%①。2016~2020 年，总会互联网募集总额约 6.02 亿元，共动员 2292 万人次参与捐赠，重庆市慈善总会互联网募捐情况如图 3 所示。

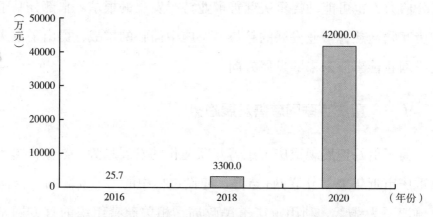

图 3　2016~2020 年重庆慈善总会互联网募捐情况

重庆慈善总会的互联网慈善筹募总额实现了从零到具有全国影响力的重大跨越。2020 年，总会全年募捐总额 10.5 亿元，其中互联网募捐额 4.2 亿元，已占到总会全年募捐总额的 40%。

（2）"99 公益日"募捐一年一个新台阶

2017 年，重庆市慈善总会首次参加"99 公益日"活动，仅募得善款 416 万元，2018 年筹募 3098 万元，2019 年筹募 1.31 亿元；2020 年筹募额达到 3.35 亿元，有 1186 万人次参与捐赠，募捐总额和捐赠人次均居全国第 1 位；2021 年筹款额达到 5.03 亿元。重庆市慈善总会历年"99 公益日"受捐情况如图 4 所示。

① 刘光磊在重庆市慈善总会 2020 年"99 公益日"活动总结表彰会上的讲话，2020 年 10 月 30 日。

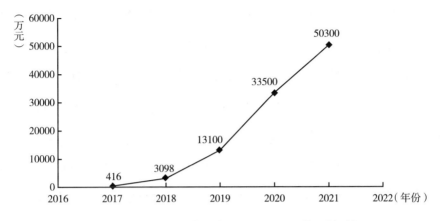

图4 重庆市慈善总会历年"99公益日"受捐情况

作为重庆市最大的慈善机构，以上关于重庆慈善总会的相关互联网捐赠额的描述非常具有代表性：互联网募捐额呈现逐年上升的趋势，通过线上进行筹款的模式成为必然。

2.参与主体广泛化趋势

重庆慈善总会会长刘光磊在谈到互联网慈善时表示：互联网在深刻改变人们生产生活方式的同时，也不断推动着慈善公益事业的创新发展①。互联网的出现，将慈善公益事业与信息技术进步、人们的爱心善意紧密融合在一起，借助发达的互联网技术和移动支付方式，慈善公益突破了传统慈善的时空局限，催生出一个前所未有的崭新业态——行善的主体更广泛。人们通过互联网分享慈善信息，吸引许多素不相识的人参与共同项目，人人皆可慈善，大众慈善成为常态。2016～2020年，重庆市慈善总会互联网募集共动员2292万人次参与捐赠，实现了从零到具有全国影响力的历史性跨

---

① 刘光磊：《重庆：赋能互联网公益，助力乡村振兴》，在2021中国互联网公益峰会机构共建分会场上的主题演讲，2021年5月21日。

越。2020年，重庆市慈善总会联动34个区县慈善会、67个社会组织，推出包括助推脱贫攻坚、乡村振兴、抗洪救灾、助老助学、助医助困在内的140个项目，1186万人次参与捐赠，捐赠人次居全国第一位，捐赠人次是2019年的3倍[①]。重庆市相关慈善机构充分利用自媒体时代"人人都是网络筹款传播的中转站、放大器"这一特点，通过邀朋友之手传播"99"，利用朋友圈、QQ群、微博等网络工具广泛传播，这种形式受到公众欢迎，80后、90后成为互联网募捐的主流，00后开始参与互联网公益，呈现大众化、年轻化趋势[②]。在互联网慈善下，行善的主体更广泛，速度更快捷，内容更丰富，慈善文化传播的力度更大，这也同时促进了重庆市全民慈善新风尚的形成。

3. 网络慈善规范化趋势

在常态化疫情防控、复工复产促发展、互联网募捐发展进入新阶段的时刻，互联网慈善概念的提出和传播，推进慈善行业的数字化转型，意义非常重大、影响非常深远。推进互联网慈善事业健康发展，需要深刻贯彻落实有关法律法规。《中华人民共和国慈善法》直接或间接涉及互联网募捐、信息公开等慈善数字化概念的条文表述有近十处。民政部等国家有关部委先后发布了一批关于互联网募捐、信息公开的法规规章，如《民政部关于印发〈"互联网+社会组织（社会工作、志愿服务）"行动方案（2018－2020

---

① 刘光磊：《重庆：赋能互联网公益，助力乡村振兴》，在2021中国互联网公益峰会机构共建分会场上的主题演讲，2021年5月21日。
② 杨艳梅、张龙波、况由志等：《关于慈善数字化的若干思考》，重庆"互联网+慈善"发展研究基地项目，2020年2月2日。

年）〉的通知》，相关的法律和制度为构建互联网慈善"有法可依、有法有据"提供了制度保障①。在此背景下，为推进重庆市互联网慈善法制化进程，重庆市政府一方面结合重庆市当地实际情况，在征求多方意见的基础上，拟制了《关于进一步加强互联网公开募捐工作的通知》（以下简称《通知》），《通知》主要根据《中华人民共和国慈善法》《慈善组织公开募捐管理办法》《慈善组织信息公开办法》《民政部、中国红十字会总会关于红十字会开展公开募捐有关问题的通知》等相关规定，就互联网公开募捐涉及的公开募捐实施主体、公开募捐信息发布、公开募捐备案、捐赠信息公开、捐赠票据管理以及民政部门职责进行了明确和规范②。在进行关于"互联网+慈善"制度建设的同时，坚持依法开展、做到"学法、尊法、守法、用法"。如重庆市慈善总会坚持依法开展"99 公益日"活动，总会会长刘光磊在 2020 年"99 公益日"活动总结表彰会上提到：政治、法治、自治、德治、智治"五治"融合，是重庆市互联网公益慈善发展到今天的成功经验，也是确保今后"99 公益日"能够行稳致远的基石。他特别强调要继续坚持按照《慈善法》的要求、按照相关慈善工作规定开展"99 公益日"活动，既要创新又要合规——坚持量力而行，尽力而为，不派捐、不强捐③。

---

① 况由志：《与时俱进，拥抱慈善数字化》，在 2020 年互联网公益峰会-公益行业平行会议（重庆会场）的发言，2020 年 7 月 15 日。

② 重庆市民政局：《关于〈重庆市民政局关于进一步加强互联网公开募捐工作的通知〉政策解读》，http://mzj. cq. gov. cn/zwgk_ 218/zcjd/202008/t20200811_7771505. html，最后检索时间：2021 年 9 月 10 日。

③ 刘光磊在 2019 年"99 公益日"活动总结表彰会上的讲话，2019 年 11 月 1 日。

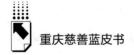

4. 慈善组织技术化趋势

新冠疫情给人类带来了很大的影响，但在这一切不确定性中，有一件事是确定无疑的，那就是网络化、信息化、数字化的趋势没有改变。随着互联网技术的不断发展和升级，大数据、云计算和区块链等技术的普及和应用，互联网对慈善领域的穿透程度也必将不断加深。从"互联网+慈善"的走向来看，互联网正在深刻颠覆公益慈善事业的运行方式。具体而言，未来可能会有如下几点趋势。一是平台流量向私域流量转移。从"互联网+慈善"最深度、最普遍的应用——筹款来看，其经历了从开始的公益慈善组织浅层次的"触网"，利用论坛、网页、微博来开展一些零星的公开募捐，到后来的互联网公开募捐平台异军突起，再到未来一些头部慈善组织的私域平台的打造。随着Web3.0技术的出现，数据存储不再依赖少数大厂平台的集中管理，而是转为分布式存储，会以NFT格式存储在用户账户中，从而改变平台对信息和算法的垄断，重塑平台和用户的权利义务关系。在这一背景下，会有越来越多的慈善组织重视通过网络开展与捐赠人的互动，并在此基础上致力于为捐赠人提供体验。二是"互联网+慈善"的应用会逐渐加深。除了筹款之外，过去公益组织还在网上应用一些聊天沟通工具，比如微信、腾讯会议等，但这也只是浅层次的互联网应用。在基于对互联网技术深入理解的基础上，未来会有越来越多的面向慈善组织内部管理的数字化应用软件诞生，功能涵盖业务流程在线化、信息公开与透明披露自动化、内部综合管理流程化、构建数据中心和公益小工具等。张楠和王名进一步预测区块链技术带来的信任互联网机制将推动公益慈善事业进入 4.0 创新模式，带来慈善组织五方面的变革。其一是慈善组织的角色改变。主要任务由原来的资产流转中介转变为信息发布和审核，其线下对项目和受助人的信息搜集和审查成为关键。这种角色转变将带来业务重点的转变，需要重新设计慈善组织的业务流程和重点。其二是慈善组织与各利益相关方的关系变化。要处理好与捐赠人、受助人、网络平台的关系等。其三是慈善组织运营模式变革。如管理机制、捐赠模式、筹资模式、监督机制等。其四是组织财务机制变革。在区块链技术影响下，慈善组织的善款筹集、利用、跟踪、监管等都发生了变化，组织要积极应对这种变化并制定新的财务管理机制。其五是组织信息披露方式改变。区块链的分布式存储解决了慈善信息不对称、慈善信息篡改的问题，慈善组织的信息搜集、筛选、编辑、发布受到更多监督和约束。互联网应用过去只是让一些公益组织过得更好，但在未来其将是许多公益组织生存下去的关键。互联网时代最大的受益者不是互联网企业本身，而是用互联网改造自己的组织①。

（二）重庆互联网慈善面临挑战

重庆互联网慈善事业在各方支持下得以蓬勃发展，与传统慈善事业相比效率更高、涉及面更广、行善主体更广泛、参与方式更为便捷，但是作为慈善事业发展的新模式，重庆互联网慈善事业的发展是机遇与挑战并存的，创新的慈善模式和互联网环境的复杂性不

---

① 张楠、王名：《公益 4.0：中国公益慈善的区块链时代》，《中国非营利评论》2018 年第 2 期。

可避免地使得当前重庆互联网慈善的发展面临巨大挑战。

1. 互联网慈善平台呈现"马太效应"

截至 2021 年年底，民政部先后公布了三批共 30 家互联网公开募捐平台名单。但不同平台的筹款模式和筹款能力差异较大，从 2021 年各公开募捐平台开展募捐项目数量来看，基本上形成了腾讯公益一家独大的第一梯队，占所有公开募捐信息平台的一半以上；水滴公益、轻松公益、支付宝公益、新浪微公益四家为第二梯队，开展公开募捐慈善项目都在 1000 个以上；包括帮帮公益、联劝网、公益宝在内的其他互联网公开募捐平台为第三梯队。具体数量为，腾讯公益的募捐项目数量最多，为 14417 个，占总数 51.76%。其次是水滴公益、轻松公益、支付宝公益、新浪微公益，数量分别为 4489 个、2701 个、1590 个、1237 个，分别占比 16.12%、9.70%、5.71%、4.44%。帮帮公益、联劝网、公益宝的募捐项目数量分别为 743 个、590 个、498 个，占比分别为 2.67%、2.12%、1.79%。其余的 19 家募捐平台的募捐项目合计为 1588 个，占比为 5.70%。30 家公开募捐平台的募捐项目总数为 27853 个。2020 年以前，重庆市慈善总会互联网募捐基本是腾讯"99 公益日"一个轮子在转。2015 ~ 2019 年的五年间，重庆市慈善总会互联网募捐中，腾讯公益平台募捐额 176135047.50 元（含配捐）、其他公益平台募捐额 4650923.37 元，腾讯公益平台募捐是总额的 97.43%，其他公益平台募捐是总额的 2.57%[①]。与湖南、陕西、湖北等省慈善总会相比，重庆市慈善总会互联网募捐的平台过于单

① 杨艳梅、张龙波、况由志等：《关于慈善数字化的若干思考》，重庆"互联网+慈善"发展研究基地项目，2020 年 2 月 2 日。

一，只有"一个轮子在转"。尽管重庆慈善总会提出要"两个轮子一起转"，同时在 10 家平台上线，但从筹款量来说还是以腾讯一家为主，其他平台筹款占比较低。

2. 互联网慈善产生的公信力问题

当前互联网慈善是以平台为运作核心，平台的出现改变了慈善事业的运行格局。慈善组织的出现就已经改变了传统慈善中捐赠人和受益人直接接触的局面，在两者之间加入了一个中介，在提升慈善服务专业性程度的同时，也带来了信息不对称所产生的逆向选择和道德风险。而互联网公开募捐平台的出现，相当于在原有的慈善服务链条中，又增加了一个新的参与主体，即捐赠人—平台—慈善组织—受益人。链条的延长进一步加剧了慈善服务中的信息不对称，给慈善公信力带来了挑战。基于互联网公开募捐信息平台的网络捐赠，捐赠人和受益人之间的沟通往往是间接化、虚拟化和碎片化的，双方很难在短时间内形成稳定信任关系[1]。一位长期致力于乡村教育领域公益事业的秘书长认为："受限于平台对于用户的界定，公益组织难以与大量的公众捐赠人产生联结，从而将捐赠人转化为长期的支持者，对于公益服务提供更深层次的支持，平台公益的传播效用可能会停留在'拉新'而非'留存'。"从数据开放角度，一家基金会工作人员也表示："捐赠人数据开放仍旧存在困难，对于互联网公开募捐信息平台来讲，捐赠人也是他们的用户，出于对用户隐私的保护，用户的相关信息无法进行共享，从而导致公益机构无法很好地做好对捐赠人的维护。"捐赠人的联系机制断

---

[1] 杨伟伟：《"七维"协同治理：推进我国互联网公开募捐信息平台的规范化建设——基于首批 11 家公开募捐信息平台的分析》，《理论月刊》2019 年第 6 期。

裂导致公益组织与捐赠人的黏性失衡，时下受到所有线上筹款公益组织欢迎的月捐模式也会由此受到影响。近年来，重庆当地互联网慈善也频现"伪慈善""骗捐"等不良事件，如重庆尿毒症患者通过网络募得8万元花10万元买车，"恳请大家积极转发，为这个无助的家庭带来一丝光明……"① 一些网络捐款的欺骗性很强，通过抖音、微信朋友圈、快手等平台，为亲朋好友筹集捐款的网络信息铺天盖地、真假难辨。"水滴筹""轻松筹"等互联网募捐平台的发展，为慈善发展提供便利的同时，也存在信息失真、审核不严、网络募捐诚信问题。与之相关，互联网慈善的审核标准也存在问题，目前"水滴筹""轻松筹"等互联网慈善募捐信息平台在信息审核上并不保证100%真实②。频频出现的"伪慈善""骗捐"等不良事件正在吞噬着众多网友的爱心和信任，"如何树立互联网慈善的公信力"成为目前重庆地区开展互联网慈善的一大难题。

3.互联网慈善的生态体系不成熟

"伪慈善""骗捐"等不良事件的出现说明重庆市网络慈善的相关生态体系还不完善，主要表现在以下五个方面。一是相关的法律法规规章不健全。互联网发展瞬息万变，近些年政府部门不断加强互联网募捐监管，当前监管政策体系与新的互联网募捐做法经常存在张力和冲突。中国公益慈善组织在一个时期内迎来了爆发式增长，但是大部分公益组织的法律意识并不强，需要出台专门的互联网募捐和捐赠政策。平台公益时代，针对一些公益新做法从服务捐

---

① 华龙网，http：//m. haiwainet. cn. 2021-09-21/2021-09-24。
② 杨艳梅、游浚、况由志：《"互联网+慈善"在重庆的实践与应用》，重庆出版社，2021，第75页。

赠人角度出台更好的规制措施实属必要。在访谈中，大多数从事互联网募捐的机构认为之前和当下出现的套捐等违法现象，实际上是因为公益组织的法律意识不强。此外，针对新媒体领域的互联网捐赠监管还需要及时更新上位监管政策，以更好地服务于公益慈善事业发展。二是重庆地区社会组织在"互联网+慈善"方面协作能力不足。一个健康的互联网慈善生态链应该是各种类型的社会组织相互协作，但是由于重庆市"互联网慈善"事业整体处于快速发展期，仅有少部分公益组织在"互联网+慈善"的发展中占有重要的角色，而其他组织的影响力、规模、品牌效应相对比较弱。以2021年"99公益日"为例，"99公益日"期间，重庆全市各类慈善组织积极参与互联网募捐活动，累计募集资金5.29亿元。其中，以市慈善总会为主联合其他区县社会组织募集资金5.03亿元，但是其他民间慈善组织募集资金只有0.26亿元，以重庆市慈善总会为主募集的资金占总募集资金的约95%。三是对慈善文化的宣传不足。政府相关部门的效能没有充分发挥，对社会的宣传教育不足，重庆市民的公益教育、慈善意识培养和对互联网慈善的传播跟不上时代的发展，导致社会的慈善氛围淡薄，甚至一些人"以身试法"，打着"互联网慈善"的旗号，做着与慈善不相关的事情。四是互联网慈善事业运行过程大多还缺乏有效的外部监督。目前重庆市政府针对慈善监管问题，也对应出台了《重庆市人民政府关于促进慈善事业健康发展的实施意见》，虽然其中也涉及一些对互联网慈善的监督和管理，但是这些措施更多的是行政监督，并且深入落实得不到位、监管效能不高；另外社会监督的发展也比较滞后，慈善机构随时接受公众和新闻媒体的监督这一点还未做到。一些慈善机构在管理方面存在很多问题，缺少审计和必要的监督，信息公开制度也不健全，善款使用的随意性比较大①。五是行业自律监督体系尚未形成。行业自律也是慈善公信力的重要保障，但是目前重庆市缺少慈善行业组织，缺乏行业自律机制，没有行业投诉举报机制，行业服务的职能一般由少量的枢纽型组织承担。因此针对互联网慈善出现的一些突发事件以及"网络骗捐"等，不能够及时发出理性和权威的声音，这也伤及互联网慈善的公信力。

4. 互联网慈善运作层面存在问题

"互联网+慈善"的推动需要相应的社会氛围、思想意识、财力与技术等方面的支持，但是重庆市在这些层面与国内上海市、北京市、湖南省等其他先进省区市相比还有一定的差距。一是主观方面思想认识不到位，对区县慈善会的发动力不够。截至2021年，重庆市有相当多的区县没有参加"互联网+慈善"的工作，一些参加了"99公益日"的区县也存在认识误区以及思想抵触，对"99公益日"期间的预判、采取的策略、发动力不足。以2021年"99公益日"为例，重庆市的38个行政区县中，筹募额超过1000万元的有綦江区、铜梁区、潼南区、巫山县、大足区、石柱县、永川区、九龙坡区、南川区、开州区、奉节县、万州区、巫溪县、渝北区14个区县②。募捐额超过1000万元的区县约占重庆市总行政区

---

① 胡文权：《重庆慈善事业发展的困境及对策研究》，《经贸实践》2017年第2X期，第98页。

② 万乙希：《重庆市慈善总会2021年"99公益日"募集善款5.03亿元》，https：//baijiahao.baidu.com/s？id=1711242945143842471&wfr=spider&for=pc，2021年9月18日。

县的1/3，虽然募捐额不能完全体现区县对互联网慈善的重视程度，但是也从侧面反映了大部分区县对待互联网慈善的消极态度。二是客观方面缺人、资金和技术。互联网慈善发展的速度远远超过了从事互联网慈善人员数量的增长速度，导致很多互联网慈善平台存在缺乏人才的问题，另外由于慈善组织缺乏企业的金融激励手段（股权激励、奖金激励），互联网慈善更难以吸引信息技术方面的人才。"科学技术是第一生产力"，对于互联网慈善来讲，亦是如此，技术是推动互联网慈善发展的重要因素，但是就重庆市本地的一些慈善组织而言，尤其是一些中小型的慈善组织，在走向互联网的道路上还有比较大的"技术鸿沟"。在针对互联网募捐平台内的慈善组织进行访谈时，大多数慈善组织均表示受限于慈善组织本身的影响力，即使有互联网传播的加持，很多公益项目依然无法获得良好的筹款绩效。几乎所有被访谈的线上筹款慈善组织均认为，在互联网时代下，公众的关注实际上能够在短时间内大量聚集，平台的倾向性极易导致资源吸附和流量类型多元化，而大多数慈善组织不具备"跟随"和"消化"的能力，无法很好地利用平台风口创造获取募捐资源的宝贵机会。三是平台规则的多变性。互联网社会更新换代加剧，互联网募捐平台不断推出新的募捐机制和募捐途径，表现为不断与互联网平台本身业务相结合，在这样一种迅捷变迁趋势下，绝大多数参与平台募捐的草根公益组织"疲于消化"。对于绝大多数与平台并不"亲近"的公益组织而言，其无法很好地理解平台规则就意味着不能获得"流量入场券"，也同时加剧了规则的不公平程度及资源竞争。

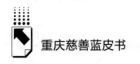

（三）重庆互联网慈善发展建议

推动重庆互联网慈善事业的良性发展，需要政府、民众、慈善组织以及慈善网络平台的共同努力：加强互联网多平台建设，增强互联网慈善的公信力，完善互联网慈善的相关体系，培养互联网慈善人才等。

1. 加强互联网慈善平台建设

腾讯公益在重庆市中公信力比较好，其本身的发展经验和思路都有值得借鉴的地方，可以结合这些互联网慈善平台的成功经验，建设适合重庆市当地发展的互联网募捐平台。开辟更多互联网募捐公益平台，形成以"99公益日"为标杆，多平台共同发展的格局，比如在重庆市的一些区县慈善会进行试点，每个试点区县慈善会都有3个及以上的平台，确保在区县层级实现民政部批准的互联网募捐公募平台20家的全覆盖。另外，在进行互联网慈善平台建设的过程中，应该切实考虑到用户的需求——透明化、便捷化、智能化，如把互联网慈善捐赠平台与第三方支付结合在一起，支持用户以微信、支付宝等多种方式进行捐款；每个平台要有专人看管，不断拓展平台的募捐功能，通过举办一些类似"99公益日"的活动，扩大互联网慈善平台的知名度和影响力。

2. 增强互联网慈善的公信力

增强互联网慈善的公信力，需要道德和技术两个轮子共同推动。一方面是道德体系的建设。互联网社会中的信任基础与传统以地缘关系的信任基础有比较大的区别，互联网慈善中道德的缺失是互联网慈善失去公信力的根本原因。因此，亟须加强互联网道德体系建设，市政府部门应该加强对"全民慈善"理念的宣传，通过电视节目、新媒体平台等方式，向民众普及关于互联网慈善的相关法律和法规，以提高民众的守法和诚信的意识，减少"伪慈善""骗捐"等事件的发生。另一方面，也可以尝试将技术手段引入"互联网+慈善"中来，如近年来出现的"区块链"技术。区块链技术具有"不可伪造性""公开透明性"等特征，区块链技术提供了一种天然的"信任"基础，将区块链技术运用于互联网慈善需要民众和政府的政策与财力支持，以达到运用信息技术增强民众对互联网慈善的信任，增强互联网慈善的公信力，促进互联网慈善的和谐发展①。

3. 完善互联网慈善管理体系

一是要完善法律法规。为了促进重庆市互联网慈善事业向系统化、法制化转变，必须完善有关互联网慈善的相关法律法规体系。当务之急就是根据我国《慈善法》中涉及的互联网慈善的十几条内容，出台重庆市《互联网慈善条例》，并以此为纲领制定其他与互联网慈善相关的法规，逐步构建完善的重庆市互联网慈善法律体系，比如逐步规范互联网慈善财务制度、完善互联网慈善税收优惠制度等。在建设重庆市互联网慈善法律体系的过程中，要考虑到法律法规的可行性和可操作性，充分考虑到重庆市政府部门目前所能够承受的执法成本和投入的执法力量，以及民众对法律和法规的认可程度。

二是加强社会组织之间的协作。一个健康的互联网慈善系统，

---

① 金碧华、陈苗青：《慈善3.0时代："互联网+慈善"面临的困境及其破解》，《行政与法》2020年第4期，第43~49页。

应该是规模大的社会组织与规模小的社会组织、资源支持型社会组织和服务型社会组织、上游社会组织和下游社会组织等不同类型的社会组织相结合的结果。重庆市慈善总会作为重庆市最大的社会组织，应该牵头统筹各种类型的社会组织，整合资源形成合力，共同在养老、扶贫、救助幼小、助残等服务方面打造品牌活动，充分发挥各种类型组织的优势。各类慈善组织也应该向市慈善总会学习，树立品牌意识，增设新媒体运营部，在互联网慈善平台上，重视用户的体验和需求，对网页进行视觉美化、提高相关网络平台的流畅度，从而增加平台的访问量，最终形成用户黏性。

三是培育网络慈善文化。我国传统文化一直秉持着乐善好施的传统，这种传统文化影响着一代又一代的重庆人。互联网慈善作为一个新兴的慈善发展趋势，也应该有自身优良的文化，互联网慈善文化影响着市民对待慈善的态度，互联网慈善文化为公众提高慈善自主性提供了一个突破口①。因此互联网慈善在运行的过程中应该秉持着传统公益的初心，政府应该重视对互联网慈善文化的教育和宣传，以加强对市民的慈善文化教育，提高网民的慈善意识，使公众树立正确的网络慈善观。此外，为了弘扬互联网慈善文化，重庆市慈善总会作为重庆市最大的社会组织，应该有计划地向市文明办推荐慈善爱心人士、爱心企业的行善事迹，同时宣传报道慈善人物、慈善事件。

四是健全互联网慈善的内外监督机制。一方面要做好外部监督。外部监督包括社会监督、行业监督、政府监督与社会组织之间监督。一要发挥好社会监督的作用，互联网慈善事业是在广大网民

---

① 宋衍涛、崔希悦：《网络公益慈善的发展困境及解决路径研究》，《理论与现代化》2020年第4期，第83~91页。

的基础上发展起来的，网民有权对其进行监督并对违规行为进行问责。做好互联网慈善监督的宣传工作，使人民大众能从思想意识方面认识到对互联网慈善监督的必要性，通过宣传教育增强人民的责任感和主人翁精神。二要发挥好行业监督的作用，可以建立互联网慈善大众监督委员会，大众监督委员会可以主要负责监督与互联网慈善相关的财会审核、信息公开以及物资使用。三要发挥好政府监督的作用，市政府各有关部门在理顺与社会组织之间关系的基础上，应该认识到社会组织是与机关单位平等存在的组织，二者不是附属关系而是监督与被监督的关系，应在社会组织运营的过程中对其进行监督，指定政府的一些部门形成一股对社会组织专门监督的力量。四要发挥好社会组织之间的相互监督作用，截至 2018 年 12 月 21 日，重庆市民政局先后审核 9 个批次，共认定 63 家慈善组织，全市 2018 年年末社会组织数量为 17343 个。社会组织的数量比较庞大，很大一部分参与了互联网慈善，应该让比较有影响力的重庆市慈善总会带头完善监管制度，在行业中起到示范作用，与此同时，各个社会组织加强交流与合作，在交流和合作过程中也可以起到互相监督的作用。互联网慈善监督体系的优化不仅要靠外部监督，另一方面也要加强内部自律机制建设。如建立和完善内部账目管理制度，通过账目信息公开增强互联网慈善的透明性，促进重庆市慈善事业的健康发展。账目信息的公开透明化可以让捐赠人了解到自己善款的具体使用情况，也可以避免对善款的乱用，从而达到善款善用、增强社会公众对于互联网慈善的信任。

4. 积极培养互联网慈善人才

互联网慈善人才是推动互联网慈善发展的重要力量之一，重庆市互联网慈善迅速发展，对从事互联网慈善人员的需求量也随之增加。一是要注重引入信息技术人才。为了弥补互联网慈善人才的短缺，引入专门的技术人才是十分必要的，在引进人才的基础上建立一个专业的互联网慈善技术团队，从慈善组织网络平台的布局以及互联网平台的运行和维护，为互联网慈善建设提供全面的技术支撑。如通过技术支持，让捐赠人了解善款和善物的流向。二是要建立互联网慈善技术人才管理团队，不仅要从社会中吸纳优秀人才，也要注重对内部人才的培养，对内部技术人员定期进行培训，以不断提升相关技术人才的能力。尤其需要注重培养专业的、熟悉互联网技术的人才，比如成立专门的区块链慈善小组，用专业的人从事"区块链+"时代的慈善项目运作①。三是吸纳技术人才的同时也要考虑如何留住人才，比如给予此类技术人员合理的薪酬待遇，以岗定薪、实行差别工资制，在满足员工物质需求的同时再进行精神激励，弘扬慈善精神，让员工在精神上拥有满足感。除此之外，还可以通过营造良好的组织氛围，让员工对慈善组织产生强烈的认同感②。

近年的重庆市互联网慈善事业虽然发展比较迅速，但是与发达国家和地区相比，仍然处于起步阶段，还有很大的发展潜力。互联网慈善事业的健康发展，机遇与挑战并存，政府、网民、社会组织应该理性对待、深入思考，共同推进重庆市互联网慈善事业迈向一个新台阶。

① 张楠：《区块链慈善的创新模式分析——功能、组织结构与影响因素》，《北京交通大学学报》（社会科学版）2020年第4期。
② 彭广文：《后疫情时期，公益机构如何应对挑战和机遇的思考》，在2020中华互联网公益峰会平行会议重庆会场上的讲话，2020年7月15日。

五 重庆互联网慈善发展的瓶颈问题及其消解

（一）互联网慈善的特点及发展概况

1. 互联网慈善的特点

（1）互联网慈善是包容的

互联网与慈善的结合，真正使慈善打破了地域、经济、文化、时间的限制，成为各捐赠领域共通、共用、共享的公共平台，具有包容性。此种包容性使高度发达的广东深圳与相对落后的陕西处在同一平面。互联网信息技术运用于慈善领域，使原本经济发展较为滞后的地区踏步赶上。以湖南为例，中国社会扶贫网湖南频道数据显示，截至 2021 年 10 月 31 日，湖南省社会扶贫网用户累计注册数量已突破 1231.91 万人，爱心人士总数为 1044.27 万人，累计帮扶次数 631.10 万次，公益扶贫总资金 5.28 亿元。全省个人需求对接成功 58.10 万次，个人需求对接成功金额合计 537.46 万元，众筹资金合计 1.83 亿元[①]。以往，很多捐赠人的捐赠难以到达真正的受助人手中的原因之一就是信息匮乏或信息不对称，而互联网的包容性让原本闭塞的人们拓展了视野，畅通了捐赠渠道，为受助人改变生存环境及生活状况获得了更多的可能。

（2）互联网慈善是相对透明的

无论是传统慈善还是现代慈善，慈善的理想和目标都是"透

---

① 中国社会扶贫网湖南频道，https：//hunan.zgshfp.com.cn/#/newIndex，最后检索时间：2021 年 10 月 31 日。

明化"，而在没有互联网的时代，这种"透明化"很难做到。非互
联网慈善模式的弊端之一就在于捐赠人、募捐人、受助人三者之间
的信息隔离。捐赠人捐赠后，就完成了慈善捐赠的第一阶段，就此
与其他人失去联系，捐赠人并不知道自己的善款去向与使用途径。
慈善组织接受捐赠后，也未向捐赠人提供更多的信息，将捐赠所得
款项交给受助人，完成慈善捐赠的第二阶段，而受助人并不知道该
善款的来源。以往许多质疑诟病常常发生在这种"分阶段式"的
捐赠模式中，如今互联网的出现改变了这种状况。2017年腾讯公
益推出了捐款"透明组件"，让公众了解项目的募捐情况，善款使
用进度，一级项目的执行情况，实现捐赠款项与物资流向的全过程
披露，由此提高了公众参与慈善的积极性。2018年，互联网慈善
深入发展，30家平台上捐赠、反馈机制不断完善，公众可以随时
了解、监督慈善项目进展和款物启用情况，为慈善透明化奠定了
基础。

（3）互联网慈善是人人参与的

与线下捐款捐物、组织志愿者上街募捐的传统慈善模式相
比，互联网信息技术带动了慈善行业新生态的形成与发展，让
"指尖慈善"成为可能。在互联网与慈善尚未结合的一段时间
里，慈善以"小众慈善、大众围观"的模式展示，正是互联网
与慈善的结合，使得慈善实现了人人可及。个人、团体和组织
等都可以出于慈善的目的通过网络平台展开慈善活动，进入的
门槛较低。网络打破了时间和空间的限制，不需要在特定的场
地开展慈善活动，也不需要太多的工作人员，节约了场地费用
和人工成本，只需要在网上公布善款接收账号，大大节约了中

间活动成本①。如今，互联网公益成为人们日常的一种生活场景，越来越多的公众有更多机会接触慈善信息、进行慈善活动，使得网络社群慈善模式日渐成熟，"人人慈善""人人参与"成为现实。

2. 互联网慈善的发展现状

（1）互联网慈善捐赠规模的扩大

互联网慈善的发展，使得互联网慈善捐赠规模不断扩大。主要表现在公众参与互联网慈善捐赠数量持续增长和互联网慈善项目不断扩展两个方面。

一方面，在各种捐赠行为中，互联网捐赠的发展势头迅猛②。据统计，与2020年12月相比，2021年6月我国的网民规模增加了2100余万人，普及率达到71.6%，共计10.11亿人成为网民。这么多的用户连接了互联网，形成了庞大的数字社会③。互联网用户量持续增长，为互联网慈善参与奠定了深厚的基础，推动互联网慈善捐赠朝着小额化、数字化发展，为互联网慈善带来持续的增长。

另一方面，互联网慈善项目在不断扩展。随着互联网公开募捐日趋规范，公众开始关注到除扶贫救灾、教育助学、医疗救助等共性需求之外的其他领域，如生态环保、文化保护等领域。以腾讯平

---

① 冯春、黄静文：《网络慈善失范现象及其治理》，《贵州财经大学学报》2019年第5期。

② 根据民政部指定的20家互联网公开募捐信息平台，慈善组织募集的善款每年增长率都在20%以上，2020年募集金额更是达到82亿元，比2019年增长了52%。2019年和2020年，连续两年有超过100亿人次点击、关注和参与了互联网慈善。《互联网年度募捐人次破百亿！2021中国互联网公益峰会聚焦公益数字化》，小时新闻，https：//www.thehour.cn/news/447645.html，最后检索时间：2021年9月26日。

③ 该数据来自2021年8月27日中国互联网络信息中心（CNNIC）在京发布的第48次《中国互联网络发展状况统计报告》。

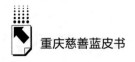

台为例，目前在腾讯慈善平台中上线的慈善项目涵盖了扶贫救灾、教育助学、疾病救助、环境保护、动物保护、传统文化保护、公共建设、社会创新各个领域。可见，互联网慈善项目在不断扩展。

（2）互联网慈善捐赠实践方式的创新

传统的慈善活动主要实践方式为捐款捐物，形式单一。"互联网+"与"慈善"的结合，不仅让公众有更多机会接触慈善信息、慈善活动，同时也为慈善捐赠实践方式带来了创新。移动支付的普及，使越来越多的捐赠通过线上进行，影响了传统社会组织的募捐渠道，改变了以往线下捐款捐物的活动方式，发展出基金会官网筹款、第三方劝募平台、电子商务筹款等互联网筹款模式，开拓了场景化公益、行为公益等虚拟环境参与捐赠的慈善捐赠实践方式。场景化公益让用户在常见的生活场景里轻松参与慈善互动，使人人慈善的理念和价值得以快速扩散。比如，斗鱼、快手等直播工具以"直播+公益"的形式实现了慈善动员，助力慈善事业发展；百度通过手机百度、百度地图等用户过亿级平台，搭建网络慈善场景，打造"技术+场景"慈善模式，唤起用户的慈善愿望。此外，还有今日头条、高德、美团、摩拜单车等新兴互联网公司，都在争相参与到互联网慈善的创新竞争中。

（3）互联网慈善法律法规与监管制度现状

①《慈善法》

《慈善法》是我国的慈善事业基本法，于 2016 年颁布实施，该法对我国的慈善活动进行了定义，明确了慈善组织准入要求、慈善捐赠活动的程序以及慈善募捐的监管机制等，结束了我国自改革开放以来慈善领域监管依据欠缺的局面，使我国慈善事业健康有序发展。

《慈善法》为互联网慈善带来了机遇与挑战。该法对慈善组织取得合法身份资格的条件作了明确规定，同时也对公开募捐行为主体的募捐资格进行了详细阐述。《慈善法》第二十二条①打破了原来仅有少数几家慈善组织拥有公开募捐权的局面，有利于激发慈善组织的新活力，打造一个公平竞争的良好环境。对于那些有募捐意愿但无公开募捐资格的组织和个人来说，《慈善法》也做了相应规定加以引导。关于互联网公开募捐信息如何发布，《慈善法》第二十三条②回答了关于慈善组织通过互联网公开募捐所依托的慈善信息平台是否需要政府指定以及如何指定的疑问，该条最终规定由国务院民政部门来指定慈善信息平台，这有助于整顿信息发布的无序状态并加强了对信息的审核和管理。《慈善法》规范互联网慈善运作和规范互联网慈善行为的作用，有利于提升互联网慈善的公信度

---

① 《慈善法》第二十二条：慈善组织开展公开募捐，应当取得公开募捐资格。依法登记满二年的慈善组织，可以向其登记的民政部门申请公开募捐资格。民政部门应当自受理申请之日起二十日内作出决定。慈善组织符合内部治理结构健全、运作规范的条件的，发给公开募捐资格证书；不符合条件的，不发给公开募捐资格证书并书面说明理由。法律、行政法规规定自登记之日起可以公开募捐的基金会和社会团体，由民政部门直接发给公开募捐资格证书。

② 《慈善法》第二十三条：开展公开募捐，可以采取下列方式：（一）在公共场所设置募捐箱；（二）举办面向社会公众的义演、义赛、义卖、义展、义拍、慈善晚会等；（三）通过广播、电视、报刊、互联网等媒体发布募捐信息；（四）其他公开募捐方式。慈善组织采取前款第一项、第二项规定的方式开展公开募捐的，应当在其登记的民政部门管辖区域内进行，确有必要在其登记的民政部门管辖区域外进行的，应当报其开展募捐活动所在地的县级以上人民政府民政部门备案。捐赠人的捐赠行为不受地域限制。慈善组织通过互联网开展公开募捐的，应当在国务院民政部门统一或者指定的慈善信息平台发布募捐信息，并可以同时在其网站发布募捐信息。

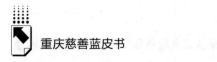

和透明度。此外，《慈善法》对慈善组织的登记与审核程序做出规定，简化了操作流程、降低了准入门槛，使得更多民间慈善组织可以名正言顺地进入慈善领域。

②互联网公开募捐信息平台两项行业标准

民政部于2017年公布了两项推荐性行业标准，分别是《慈善组织互联网公开募捐信息平台基本技术规范》与《慈善组织互联网公开募捐信息平台基本管理规范》，以下分别简称《技术规范》与《管理规范》，这两项规定于2017年8月1日开始施行。《技术规范》和《管理规范》针对目前互联网上公开募捐的无序化状态给出明确的指导意见，从技术和管理层面统一了互联网公开募捐信息平台的操作标准，进而起到规范互联网公开募捐行为的作用。但是两项行业标准颁布时间较短，落实执行上又存在滞后性，目前还难以充分发挥效力。

此外，还有其他的相关法律法规也对互联网慈善具有规制作用。无疑，所有有关法律法规对互联网慈善发展具有重要的规范作用。但是，在互联网慈善方面的相关法律体系尚未完善，现有法律法规对于互联网慈善的规范存在缺失，如互联网传播的虚拟性运作责任难追究，互联网信息审核机制和监管机制缺失使得骗捐、诈捐现象频发等问题，都影响着互联网慈善的健康发展。

（二）重庆互联网慈善发展面临的瓶颈问题

互联网慈善捐赠具有门槛低、操作便捷的特点，打破了传统慈善时间和空间的双重限制，人们可以方便快捷地获取慈善信息，随时随地参与慈善活动，使得"指尖慈善、全民慈善"成为可能。

这种全民慈善对慈善理念的传播和贫富差距的调节具有重要的作用，但互联网慈善在取得不菲成绩的同时，其快速发展的背后亦存在问题。

1. 互联网慈善的法律法规不健全

为保障和促进互联网慈善事业的发展，近年来，国家层面及重庆市陆续出台了许多与互联网慈善相关的法律规范，使得互联网慈善法制框架不断完备。

尽管现在已有了一系列的法律、法规、部门规章①，但是现有的互联网慈善的立法规范还存在一些问题，主要表现如下。

首先，在慈善组织运作中，对于互联网慈善募捐项目介绍的详细程度、项目经费使用的情况明细，慈善组织内部有关项目支出的具体规章、内部财务制度，资金中流向受益人及其运行费用的构成，剩余款项的监管等都缺乏具体的法律规范。

其次，目前有关互联网个人求助行为存在法律规制缺失。现有立法仅仅针对具有公募资格的慈善组织或者具有公募资格的慈善组织与不具有公募资格的慈善组织联合募捐进行规范，并未将个人求助行为纳入慈善立法规制的范围。像轻松筹、水滴筹等大病个人求助项目产生的一系列问题无法通过慈善立法予以规范和监督。

---

① 现有的法律、法规、部门规章等规范性文件主要有：《慈善法》《中华人民共和国网络安全法》（以下简称《网络安全法》）等法律、《互联网信息服务管理办法》等行政法规以及《慈善组织公开募捐管理办法》《慈善组织信息公开办法》《公开募捐平台服务管理办法》《互联网视听节目服务管理规定》《互联网直播服务管理规定》《慈善组织互联网公开募捐信息平台基本技术规范》《关于对慈善捐赠领域相关主体实施守信联合激励和失信联合惩戒的合作备忘录》。

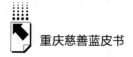

最后，关于互联网募捐平台的定位不明。目前我国立法仅仅将互联网募捐平台作为中介的角色，即使《慈善法》规定了平台具有核验责任，但是对于其责任的处罚仅仅是警告及通告批评，且这种审核责任在理论及法律实务界还存在争议，并未统一认识，导致在互联网募捐中出现问题时，责任难以追究。

2. 社会公众的互联网慈善意识不够

一直以来，人们对慈善的价值观念具有一定的误解。其一，受传统文化"劫富济贫"的影响，很多人认为做慈善是有钱人的事情，这就导致普通公众主动参与慈善事业的积极性不足。此外，人们将公益慈善与政府慈善等同，认为做慈善是政府管理社会的职责之一，部分公众仍然是公益慈善的旁观者。造成这种误解的原因是在计划经济体制下，政府部门常常通过下达行政命令主导社会各项事业的发展，慈善事业也不例外。部分公益事业是由政府部门主管，但一部分公益慈善事业是由社会组织发起并管理。由于民众长期受政策文化的影响，思维惯性让他们认为慈善事业的发展理应由政府包办。因此，部分民众忽略了市场和社会参与公益慈善活动的可能性，并将其视为越界行为。

其二，人们将公益慈善片面地理解成"献爱心"活动，造成了非理性公益慈善行为频频发生，如盲目转发求助信息、不理智的大额捐赠等。针对此类行为，健全和完善公益慈善事业的监督机制必不可少。因为公益慈善直接与财物等经济利益相关，为防止善款被某些慈善组织和个人中饱私囊，捐赠者有监督慈善公益活动过程的权力。从现实情况分析，捐赠人缺乏长期关注项目进展的意识，加上慈善组织和求助者个人固有的自利倾向，导致了善款使用和项目进展得不到有效监督。每一笔慈善筹款都有可能成为某些特定人群的"救命稻草",对善款的非法占有和使用,不仅会影响到受赠人的实际需要,还会损害社会的公平正义。

3. 互联网慈善的发展专业化程度不高

（1）互联网慈善从业人员的信息化程度不高

网民对于慈善活动的参与度日渐提升,互联网慈善的影响力也逐渐上升,而互联网对从业人员的信息化程度要求较高,因此,互联网慈善对从事慈善事业的组织机构和从业人员提出了更高的要求。调研表明,仅有25.5%的组织经常或有时对官方网站进行数据分析（使用百度统计、站长之家等工具）,多数组织从不或很少对官方网站数据进行分析[1],调研还发现,互联网慈善组织从业人员的信息化程度越高,该组织的互联网新技术应用能力越强。可见,薄弱的信息化基础,会影响互联网新技术的应用,不利于互联网慈善事业的发展。

（2）互联网慈善技术人才缺乏

互联网慈善不仅缺乏信息技术人才,还缺乏商业企业的金融激励手段（奖金、基金、股票、债券等）,以至于难以吸引高质量的专业科技人才。根据 NGO2.0 的报告,截至 2020 年 8 月,只有 40.76% 的被调社会组织有专职的技术人员,其中大约 48% 是兼职人员或志愿者,剩下约 11% 的社会组织没有任何技术支持人员,40% 的组织成员经常接受互联网技术培训,12.11% 的组织没有接

---

① NGO2.0：《中国公益组织互联网使用与传播能力第七次调研报告（2020 年）》,https：//weibo.com/ttarticle/p/show? id＝2309404578112045187530。

受过互联网技术培训。调研还发现，技术人员与互联网传播能力有正相关关系，有专职人员提供技术支持的组织互联网传播能力更强①。可见，缺少互联网专业人员是制约社会组织利用互联网做慈善的主要因素。因此，争夺信息技术人才是互联网慈善未来发展面临的严峻挑战。

4. 互联网慈善组织内部管理能力不足

（1）行业管理不规范

近年来，互联网募捐信息平台逐渐增多，为了强化对互联网募捐信息平台的服务与监管，民政部出台并实施《技术规范》和《管理规范》两项行业性标准，规定了平台在性能、功能、安全、运营与维护等方面的基本技术要求以及在制定、运行、服务、监管等层面的基本管理要求。但是，这两项行业标准仅是对互联网募捐平台发展的原则性方向引导和标准规范，不仅缺少对平台日常运营提出可操作性的具体意见，还缺乏对信用评价的标准和操作方法，导致其参考价值降低。

在民政部公布的首批慈善组织互联网募捐信息平台中，2021年"99公益日"活动号召爱心网友关注民生发展类议题，新增配捐4.3亿元善款②。从上线至今依靠它们自身广泛的社会影响力，在善款筹集上呈现压倒性的优势，但仍旧暴露出一些问题。例如，2018年初，轻松筹、京东公益平台等多家通过民政部初审，获得

---

① NGO2.0：《中国公益组织互联网使用与传播能力第七次调研报告（2020年）》，https：//weibo.com/ttarticle/p/show? id=2309404578112045187530。

② 腾讯公益：《"99公益日"新增配捐4.3亿元善款》，金融界，https：//author.baidu.com/home? from=bjh_article&app_id=1573162320060777。

互联网募捐资质的平台被民政部约谈，因其未严格遵循相关法律文件，存在为不具备公募资质的项目提供募捐服务、不及时主动进行信息公开、公开募捐与个人求助相混淆的问题，导致一些具有欺骗性质的求助信息被加以"包装"后得以在平台上发布，引起公众广泛同情、转发，扰乱互联网公益募捐平台的秩序。可见，虽然一些互联网募捐平台初期通过了民政部的审核，获得了互联网募捐资质，但这种资质并不是终身的，政府仍需重视对互联网募捐平台的工作报告及运营情况的评审和质询。

（2）信息管理不透明

2020 年底，中国的社会组织（包括社会团体、民办非企业单位和基金会）增长到 84.9 万个①。除了传统的救灾、扶贫、教育、医疗、环保类社会组织外，文化艺术、社区发展、社会创新等多元的社会组织也在不断成立。当互联网与庞大的慈善事业相连后，社会组织的透明度得到大幅度提升。与传统媒体相比，互联网的接触范围更广，信息传播的效率更高。互联网本身所具有的低门槛、高效率的信息传播能力，使互联网慈善负面信息容易被迅速放大，在没有建立良好互信机制的前提下，容易爆发负面新闻。比如"郭美美事件"对红十字会公信力带来的巨大冲击、"罗尔事件"对互联网个人求助的深层次拷问等，这些事件都展现了在没有互信机制约束的情况下，互联网科技具有破坏力的一面。可见，面对互联网慈善的复杂性，如何建立一套透明的管理机制推动行业整体高水平发展是一个亟待解决的问题。

---

① 中国国家民政部：《2020 年民政事业发展统计公报》，http：//www.mca.gov.cn/article/sj/tjgb/？。

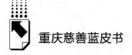

（3）内部发展与管理失衡

互联网慈善内部存在发展与管理失衡的问题。当前，互联网慈善正蓬勃发展，而与其相适应的管理机制较为落后，现有制度主要聚焦于技术标准、数据保护等方面。互联网募捐信息体系、捐赠体系、评估体系、报告体系和管理体系共同构成互联网募捐的内部体系，社会公众亦更为重视捐赠体系的建设，忽视了评估体系的完善，因此在评估中存在以捐赠人为主的单一倾向，从而导致互联网募捐内部体系之间发展失衡。

5. 互联网慈善外部监督机制不健全

互联网慈善事业的发展需要建立健全慈善监管体系。慈善监管系统复杂而庞大，需要以多维视角构建慈善组织及行业内部的监督机制，涵盖政府、捐赠人、公众、媒体在内的外部监督机制。然而，目前我国对于互联网慈善尚未形成完善的监管体系，各监督主体尚未充分建立合作机制发挥作用。在广西"百色助学网"事件中，"助学网"未按规定进行登记注册，机构负责人王杰却可借慈善之名进行网络募捐。由此可见，当地民政部门慈善监管的缺失、慈善行业内部监督的缺乏及社会监督意识的薄弱都是此类互联网慈善募捐失控事件发生的重要原因。一方面，按照《社会团体登记条例》规定，财政、民政、审计等多部门负责对慈善组织发展进行监管，但并未明确部门之间的权责范围、执行规范，因此易出现部门间相互推诿的情况。另一方面，社会公众和媒体慈善监督的意识较为薄弱。大部分公众不会对慈善项目信息的真实性进行辨别，往往因项目描述生动煽情而在互联网上转发，造成互联网慈善信息杂乱传播，扰乱了互联网慈善发展秩序。由于慈善组织数量多、种类繁杂，又依托互联网的虚拟性和高技术性，媒体只有在重大互联网诈捐事件发生之后才会展开追踪调查，缺乏事前监督意识。

（三）重庆互联网慈善发展瓶颈问题的消解

互联网慈善不是互联网与慈善的简单相加，它通过互联网与慈善的融合，为慈善事业增添了全新的发展活力，推动了整个慈善事业的创新与发展。当前互联网慈善发展中仍存在诸多问题亟待解决。就互联网慈善存在的问题，针对性地提出具体的对策和建议，以期推动互联网慈善事业的规范化、专业化、制度化发展。

1.完善互联网慈善相关法律法规

完善互联网募捐的具体制度，对促进慈善事业规范化、专业化发展尤为重要。虽然《慈善法》对互联网慈善发展过程中可能遇到的一些问题进行了规范指导，但不够全面且缺乏可操作性。因此，需要修订《慈善法》以适应新的形势，更好地促进新时代慈善事业又好又快高质量发展。增加网络慈善专章，系统规范网络慈善的定义边界、募捐办法、法律责任，明确互联网募捐平台的法定职责、个人求助的条件和义务，强化平台履行责任、审查甄别、信息公开、风险提示和违规追溯、规范网络慈善行为[1]。逐步完善互联网慈善税收优惠制度，规范互联网慈善财务管理制度，建立互联网慈善监管制度，保证互联网慈善各环节运行皆有法可依、有章

---

[1] 宫蒲光：《社会治理现代化大格局下推进慈善事业高质量发展》，《中国行政管理》2021年第2期。

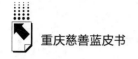

可循。

法律法规还应对互联网慈善组织的行为进行规范，明确法律提倡、限制及禁止的行为标准，并对不同的违法行为进行不同的惩罚。对于《慈善法》中部分原则性的规定，必须明确其具体实施方法与细则，使得相关法律在互联网公益实践过程中具有可操作性，从而真正发挥指导作用，形成良好的监管效果。

2.进一步培育互联网慈善文化

慈善事业可以补充社会保障体系的不足，相关部门应该发挥领航人的作用，积极地推动和促成对慈善文化的宣传和培育，在各级各类学校素质教育、社区活动或居委会、村委会活动中建立慈善文化培育机制，将中华民族的传统美德与当今社会新道德有机结合，正确引导和规范社会公众的慈善行为。

增强现代互联网企业的社会责任感也是互联网慈善文化发展的重要工作之一。互联网是传播慈善文化的新兴载体，其选择自由、内容广泛、信息传播迅速的特点，备受各个年龄群体青睐。发展慈善文化不仅要依靠主流媒体，也要充分运用互联网新媒体传播。中国慈善排行榜、福布斯慈善排行榜、企业家慈善排行榜每年发布的数据，都会引起社会的广泛关注，网络讨论热潮一波接一波，于无形中促进了全社会提升慈善意识和社会责任感。借助新浪微博、众筹平台、腾讯公益等互联网平台，人们足不出户就能方便快捷地参与慈善活动。"慈善+"公益活动形式多样，如环保活动、医疗救助活动、法律捐助活动等，在无形中培育了公民的慈善意识，营造良好的慈善氛围。

3. 建立健全慈善专业人才培养机制

引进专业技术人才。为了解决互联网慈善组织从业人员信息化程度不高的问题，引进专业的网络技术人才是重中之重。建立专业的网络慈善事业管理团队，充分利用互联网便捷、实时、透明、共享的特点，从慈善网站的注册、平台内容的布局、个人信息的采集和项目信息的发布以及互联网平台的运营和维护方面，进行全方位的管理和技术支持，从而为"互联网+慈善"完整体系的建立提供强大的技术支持。在网络慈善组织内部进行改革，改变以往松散的结构模式，逐步转为专业的管理模式，把募集资金和使用资金分开管理，区分慈善筹款机构和项目实施机构。例如，中国红十字会在汶川地震后，迅速联合搜狐网，借助互联网平台推出了款物捐赠及流向在线查询系统，捐赠者只需在系统中输入自己的姓名，便能实时查询物资的流向。

建立健全人才培训机制。建立网络慈善组织内部人才培养机制，定期对组织内部人员进行培训，定期监测培训效果，使慈善组织朝着更加专业化方向发展。网络慈善机构要想从社会获取更大的慈善资源，就要将已募集来的资金进行优化配置。充分利用高校培养专业人才。引进网络慈善技术型人才不仅要用慈善理念吸引人，同样需要提供合理的职业薪水和报酬。

4. 优化互联网慈善组织内部建设

（1）规范行业管理

互联网募捐信息平台将慈善组织、捐赠者、受益者及政府等主体紧密联系起来，促进各主体间的信息交流和沟通，增强彼此信任，提高协作效果。因此，应重视对互联网募捐信息平台的监管工作，以加强互联网公益活动效果。首先，相关部门应该针对行业标准界限模糊问题，给出明确的标准。其次，针对互联网慈善应该建立专门的、权威的行业性组织，形成行业自律与法律规范共同发挥作用的合力。在符合法律规范基本原则的前提下，构建更加详细、更具操作性的互联网行业规则；同时，应该进一步加强互联网募捐平台遴选，在互利网募捐平台之间形成竞争，促使互联网募捐平台进一步提高自我要求。最后，加大对公益平台的监管力度，要求其严格遵循法律运行。对一些已经通过初审获得资质的互联网募捐平台，政府仍需重视对互联网募捐平台的工作报告及对运营情况的评审和质询，加强对平台审核不严、违法开展公开募捐等行为的监管与惩戒，引导互联网募捐平台规范、良性发展。

（2）完善信息披露

当一切都是透明的，一切都在"阳光下"时，互联网慈善的公信力必将提升。提高慈善组织透明度、加强信息公开是提升慈善组织公信力的重要途径。及时有效的信息公开，能够方便公众随时了解慈善项目进展，实现善款流向的实时监督，有助于提升慈善活动的透明度，促进慈善事业的规范发展。

首先，慈善组织的信息公开应该详尽充分，并保证信息公开的及时性、完整性和真实性。具体而言，就是将信息公开贯穿到事前、事中、事后各环节中，将诸如年度工作报告和审计报告等信息在统一信息平台中公开，并提供咨询和反馈渠道，以满足社会公众监督的需要。此外，具有公开募捐资格的慈善组织开展公开募捐活动，应当在公开募捐活动结束后规定期限内，及时将募得款物情况、已经使用的募得款物的用途和尚未使用的募得款物的使用计划等信息向社会公开。

其次，应进一步发展和完善互联网区块链技术在慈善事业中的创新应用，提升慈善信息的透明度。如借助新兴的区块链技术，将整个慈善事业分为若干个项目，若干个项目又细分为若干个节点，在区块链技术中的每个节点都相互联系、密不可分，不仅可以追溯历史操作，而且难以人为篡改，在用户输入账号密码后，就可以看到，在不同时间节点上某一个项目的善款来源、数目、去向等相关信息①。即从用户捐款那一刻开始，到项目完成支付，其间的每一步都将被详细记录，而且所有的过程不能人为更改。比如2016 年 7 月，中华社会救助基金会在支付宝爱心捐赠平台上线"聆天使公益计划——听障儿童重获新声"项目，是国内首次公开将"区块链"技术应用于公益的案例，不仅细化了善款流动的每个环节，又保证了公益信息的开放性、保密性和真实性。将区块链技术引入公益慈善事业，在很大程度上提升了慈善信息的可信度，有助于激发公众公益参与的热情和积极性，推动公益慈善事业的发展。

（3）完善内部治理体系

从行业自律看，虽然已有大型互联网平台组织在引领互联网募捐行业规则的制定，但需要进一步扩大互联网慈善平台、社会组织、志愿者的参与程度。在信息体系、捐赠体系、评估体系、报告体系和管理体系之间做好平衡，促进互联网慈善事业的发展。

---

① 卢素丽：《互联网慈善公信力提升的策略研究》，《征信》2018 年第 11 期。

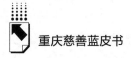

5. 加强慈善活动外部监管

规范互联网慈善的发展，需要政府部门的协作监管，同时要充分发挥社会大众的力量，尤其是互联网用户和大众媒体的监督作用，最终形成以慈善组织、政府部门和社会大众为基础的互联网慈善监督体系。

第一，明确政府主体责任，健全监督机制。互联网慈善作为新兴事物，如果仍按照传统慈善管理的方式对其监管，显然满足不了当今社会的监管需要，甚至会在一定程度上阻碍互联网慈善事业的发展。因此，政府部门应针对互联网慈善的发展特点与问题所在，形成以民政部为牵头部门，公安、网信、金融等部门协同监管的密切联动机制，对互联网公益慈善发展进行统筹监管。其中，对于涉及监管范围不清、主体职责交叉的情况，各监管主体应该具体问题具体分析，在对具体案例的科学分析基础之上，明确各自的职责权限，促进部门间的协调合作。

第二，健全媒体和公众的社会监督。首先，大众媒体为社会监督搭建了沟通平台，畅通了民意表达的渠道，在国家治理体系建设中发挥着独特的作用，同时，应承担相应的社会责任。其一，对于互联网慈善项目的跟踪与反馈，媒体应秉承科学、依法、严谨的态度过滤信息，防止失实信息泛滥成灾，污染当今社会的慈善环境。其二，一经发现违背事实的消息以及触犯法律红线的投机分子，媒体要及时曝光，引起民众的警惕与戒心，发挥舆论监督的力量，为互联网慈善事业保驾护航。其次，公众作为社会监督的主体，提高主人翁意识对互联网慈善规范发展具有重要的作用。当今社会，公众对慈善事业的关注度日益提升，对社会公益与慈善行为的重视，为慈善事业的持续发展奠定了有力基础。但是，在这一过程中，公众仍需提高对互联网信息的辨别能力。审慎、理性对待微信朋友圈的捐赠信息，切忌盲目转发、随意捐赠，以防受到诈捐、骗捐等不法行为的侵害。

专题篇
Special Topic Chapters

B.2
重庆"互联网+志愿服务"的
实践探索及启示

杨玉婷　杨永娇*

摘　要:　近年来,重庆市运用互联网优势,在搭建志愿服务平台、打造志愿服务品牌等方面不断探索和实践,取得了初步成效。本报告基于重庆市"互联网+志愿服务"的具体实践,通过对重庆市现有代表性案例的研究,讨论目前重庆市开展志愿服务活动的优势与缺陷,并对我国"互联网+志愿服务"的长效机制建设提出相关政策建议,以期更好地推动志愿服务的可持续发展。

* 杨玉婷,重庆大学公共管理学院硕士研究生,研究方向为社会治理、公益慈善;
杨永娇,重庆大学公共管理学院副教授,研究方向为社会政策与公益慈善。

关键词： 互联网 志愿服务 重庆

互联网已经成为人们生活的重要组成部分，互联网的有效利用为我国的志愿服务创新提供了新的可能性，探讨如何利用互联网优化志愿服务效果具有重大现实意义。近年来，重庆市运用互联网优势，在搭建志愿服务平台、打造志愿服务品牌等方面不断探索和实践，取得了初步成效。

一 研究背景

随着"互联网+"技术的应用与普及，互联网已经融入社会生活的方方面面，深刻改变了人们的生产和生活方式。国务院于2015 年出台《国务院关于积极推进"互联网+"行动的指导意见》，提出加快推进"互联网+"行动。这一举措有利于培养新型公共服务模式，发展"互联网+"已经上升为国家战略。2016 年，中央宣传部、中央文明办、民政部、教育部、财政部、全国总工会、共青团中央和全国妇联印发《关于支持和发展志愿服务组织的意见》，明确提出要创新志愿服务方式方法，积极探索"互联网+志愿服务"模式，支持志愿服务组织安全合规利用互联网优化服务，创新服务方式，提高服务效能。2019 年 12 月，国家发展改革委、教育部、民政部、商务部、文化和旅游部、卫生健康委、体育总局七部门印发《关于促进"互联网+社会服务"发展的意见》，指出要合理运用互联网技术来促进社会服务的数字化、网络化、智能化、多元化、协同化，更好惠及人民群众，助力新动能成长。在这一背景下，推动"互联网+志愿服务"发展，对我国志愿服务创新有着重要意义。

公益慈善研究需要西部视角。区域视角，特别是处于边缘区域的视角，是对主流观点的一个重要补充；且西部社会组织成长的特殊性赋予了其独特的研究价值。重庆在西部地区具有重要的战略地位。本报告将对重庆市"互联网+志愿服务"现状进行分析并提出相关发展建议。首先，基于现有文献和相关调查数据分析目前重庆市"互联网+志愿服务"活动的开展情况；其次，对三个借助互联网平台开展志愿服务活动的案例进行分析，总结目前重庆市开展志愿活动的优势与缺陷；最后，从重庆市"互联网+志愿服务"活动中的优点和不足入手，对重庆市"互联网+志愿服务"的长效机制建设提出相关建议，以期更好地推动志愿服务的可持续发展。

二 重庆"互联网+志愿服务"实践概况

自 1994 年重庆市青年志愿者协会成立，重庆市的现代志愿服务开始迅速发展。重庆志愿服务信息网显示①，截至 2021 年 8 月，重庆总共有志愿团体共 39577 个，其中党政机关组织 19540 个、教育事业单位 10452 个、社会团体 1090 个、国有企业 1030 个、基金会 14 个。以慈善组织为例②，重庆市慈善总会组织志愿者深入贫困乡村开展义诊、提供电商培训、帮助发展乡村旅游等，志愿服务

---

① 重庆志愿服务信息网官网数据，http：//www.zycq.org/。
② 《重庆市慈善总会 2020 年度报告》，http：//www.chongqingcishan.com/。

时长有 5 万多小时；开展渝东南少数民族地区留守儿童奖学金活动，受益儿童 130 余人；稳步推进慈善超市，全年送发慈善款物 15 批 4 万元，受益群众 2000 余人次。2020 年，重庆市慈善总会荣获"重庆市脱贫攻坚先进集体""重庆慈善奖（慈善楷模）"称号，其两个项目获得"重庆慈善奖（慈善项目）"，一个项目获得"中华慈善品牌项目奖"。

近年来，重庆市逐渐重视志愿服务的多元化发展，运用"互联网+"优势，将互联网的创新成果深度融入志愿服务领域之中，从而盘活潜在志愿资源，有效实现全国各地志愿服务的信息共享和资源整合。首先，积极完善政策制度体系。重庆市民政局印发了《关于支持和发展志愿服务组织的实施意见》，通过举办全市志愿服务政策法规与业务提升培训班、配合渝中区人大常委会开展《重庆市志愿服务条例》执法检查，带动促进《志愿服务条例》和《重庆市志愿服务条例》的贯彻落实。同时，不断壮大志愿服务主体规模。截至 2021 年 5 月，重庆市共依托全国志愿服务信息系统实名注册志愿服务组织 3.9 万个、志愿者 636 万人，占全市常住人口的 20.4%；已策划开展常态化志愿服务项目 19.7 万个，记录志愿服务时长 9038 万小时[①]。

此外，重庆市着力营造志愿服务的良好发展氛围。在首届重庆市志愿服务项目大赛中，重庆市联合市委宣传部、市文明办等 6 部门对 20 个金奖项目、20 个银奖项目和 30 个铜奖项目予以表彰；团市委探索开展了"一网一微一端"的"互联网+志愿服务"新模

---

① 新华网，http://news.10jqka.com.cn/20210520/c629557760.shtml。

式，有效对接服务青年群体的需求；两江新区团工委、互联网产业园等单位联合发起成立了企业志愿服务联盟，旨在通过"互联网+传统文化"的模式，联合产业园国企、央企、驻渝企业及民营企业共同打造志愿服务品牌，动员全市志愿服务力量营造良好发展氛围。

总体看来，"互联网+"极大地优化了志愿服务的质量，使志愿服务发展更具专业化、规范化、高效化及精准化[①]。专业化体现在"互联网+"提供的即时信息可以让志愿者有选择地根据自己的实际能力匹配到最适合的服务内容，提高志愿服务的质量和效率。规范化体现在"互联网+"实现了全社会范围的志愿活动联动、志愿服务资讯共通，使得志愿服务可以逐渐形成一个规范化的标准，避免志愿服务因为组织的松散造成不规范化。高效化体现在网络的新兴和运用让志愿工作和志愿服务不受时空限制，变得更加高效和便捷，极大地方便了志愿者注册、参与活动和沟通交流。精准化体现在"互联网+"能够弥补关于志愿服务需求资讯上的不足，有助于最快速、最精准地匹配到最合理的志愿服务资源，以达到用最少的资源做出最多的服务的目的。

尽管"互联网+"有助于志愿服务的发展，但是这样的结合模式也存在许多缺陷和漏洞。例如，由于"互联网+"具有虚拟性的特征，部分不法分子利用"互联网+"虚假信息和志愿者的爱心骗取善款和救援物资，这大大打击了"互联网+"志愿者献爱心的积极性，同时造成社会公众对网络捐赠的信任危机。此外，运作团队

---

① 涂敏霞、彭铭钢、吴冬华、冯英子：《大数据驱动下的志愿服务优化模式研究报告》，《中国青年研究》2020 年第 4 期。

专业性、项目可持续发展能力、志愿者的文化程度和技能水平的不足也对"互联网+志愿服务"事业有一定影响①。

三 案例描述

近年来，为让"互联网+"成为志愿组织创新发展的新引擎，重庆市大力推进了"互联网+志愿服务"进程，将互联网的创新成果深度融合于志愿服务领域之中。通过以下的案例描述和分析，本部分将对重庆市"互联网+志愿服务"实践探索中的经验和不足进行总结。

（一）垫江论坛之"抗疫公益"

1. 垫江论坛志愿者协会简介

垫江论坛志愿者协会是依托于垫江论坛网站和网友自发的志愿服务组织②，协会自 2008 年开始便陆续开展各种志愿服务活动，在垫江论坛专门开设了《垫江公益》专版，并利用垫江论坛志愿者协会微信公众号等新媒体推广志愿服务。截至 2019 年 11 月 29 日，协会注册志愿者 5961 人，累计服务时长 98169 小时。垫江论坛志愿者协会长年开展环境保护、文明劝导、中国好网民等志愿服务活动，"十三五"期间，共开展各类公益活动 200 余场，参与人数达 5000 多人，受益上万人，深受老百姓赞誉，在社会上形成了"人人

---

① 高翔、王三秀：《促进或抑制：互联网使用与居民慈善捐赠》，《经济社会体制比较》2021 年第 1 期。
② 垫江论坛：http://www.cqdjw.com/。

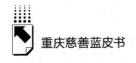

参与公益"的良好氛围，打造了垫江论坛志愿服务的品牌形象。

2.垫江论坛志愿服务的开展情况

一是开展"暖冬行动"。协会联合鼎发公司、汶翰建设工程有限公司、鑫园食品公司等单位和爱心企业，在全县范围内广泛开展"暖冬行动"，关爱贫困家庭的留守儿童，活动面涉及全县乡镇学校和村小，参与志愿者人数达到1000余人次，受益贫困留守儿童3000多人。

二是对建档立卡贫困户开展精准志愿服务。协会联合垫江县人民医院、垫江县中医院开展医疗扶贫，为贫困户和特病家庭送医送药，开展义诊活动，有效防止贫困家庭因病返贫。"十三五"期间，共开展医疗扶贫活动29场，受益家庭760户，受益人数达到2000多人。

三是评选表彰优秀志愿者。"十三五"期间，垫江论坛志愿者协会评选出75名先进个人，其中获得市级表彰优秀志愿者15人，协会也多次获得市级最佳服务组织荣誉称号，极大地调动了志愿者的积极性。

3.特色项目:"抗疫公益"志愿活动

垫江论坛志愿者协会在抗击新冠疫情的工作中以线上线下相结合的方式贡献力量。

在线上，垫江论坛充分利用平台优势促进对政府疫情防控方面的舆情宣传和引导。在新冠疫情期间，垫江论坛于2020年1月23日在网站上增设《新冠肺炎》专版，让民众及时了解政府防控疫情行动的进展，积极配合政府做好居家隔离、复工复产、生产生活等，有利于政府防疫政策的充分落实。同时，垫江论坛合理运用互联网，通过在网站上发布稿件传播抗疫好声音，积极抵制各种谣言，网站共有 7 篇"防控行动"类稿件被新华网、重庆日报、华龙网市级媒体采用，这有利于弘扬社会正能量，促进志愿服务文化的发展。

在线下，垫江论坛志愿者协会积极扩大志愿者队伍、组织广大志愿者参与社区服务等疫情防控工作。疫情防控期间，垫江论坛严格按照县委、县政府的工作部署要求，积极组织广大志愿者参与舆情宣导、社区排查、捐款捐物、免费发放各种防疫物资等疫情防控工作。志愿者协会开展各种服务活动 40 多场次，参加志愿者人数达 460 余人，共计服务时长 2732 小时。

（二）涪风论坛之"爱心送考"

1. 涪风论坛简介

涪陵在线网站创办于 2001 年，涪风论坛作为涪陵在线的旗下社区网站已经成为涪陵当地最具影响力的网站，成为涪陵人了解本地资讯、知晓天下网事、找工作、招人才、租房卖房、交朋识友、分享技能、加入兴趣圈子的"网上家园"，更是连接百姓和政府的渠道，成为涪陵区各职能部门了解社情民意的窗口、政务公开的平台、科学施政的基石、联系群众的方式。论坛注册用户已超过 21 万人，日注册会员以 200 人左右速度增加，未注册但浏览网站的游客预计达到 20 万人以上。同时在线人数 4500 人左右，日均发帖文章超过 7000 篇，日浏览量超过 46 万次，日独立 IP1.5 万左右①。

---

① 涪陵在线论坛，http：//bbs.fuling.com/thread-2400491-1-1.html。

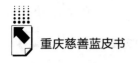

2.涪风论坛志愿服务的开展情况

涪风论坛志愿服务的核心项目主要有以下两个。

一是开展关爱未成年人活动。涪风论坛组织长江师范学院体育学院和龙桥街道新时代文明实践志愿者走进北拱社区，开展关爱未成年人系列活动。为鼓励和引导未成年人积极参与体育健身，大学生志愿者设置了多形式、多内容的健身运动，包括乒乓球、羽毛球、篮球、跳绳等项目。为加强夏季安全教育，志愿者以防灾减灾为主题，向未成年人讲解各种安全卫生知识，有效增强了未成年人的安全意识和自我保护能力。为传承红色基因，志愿者给孩子们上了生动的党史宣讲课，引导青少年感党恩、听党话、跟党走。

二是开展"童心向党·快乐成长"活动。该活动由街道新时代文明实践所主办，各社区文明实践站承办。活动紧紧围绕"童心向党"教育主题，组织少年儿童进行红歌传唱，歌颂党、歌颂伟大祖国、歌颂社会主义。志愿者通过红色故事分享会，对少年儿童进行爱国主义和革命传统教育，引导广大少年儿童热爱祖国、热爱人民，拥护中国共产党领导，培养广大少年儿童知党史、感党恩、听党话、跟党走的良好品质。

3.特色活动："爱心送考"志愿活动

"爱心送考"志愿服务活动是"涪风车友会"最重要的品牌活动之一。自2010年以来，每年的高考都有数百位车友自愿报名，为考生免费送考，涪风论坛则根据驾龄和车况，对车友进行精心选择。迄今为止，约有1000辆车通过互联网平台参加活动，服务考生约10000人次。

2010年后，涪陵公交组织接力开办"爱心送考"活动，让这一善举更加纪律化和组织化。此外，2021 年，道道全重庆粮油有限责任公司与滴滴打车平台携手举办了"爱心送考"活动，统一在车上粘贴"爱心送考车"标识，滴滴打车平台本身的司机群体已具备专业度和纪律性，这样能够使整个志愿服务活动更加高效化，保证有需求的考生可以及时得到帮助。2021 年的"爱心送考"活动不仅限于重庆，还扩展到了长沙、西安、茂名、绵阳、岳阳、靖江、南京七地。

（三）云阳县慈善会之"添福加寿"

1. 云阳县慈善会简介

云阳县慈善会于 2006 年 6 月 27 日成立，秉承着"安老、扶孤、助学、济困、助医、助残"的慈善宗旨。云阳县慈善会积极发挥社会保障体系和社会救助体系的补充作用，为构建和谐云阳作贡献。慈善会先后组织开展了多场志愿服务活动，2020 年积极开展了"抗疫募集"、"99 公益日募集"和其他形式的慈善募集救助活动，取得了突出的成绩。全年共接收各类捐赠 31013424.16 元（含物资折币），其中定向捐款 14149835.55 元，非定向捐款 26869.61 元，物资折币 16836719.00 元；共支出定向、非定向捐赠资金（含物资折币）31895981.30 元，让 2 万多名贫困群众和 1 万余名抗疫一线人员受益①。云阳县慈善会自成立以来，先后被《重庆政协报》、《重庆慈善》杂志、市慈善总会网站和《重庆慈善动态》等市级媒体报道，同时被重庆市慈善总会评为"99 公益日"

① 《云阳县慈善会 2020 年度工作总结》，http://www.yyxcs.com/v1/gs/2021/774.html。

活动先进集体。

2. 云阳县慈善会志愿服务的开展情况

一是开展抗疫募捐。疫情期间，云阳县慈善会和县红十字会及时向全县发出了《关于打赢新型冠状病毒疫情防控阻击战募捐倡议书》，快速融入市慈善总会搭建的网络募捐平台，组织、引导各单位、企业及广大爱心人士积极参与"万众一心抗击疫情"和"人民战疫党旗飘扬"的网上募捐活动，参与捐赠近 4000 人次，网捐资金 91 万余元，同时获得了重庆市慈善总会网捐配套资金 24 万余元。

二是参与"99 公益日"。在 2020 年"99 公益日"网上募捐活动中，云阳县慈善会推送的《爱心助力同奔小康》项目捐款达 5306890.27 元，其中直接捐赠 4335240.41 元，获得腾讯公益项目配捐 825849.86 元，对公益组织的非限定配捐 145800.00 元，配捐率达 22.41%，被重庆市慈善总会评为"99 公益日"活动先进集体。

三是开展教育扶贫。云阳县慈善会以"为希望续航"活动为主线，依托教育工会积极筹集慈善资金，开展了资助困难学生和教职工系列活动。先后为 124 所学校开展慈善公益活动，集中采购防疫物资，救助特困教师 556 人，救助特困学生 92 名。

3. 特色活动："添福加寿"志愿活动

借助互联网优势可以帮助受困者及时有效地得到救助。随着网络的快速发展，特别是以微博为平台的自媒体组织逐渐兴起，个人和草根公益组织所发布的救助信息便开始从大众视野中不断涌现。云阳县慈善会借助腾讯公益平台，以网络募捐的形式进行"为老人添福加寿"活动，成功筹集善款，联合多部门精准筛选核实资助对象，资助全县失能老人困难家庭，改善老人生活。同时，云阳县慈善会设立教育扶贫、健康扶贫子项目，对困难群体中的学子、大病及罕见病患者给予相应救助。在整个募捐过程中遵循了公开透明的原则，为需要帮助的失能老人和贫困家庭筹集到了善款，使受困者及时有效地得到了救助。此外，在募捐过程中，云阳县慈善会还发挥了运营成本低、受众面广和效率高的优点，借助互联网优势，云阳县慈善会通过募捐平台较短时间内成功募集到善款，效率较高。

四　研究启示

（一）重庆市志愿服务发展值得推广的经验

1. 积极建设"互联网+志愿服务"新平台

近年来，重庆市越来越多志愿服务组织依托论坛网站及网友发展起来，比如垫江论坛和涪风论坛，它们利用互联网优势开展各种志愿服务活动，为群众搭建了有效的志愿服务平台。垫江论坛在抗击新冠疫情的工作中以线上线下相结合的方式，最大限度地贡献了抗击疫情的力量。在线上，垫江论坛在新冠疫情期间增设专栏，大力配合政府进行相关信息宣传；在线下，垫江论坛组织志愿者参与疫情防控工作，开展各种服务活动。涪风论坛在每年高考季开展"爱心送考"志愿活动，组织有爱心的车友为有需求的考生提供帮助，借助互联网的优势，低成本、高效率地完成这一项志愿服务活动，一方面创新了志愿服务的开展形式，能够快速有效且低成本地

找到有意愿的车友，另一方面有利于促进志愿服务文化的传播，更好地促进整个社会的发展。

此外，针对青年群体日趋庞大的新趋势，重庆团市委探索开展了"一网一微一端"的"互联网+志愿服务"新模式，有效对接服务青年群体的需求，以平台建设为中心，扩大了团组织工作覆盖面，让青年更有获得感。"一网"即重庆志愿服务网；"一微"即重庆青年志愿者官方微博；"一端"即"青年之声·暖青汇"志愿服务App。这三者的有机结合"接长"了团组织的"手臂"，吸引更多青年积极参与各种团组织活动，进一步扩大了群团改革的群众性。

2. 充分利用互联网技术，强化志愿服务品牌效应

打造志愿服务特色品牌可以促进志愿服务的制度化、品牌化和常态化，营造积极良好的社会氛围。近年来，重庆市一些地区和志愿服务组织结合各自的实际情况，打造了一些有影响力的志愿服务品牌。首先，涪风论坛推出的"爱心送考"活动深受广大居民的支持，规模日渐扩大。自2010年以来，车友参与爱心送考的热情都很高涨，逐渐形成了极具特色的品牌效应，2021年，"爱心送考"活动不仅限于重庆，还扩展到了长沙、西安、茂名、绵阳、岳阳、靖江、南京七地。在滴滴打车等平台的加持下，"爱心送考"志愿活动更加规范化、体系化和品牌化。其次，疫情期间，重庆市文明委推出的"1+N"活动切实消除了一线医务人员的后顾之忧，"1"即保证每个家庭至少有一名志愿者保底服务，"N"即针对家庭个性化需求，提供精准服务。在确保安全、就近就便的前提下，重庆市文明委组织了2178名志愿者下沉到社区，结对服务第一、第二批 1972 名一线医护人员家庭，扎扎实实解决了具体困难。

3.立足互联网优势，高效吸引公众参与志愿服务项目

借助互联网优势，重庆市各个志愿者组织低成本、高效率地吸引公众参与了疫情防控和募捐活动，帮助受困者及时有效地得到救助。例如，云阳县慈善会借助腾讯公益平台，以网络募捐的形式进行"为老人添福加寿"活动，在整个募捐过程中，遵循了公开透明的原则，为需要帮助的失能老人和贫困家庭筹集到了善款，使受困者及时有效地得到了救助。此外，重庆市慈善总会在疫情期间高效开展了互联网募捐工作和志愿服务工作，为助力脱贫攻坚和打赢疫情防控阻击战、保障改善民生发挥了重要补充作用。自 2020 年 1 月 23 日开始，重庆市慈善总会启动了互联网抗疫募捐项目，在 7 个互联网募捐平台上发布了 19 个项目，吸引 197 万人次爱心网友捐赠，位居全国慈善会系统前列。

（二）重庆市志愿服务发展的不足之处

1.民众志愿服务参与的意识有待加强

尽管互联网突破了志愿参与时空的限制，但由于民众对志愿服务的认识理解还不明确，所以其参与志愿服务的意识仍然比较淡薄，这种情况在志愿服务发展相对滞后的西部地区尤为明显。在志愿服务自愿参与意识淡薄的情况下，服务的开展将不会以满足受助者的需求为前提，而是以完成上级任务为目的，这将不利于志愿服务的长远发展，会导致整个志愿服务流程趋于形式化和行政化、违背志愿服务的初衷、加深志愿失灵的不良影响。这需要调动志愿者

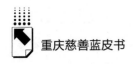

的积极性，使其对志愿服务工作产生强烈的认同感和归属感，并以此为动力，在提供志愿服务的过程中全心投入。如何利用互联网快速发展的契机加强民众志愿服务参与热情是重庆市志愿服务发展面临的一大挑战。

2.志愿服务领域人才匮乏

目前重庆市的多数志愿服务组织面临人才匮乏这一大难题。一方面体现在重庆市志愿服务的规模还有待扩大，自愿参与志愿服务的人群占比较低，主要与工资低、强度高、无保障等因素有关；另一方面，即使在志愿者参与不多的情况下，志愿服务人员的构成也显示出一定的不合理性。从事志愿服务的主力军主要是在校的大学生和退休人员，青年群体的表现为精力丰富但稳定性不高，而已退休人员存在热情高、专业性弱的问题，或是受限于年龄、职业及知识结构，从根本上无法提供优质的志愿服务。因此，重庆市需要高度重视如何更好地利用互联网加强志愿服务的队伍建设。

五 政策建议

基于重庆市"互联网+志愿服务"的实践探索的经验与不足，本报告认为，把握互联网技术飞速发展、互联网使用大规模普及的契机，推动重庆市乃至全国的志愿服务发展可从以下几个方面着手。

（一）营造全民参与的浓厚氛围

为使志愿服务精神深入人心，必须综合运用教育引导、文化熏陶、实践养成、舆论宣传等方式，在精神文明建设的过程中，使志

130

愿服务精神成为人们的价值追求。在教育引导上，重庆市政府部门可以和学校联合培养学生群体的志愿服务精神，鼓励学生做新时代的"小螺丝钉"，从少年时期开始重视志愿服务的文化熏陶；政府也可以和志愿服务组织联合在各大社区开展与志愿服务相关的讲座，鼓励和引导各社会阶层参与志愿实践活动。在舆论宣传上，重庆市政府部门可以运用互联网优势、把握"微时代"特点，以微信、微博等平台为载体，加大对志愿服务中涌现出来的事迹、个人和组织的宣传力度，通过发挥道德模范、先进人物等榜样作用，打造特色品牌效应。比如在涪风论坛举办的"爱心送考"活动中，重庆市政府部门可以开展"最美车友"典型评选表彰活动，通过查阅往年自愿报名的车友志愿者名单，对踊跃参与、贡献爱心次数最多的车友进行表彰和鼓励，同时加大各大媒体对"最美车友"的报道力度，借助互联网优势提高社会影响力，引导全社会见贤思齐，营造全民参与志愿服务活动的浓厚氛围。

（二）加强志愿者队伍建设

志愿者是志愿服务的主体，但目前重庆市志愿者所占比例较低，志愿者素质也有待提高，加强志愿服务的队伍建设刻不容缓。首先，在扩大规模方面，重庆市需要发展和壮大社区、文明单位、民间社会团体等各类志愿者队伍，建立重庆市志愿服务联盟体系，把有意愿、能胜任的社区群众、普通市民吸纳到志愿服务队伍中，扩大整个志愿者队伍的规模。其次，在专业度方面，可以拓展"社工带志愿者"志愿服务模式，融合具备专业知识的社工优势和人数较多的志愿者优势，培育一支由专业社工领导的全民志愿者服务的队伍。同时，建立培训机制，所有在志愿服务注册平台登记注册的志愿者在开展志愿活动之前都必须参加岗前培训，保证自身已具备基本技能，而且组织可以有意识地挖掘和培养志愿者队伍的核心骨干，加强针对志愿服务理念、管理水平等方面的培训，这将有利于志愿服务组织的长远发展。最后，在新型人才方面，随着"互联网+志愿服务"理念的逐步普及，重庆市乃至全国的志愿服务组织更加需要专业的志愿服务人才，熟悉并掌握运用互联网信息技术，在开展"互联网+志愿服务"新模式的过程中，高效运用重庆青年志愿者官方微博以及志愿服务 App，如"青年之声·暖青汇"志愿服务 App。

（三）注重平台建设和品牌效应

志愿服务项目种类繁多，如果仅靠传统的服务管理模式，信息更新会缓慢。由此，政府应充分利用大数据优势，积极探索"互联网+志愿服务"，利用新技术强化平台、项目、站点建设，为志愿服务组织提供打造品牌和传播层面的赋能。在平台建设方面，重庆市政府部门越来越重视志愿服务的平台建设，这对全国的志愿服务发展有一定的借鉴价值。针对青年群体，重庆市团委探索开展了"一网一微一端"的"互联网+志愿服务"新模式，有效对接服务青年群体的需求，通过平台建设，扩大了团组织工作覆盖面；针对失能老人，重庆市云阳县慈善会借助腾讯公益平台，以网络募捐的形式进行"为老人添福加寿"活动，成功筹集善款，改善了老人生活。想要做好志愿服务的平台、项目、站点建设，政府需要联合各个志愿服务组织共同打造完善的志愿服务组织体系、资源对接平台等，实现各个环节的互联互通。在强化品牌效应方面，重庆市的"爱心送考""1+N"等特色品牌活动发挥了社会各界人士的力量，解决了民众的困难，同时推动了志愿服务文化的培育，但这依然不够。志愿服务品牌要想真正地树立起来，要求各个志愿服务组织立足自身特色，从满足人们需求出发，切实解决其遇到的问题。同时，各志愿服务组织需要充分利用互联网技术，强化志愿服务品牌效应，通过媒体报道等舆论宣传手段扩大志愿服务特色品牌的影响力，吸引更多志愿者参与其中，从而带动全国志愿服务的良性发展。

B.3
"互联网+慈善募捐"的重庆模式

马天昊*

摘　要： "互联网+慈善募捐"不断形塑新时代中国特色慈善事业，
为中国慈善事业带来了蓬勃生机。本报告对我国互联网慈
善的政策创制、互联网慈善的发展趋势、重庆市互联网慈
善的实践等方面进行梳理，重点总结了重庆市慈善总会参
加腾讯"99公益日"的发展情况和成功经验。研究发
现，政府、慈善组织、企业、媒体、社会公众在形成广
泛的共识和合力的基础上，通过互联网对慈善事业的工
具性撬动，有利于营造浓厚的慈善募捐氛围，提高了慈
善事业的透明度，进而驱动了"人人慈善"的理念的形
成和实践。

关键词： "互联网+慈善募捐"　"99公益日"　重庆市慈善总会

　　21世纪初短短的二十几年间，互联网如春雨润物般进入每一
个人的生活，改变了每一个人生产、生活的思考方式。互联网思维

　＊　马天昊，中国西部人才开发基金会副秘书长，研究方向为慈善捐赠、慈善政策、
慈善指数、社会组织评估等。

与商业最先联袂，在制造出中国的商业神话的同时，渗透到了每一个行业。分享、创新、平等等词语伴随互联网的出现，让许多古老的行业焕发新的色彩、展现新的生机。互联网使商业模式与生活方式多元化，也塑造着新时代的公益慈善事业，让公益慈善快速"破圈"，与社会公共场域不断融合、碰撞，给中国慈善事业带来了蓬勃生机。互联网打破了公益慈善的藩篱，让人人慈善、随手公益变为可能，数亿网友的聚力展示了网络在公益慈善方面的互动优势和强大力量，经过十余年的发展，互联网慈善已经成为中国慈善事业的亮点和特色，也逐渐形成了互联网慈善的"中国样本"。

一 我国有关互联网慈善募捐的法律政策

2004 年末，印度洋爆发海啸，北京市红十字会在支付平台易宝（YeePay.com）开通了网上捐款通道，这是互联网与慈善的初次联姻。此后，互联网慈善开始成长，随着平民慈善显示出巨大力量，电子支付的成熟和信用体系的完善，网络慈善产品如雨后春笋般在神州大地破土而出。

2016 年之前，我国还没有针对互联网慈善募捐的法律政策。而关于慈善募捐的法律法规主要是《基金会管理条例》《中华人民共和国公益事业捐赠法》《中华人民共和国红十字法》等，此外，还有《社会团体登记管理条例》《民办非企业单位暂行登记管理条例》以及财税部门的有关规定。这些法律法规当中对网络募捐这一新生事物没有明确的规定，如何开展网络募捐、网络募捐的主体是谁、应该具备什么样的资质、募捐资金如何使用和监管等，都没

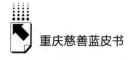

有相关法律法规涉及。

但随着互联网慈善飞速发展，网络上的公开募捐信息层出不穷。除了互联网企业推出的公益平台、公益网店之外，还有各种网络社群、贴吧论坛、网络媒体以及众筹平台等都出现了公益募捐信息，这一定程度上导致了网络慈善募捐的乱象。募捐主体有个人、有社会组织，甚至有商业企业，出现捐款流向不清楚、使用情况不透明、信息公开不及时等情况，捐赠人的爱心受到伤害。互联网操作简易、传播快、成本低的特点让个体有了大范围的影响力，通过网络放大效应，可以募集到大量资金，同时也会在短时间造成负面舆论，产生恶劣影响。因此通过立法或者设定制度对互联网慈善募捐进行规范，让这些行为有章可循，变得越来越急迫。

2016年颁布实施的《中华人民共和国慈善法》第二十三条第三款明确了互联网慈善募捐的方式和程序：慈善组织通过互联网开展公开募捐的，应当在国务院民政部门统一或者指定的慈善信息平台发布募捐信息，并可以同时在其网站发布募捐信息。明确了民政部门要建立或者制定统一的互联网慈善募捐平台，也基本确定了民政部门管平台、平台约束慈善组织、慈善组织做好公开募捐项目的基本思路。近年来，互联网慈善募捐的相关法律逐步完善，除《慈善法》之外，《慈善组织公开募捐管理办法》《公开募捐平台服务管理办法》《非金融机构支付服务管理办法》《互联网信息服务管理办法》等文件，以及《慈善组织互联网公开募捐信息平台基本技术规范》和《慈善组织互联网公开募捐信息平台基本管理规范》两项推荐性行业标准等都为互联网慈善募捐构建起了严格的法律制度框架。

按照《慈善法》的要求，民政部连续三次公开遴选指定互联网公开募捐信息平台，上线运行了"慈善中国"信息平台和全国志愿服务信息系统。2016年9月，民政部按照"统筹规划、循序渐进，公开透明、自愿申请，分批考察、择优指定"原则，组织开展了首批慈善组织互联网募捐信息平台遴选工作，13家平台成为首批慈善组织互联网募捐信息平台。2018年，第二批10家互联网募捐信息平台也经过筛选，2021年10月，第三批10家互联网募捐信息平台经过审核进行了公示。官方认定的互联网募捐信息平台，担负起了管理慈善组织、审核公开募捐项目、提供募捐场域、监督信息公开的职责，也将互联网募捐信息发布的权利牢牢收在手中，成为稀缺的捐赠通道。

二 我国互联网慈善募捐的发展趋势

随着互联网慈善募捐的有法可依，民政部分批遴选指定了30家（其中获批的3家后来退出）互联网公开募捐信息平台，并出台了一系列的配套政策。在法律规范的框架下，平台各自开发不同形式的互联网募捐产品与服务，各大公募基金会也根据不同的平台开发设计不同的公募慈善产品，互联网开始带领公益慈善不断"破圈"，吸引更多的社会公众参与慈善捐赠。

2015年，腾讯依托腾讯本身产品和平台的优势，发起了第一个"99公益日"，旨在通过移动化支付、社交化场景和趣味化互动，唤起社会各界关心、参与公益的热忱，用配捐的形式，激发社会各界参与公益慈善的热情。当年腾讯用9999万元，撬动了1.27

亿元的社会捐赠，也推动全年互联网慈善募捐总量增长了125.7%。从此，"99公益日"成为中国互联网慈善的盛大节日，从2015年到2020年，"99公益日"的公众捐赠金额增加了17倍，累计筹款约62亿元（见表1）。

表1　2015~2020年"99公益日"数据

单位：亿元

项目	2015年	2016年	2017年	2018年	2019年	2020年
配捐金额	0.9999	1.9999	2.9999	3.9999	3.9999	3.9999
用户捐赠	1.27	3.05	8.16	8.33	17.83	23.20
核心策略	助力公益机构	连接方式裂变开放式公益生态	以公益机构为核心的生态圈	生态延展大量企业参与	行业下沉大量机构参与	小额捐赠用户占比大幅上升

资料来源：腾讯公益。

2021年"99公益日"首次从3天扩展到10天，从9月1日持续至9月10日，其中9月1~6日的"主题日"分别聚焦青少年成长、乡村教育、生命救助、科技助老、共同富裕以及碳中和六个主题，其最终目的是让参与者更"走心"，将为了获得配捐的"一时冲动"，变为对公益慈善持续关注的细水长流，也是为了在社会中建立更为持续的慈善认同与参与。

互联网为慈善募捐提供了更大的想象空间，也创造了更多的玩法。2016年，阿里开发"蚂蚁森林"上线；2017年，阿里"95公益周"面世；新浪微公益在明星粉丝公益应援的道路上深耕；轻松公益、水滴公益则在大病救助方面不断创新。互联网巨头为公益"开疆扩土"，为慈善"引流"，使得公益慈善在社会公众层面知晓度不断提高。2019年5月16日，民政部党组成员、副部长詹成付参加了由腾讯公益慈善基金会主办的第三届中国互联网公益峰会并讲话，他提出"互联网领域的科技发展已经成为推动整个公益慈善创新发展的大引擎，正在全面助推慈善工作、慈善组织的质量变革、效率变革、动力变革"，并强调"要运用互联网工具、数字化助手实现增效提速"。

中国的互联网慈善募捐，从 2013 年的 3.00 亿元，到 2020 年的 82.40 亿元，增长了 26 倍多，占全国慈善捐赠总额的比重，也从 2013 年的 0.30%，增长到 2019 年的 3.59%。这主要归功于政策法规的调整和行业的规范，以及各类平台的积极引流和造势，互联网慈善募捐已经成为许多慈善组织尤其是草根机构年度筹款的最重要来源（见表 2）。

表 2　我国互联网慈善募捐年度数据

单位：亿元，%

年份	募捐金额	增长率	占捐赠额比重	年度慈善捐赠总额
2013	3.00	——	0.30	989.42
2014	4.28	42.7	0.41	1042.26
2015	9.66	125.7	0.87	1108.57
2016	12.89	33.4	0.93	1392.94
2017	25.90	100.9	1.73	1499.86
2018	31.70	22.4	2.20	1439.15
2019	54.20	70.9	3.59	1509.44
2020	82.40	52.0	——	——

资料来源：根据 2013~2020 年中国慈善联合会编写的《中国慈善捐助报告》编制。

2021 年 5 月 20 日，由腾讯发起举办的 2021 年中国互联网公益峰会在重庆举行。民政部党组成员、副部长王爱文在线上为峰会致辞并披露了我国互联网慈善捐赠的相关数据：近年来，通过民政部指定的 20 家互联网公开募捐信息平台，慈善组织募集的善款每年增长率都在 20% 以上，2020 年募集金额更是达到 82.40 亿元，比 2019 年增长了 52.0%（见图 1）。2019 年和 2020 年，连续两年有超过 100 亿人次点击、关注和参与了互联网慈善。王爱文在峰会上表示，互联网和移动支付技术的应用，对人们生活方式与社会交往等各个方面产生了全面而深刻的影响，人们的慈善观念、慈善行为正在发生深刻变化。探讨数字化时代的公益事业如何创造可持续社会价值，意义非常重大。

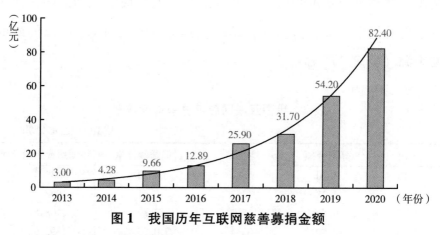

图 1　我国历年互联网慈善募捐金额

资料来源：《中国慈善捐助报告》，中国慈善联合会。

三　重庆市互联网慈善募捐的实践

2016 年重庆市慈善总会换届，第四届理事会领导班子认真践行《慈善法》，积极开拓创新，认为"互联网+慈善"将成为慈善事业发展的蓝海。重庆市慈善总会会长刘光磊组织大家认真学习领会习近平总书记讲话精神，他认为，我国将大力实施网络强国战略、国家大数据战略、"互联网+"行动计划，发展积极向上的网络文化，拓展网络经济空间，促进互联网和经济社会融合发展。"互联网+慈善"势在必行，慈善只有插上互联网的翅膀，才能做大做强，才能适应文明社会发展的需要。正是抓住"互联网+"这个大机遇，在重庆市慈善总会的积极倡导和鼎力支持下，重庆市紧紧依靠"互联网"开展慈善募捐，全面动员，不断创新，走上了互联网慈善募捐的"快车道"。2016~2020年，互联网募捐额高达6.20亿元，累计2300余万人次参与捐赠。如今，互联网慈善募捐已经成为重庆市各类各级慈善组织社会募捐的重要方式，网络慈善也成为重庆市慈善事业的一张重要的"名片"。

（一）互联网慈善募捐连年增长，实现"三级跳"

2016年，重庆市慈善总会首次探索"互联网+慈善"发展模式，积极推进互联网捐赠，与互联网慈善募捐信息平台合作，开通了官方网站在线捐赠、支付宝二维码捐赠、微信捐赠平台，并接通腾讯乐捐平台，同时，与媒体建立传播渠道，与华龙网、重庆晨报合作，为人人慈善开辟了快捷通道。首次试水，募捐善款25万余元。

2017年，重庆市慈善总会积极拥抱变革，创新思路，积极探索互联网募捐工作，提出坚持线上线下"两个轮子一起转"战略。主动加入"99公益日"的筹款竞争中，发动各方力量参与网络筹款。首次参加腾讯"99公益日"活动，募捐额416万元。

2018年，重庆市慈善总会成立互联网募捐部，大力开展"99公益日"活动募捐，共上线55个项目，仅用3天就取得了网民捐

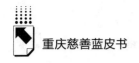

赠 2087 万元、腾讯配捐 1011 万元的佳绩。在当年"99 公益日"全国省级慈善会中,募捐额和人气均列第一名。

2019 年,重庆市慈善总会"99 公益日"筹款 1.31 亿元,其中腾讯配捐 2700 余万元,募捐额居全国第二位、省级慈善会第一位,比 2018 年净增 1 亿元,全年互联网募捐 1.42 亿元、447.8 万人次捐赠,占同期募捐款物总额的 29.9%。

2020 年,重庆市互联网慈善募捐一举达到 4.20 亿元,占到总会全年募捐总额的 40%,实现了跨越式发展,实现了三年筹款的"三级跳"。"99 公益日"仅 3 天共募得善款达 3.35 亿元,有 1186 万人次参与捐赠,募捐总额和捐赠人次均居全国第一位。在 2020 年抗疫募捐中,重庆市慈善总会通过腾讯公益等 7 个平台发起了 19 个项目获得 197 万人次爱心捐赠,共募集 7965 万元。加上腾讯公益慈善基金会 1148 万元专项捐赠,共计接受来自互联网及其基金会的抗疫善款 9113 万元,居全国省级慈善组织第二位。

(二)积极拥抱变革,运用新工具突围

在 2020 年"99 公益日"总结表彰会上,刘光磊会长对重庆市慈善总会互联网慈善募捐的发展方向提出了新要求。一是围绕社会需求,紧盯农村特困人口、农村留守儿童、残疾人、老年人等各类困难群体,紧盯乡村振兴战略,策划一些新项目,持续打造一些新品牌,保持互联网慈善募捐的活力。二是转变募捐策略,积极探索持续募款的方法和路径,逐步实现互联网募捐常态化。三是努力开拓更多的网络募捐平台,加强与腾讯公益、支付宝公益、百度

公益等平台的对接和联系，用互联网工具、互联网理念整合慈善资源，服务困难群众。四是继续扩大重庆市社会组织、志愿者组织的参与度，发动更多的区县慈善会、社会组织和志愿者组织，加入互联网募捐队伍。五是建立专业的互联网慈善募捐人才队伍，建立常态化招募志愿者助力互联网募捐的制度，进一步壮大专业队伍力量。

2021年"99公益日"期间，重庆市慈善组织互联网慈善募捐取得了新突破，全市累计募集资金5.29亿元。其中，市慈善总会联合其他社会组织募集资金5.03亿元，募集总额比上年"99公益日"增长1.68亿元；获腾讯公益慈善基金会配捐8813万元，居全国慈善组织第二位，充分显示了重庆市互联网慈善募捐的强大力量（见表3）。

表3　重庆市慈善总会历年参加"99公益日"募捐情况

年度	募捐总额（亿元）	组织数量（个）	项目数量（个）	参与捐赠人数（万人次）
2019	1.31	108	192	372
2020	3.35	67	140	1186
2021	5.03	101	530	769

资料来源：重庆市慈善总会。

四　重庆市互联网慈善的经验模式

重庆市从2016年开始探索互联网慈善募捐的路径，取得了非常优秀的成绩，连续几年快速增长，实现跨越式发展，已经成为重

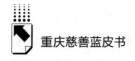

庆慈善的品牌和名片。重庆市互联网慈善募捐获得成功的经验主要有以下几方面。

（一）借势增能，优化互联网慈善的政策环境

2019年初，重庆市委下发了《关于大数据智能化引领的创新驱动发展战略行动计划》，明确了推进互联网募捐工作的路径。以此为契机，重庆市积极推动互联网募捐工作的政策制度建设。2020年，重庆市民政局下发《关于进一步加强互联网公开募捐工作的通知》，对互联网募捐相关行为进行了明确和规范；重庆市慈善总会制定了《重庆市慈善总会互联网募捐管理办法（试行）》，从项目立项、筹募、拨付和执行、监督和激励等多个方面，为开展"互联网+慈善"工作提供了制度保障；2021年10月，重庆市慈善总会印发《推进重庆互联网慈善高质量发展》的通知，为今后互联网慈善的高质量发展提出了新的突破要求，也指明了新的路径和方向。这一系列精准、有效的政策文件为重庆市互联网慈善募捐奠定了良好的政策基础和制度保障。

（二）各级党委、政府对互联网慈善的高度重视

重庆市各级党委、政府领导都十分重视互联网慈善。市委市政府主要领导关于重庆慈善事业发展创新募捐方式的重要批示为创新互联网募捐指明了方向。市委关于大数据智能化引领的创新驱动发展战略行动计划，明确了推进互联网募捐工作的路径。市民政局积极引导，不断加强宣传慈善文化、营造慈善氛围、完善扶持政策，通过业务培训等措施，加大慈善组织培育，推进慈善

事业健康发展。同时，市民政局通过健全管理制度、督促信息公开、完善监管机制等措施，强化慈善组织规范管理。这些都为重庆市互联网慈善募捐奠定了良好氛围。

（三）创新激励机制，打造互联网慈善募捐联合体

重庆市慈善总会发挥行业枢纽的作用，当好"老大哥"和"带头人"，建立激励机制、做好服务工作。广泛动员各类慈善组织联合筹款。总会坚持不收取合作单位的工作经费，坚持给区县慈善会项目配套，并加大政策支持力度。同时，努力做好对项目合作单位的各项服务工作，提升服务水平，确保取得合作共赢的更好成绩。在这种激励和动员下，区县慈善会和各类慈善组织、志愿服务组织积极参与。全市 30 多个区县的慈善会，以及市志愿服务联合会、市妇女儿童基金会、重庆儿基金、市法律援助基金会、市阳光助老中心、市教育学会、市教育发展基金会等各类慈善组织都积极参与推动。

（四）强化宣传，发动群众，形成人人参与的慈善氛围

重庆市慈善总会"99 公益日"社会动员机制是其筹款经验的亮点之一，重庆市慈善总会牵头联系电视台、报纸等媒体，深入街道、村社、学校、医院进行宣传动员，同时举办采取新媒体、宣讲会、培训会、坝坝会等多种形式的宣传活动，全方位扩展活动影响覆盖范围。发动机关、企事业单位、街道、学校、社区等参与筹款，掀起慈善募捐高潮，推动形成人人慈善的浓郁氛围。通过各种

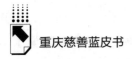

富有重庆特色的宣传动员机制，重庆市慈善总会极大地鼓舞了民众捐赠热情，完善民众信任结构，营造了浓厚的慈善募捐氛围，进而驱动了"人人慈善"理念的形成和实践。

（五）开展互联网慈善研究，为互联网慈善建立智力支持

重庆市慈善总会牵头成立互联网慈善研究基地，邀请中国慈善联合会以及各大高校专家参与，认真探索研究"互联网+慈善"基本理论和方法。编制了《重庆市慈善总会互联网募捐"十四五"规划》，发表了《两个轮子一起转　迈上互联网募捐新台阶》论文，编印了《重庆"互联网+慈善"大事记》，公开出版发行了《"互联网+慈善"在重庆的实践和应用》《慈善数字化在重庆的实践》两本专著，全面总结了重庆互联网慈善工作的经验做法和存在的不足，为重庆慈善数字化提供了智力支撑，也为全国慈善公益组织推进慈善数字化贡献了重庆智慧。

（六）培养人才，为互联网慈善提供人力保障

市慈善总会2018年设立了互联网募捐部，调配新增了专职懂行的年轻人，培育了一支懂行、年轻、作风过硬的"小专家"队伍，确保"互联网+慈善"有人办事，办事得力。市慈善总会曾多次专门组织员工学习考察上海、江苏、陕西、湖南、湖北、成都等省市的先进经验，多次邀请腾讯、公益宝、湖北、成都等外地专家来渝为"小专家"团队授课指导，不断提高专业能力，组织张龙波、何魏宏等16位"小专家"，经常到各区县、各社会组

织开展培训，进行传帮带，带出数千名各区县慈善会和各级社会组织的专家人才；他们还多次被邀请到中华慈善总会、辽宁、山东、江苏等慈善组织讲课，成为业内小有名气的互联网募捐"小专家"。

B.4
重庆"互联网+扶贫"的实践探索及启示

陈俐杉　杨永娇*

摘　要： 互联网技术的应用和推广助力我国顺利完成脱贫攻坚的历史使命。近年来，重庆市通过电商扶贫及网络捐赠等方式为精准扶贫作出重要贡献，同时也为扶贫产业的发展奠定了良好基础。本文基于网络捐赠与电商扶贫两方面的代表性案例介绍，呈现了重庆市"互联网+扶贫"的实践经验；并围绕组织行为、理念认知和人才等方面提出利用互联网巩固我国脱贫攻坚成果、早日实现共同富裕的相关政策建议。

关键词： 互联网　扶贫　网络捐赠　电商扶贫　重庆

一　研究背景

改革开放以来，中国的减贫事业取得了举世瞩目的伟大成就，

---

* 陈俐杉，重庆大学公共管理学院硕士研究生，研究方向为社会工作、公益慈善；杨永娇，重庆大学公共管理学院副教授，研究方向为社会政策与公益慈善。

不但发挥了传统的"专业式扶贫"优势，而且通过艰难探索，创造性地实践了"开发式扶贫"，实现精准扶贫①。在"开发式扶贫"的基础上创新扶贫机制，呈现出以互联网为载体的政府、社会、企业、个人联动的"互联网+扶贫"时代。互联网的去中心化与社交链接的便利性正在让公益圈走向一个多维的立体生态，并聚合出巨大的公益增量②。"互联网+"让扶贫展现出跨界、协同、众创、共享的新特征，其具有很强的优点与发展潜力③。作为一种新的经济形态，其具有成本低、效率高、推广快、效益好等特点，因此迅速受到各行各业的广泛运用④。

近年来，随着互联网社会效益明显增强，国家制订颁布一系列政策支持和鼓励互联网与扶贫相结合的战略性发展。2016 年 10 月，在国家发改委、中央网信办、国务院扶贫办联合印发的《网络扶贫行动计划》中，对推进中国网络扶贫工作提出了整体的部署，正式启动了网络全方位的覆盖工程、网络扶智工程、农村电商工程、信息服务工程、网络公益工程⑤。2019 年，中央领导人强调要进一步探索区块链在民生领域的运用，积极推动区块链技术在公

①　尹训东、欧阳远芬、刘乐峥、乔宝：《扶贫模式的理论逻辑和实证分析》，《中央财经大学学报》2021 年第 9 期。

②　金碧华、陈苗青：《慈善 3.0 时代："互联网+慈善"面临的困境及其破解》，《行政与法》2020 年第 4 期。

③　金碧华、陈苗青：《慈善 3.0 时代："互联网+慈善"面临的困境及其破解》，《行政与法》2020 年第 4 期。

④　卯解军：《互联网+背景下陇南市电商扶贫研究》，兰州大学硕士学位论文，2017。

⑤　《扶贫"遇见"互联网线上线下齐发力》，新华网，http://5gcenter.people.cn/n1/2020/1204/c430159-31955061.html，最后检索时间：2021 年 10 月 14 日。

益、社会救助等领域的应用。2021年中央一号文件明确实施数字乡村战略，开展电子商务进驻农村综合示范点的建设，实施"'互联网+'农产品出村进城工程"，对农村物流体系进行三级划分并完善，深入推进电子商务。重庆市也积极响应国家号召，深入推进互联网在扶贫攻坚方面的技术应用。2018年12月，重庆市召开"互联网+"社会扶贫工作推进会。2021年5月，重庆市召开以"赋能互联网公益，助力乡村振兴"为主题的中国互联网公益峰会。重庆慈善总会五年来坚持实行"线上线下两个轮子一齐转"，把互联网募捐作为慈善募捐的新兴有效增长点①。

在此背景下，将"互联网+"与脱贫致富、乡村振兴有效结合，依托电子商务、网络捐赠，让社会大众便捷地参与到带有扶贫帮困性质的活动中，对实现共同富裕具有重大的现实意义。"互联网+"技术的不断升级和应用，嵌入扶贫民生领域，缩短了求助者和施助者之间的距离，使网络慈善参与人数不断增加，募集资金的规模不断上涨，构建了新的扶贫模式布局。尽管互联网有助于扶贫攻坚，但其带来便利的同时也存在许多不足。由于互联网具有虚拟性，信息真假难辨，部分社会组织在捐赠平台上发布虚假信息，套取配捐，骗取善款，公众捐款积极性大大降低。例如，2021年9月，腾讯公益平台接到的用户投诉中，"不要烫伤我的童年"项目在"99公益日"活动中，以"捐后报销"为名，将资金化整为零、组织多人多次进行违规套捐②。除此之外，网络募捐日益成为

① 程颖：《扶危济困，情暖巴渝》，《重庆政协报》2021年9月9日，第04版。
② 《数百万人"一块做好事"，他们却借"99公益日"违规套捐》，腾讯网，https://xw.qq.com/cmsid/20210906A0CMIF00，最后检索时间：2021年10月14日。

慈善捐赠的主要渠道的同时产生大量问题与纠纷，也凸显法律规范的不足①。网络公益法律程序的缺失、监管不力对扶贫效果有一定影响。因为缺乏法律法规的监管规范，公益众筹网站自身的管理、审核义务没有实施到位，再加上个人可以轻易地在网络发起救助筹款，这使得不法分子借助监管漏洞通过这些平台骗取巨额利益②。也有调查发现电商扶贫初期起步快，但由于企业缺乏支持，农民缺乏引导导致后期发展缓慢③。

互联网的发展既为我国的扶贫事业带来了机遇，又带来了挑战。探讨如何在"后扶贫时代"把握好机遇、迎接挑战，尤其对于经济相对落后、减贫压力更大的西部地区，具有重大的现实意义。本报告针对重庆市"互联网+扶贫"实践现状，深入分析其优势与局限，并对此提出相关政策建议。首先，本报告将介绍目前重庆市贫困及扶贫现状。其次，分析现有的互联网扶贫典型案例，在网络捐赠方面，以腾讯公益和支付宝公益的重庆实践为例，在电商扶贫方面，以槐乡源柠檬茶"渝爱同行·E起公益"、"互联网三农短视频+农产品电商"网络公益扶贫、"行采家"采购服务平台三个典型项目为例。最后，基于"互联网+扶贫"实践经验及其问题，为巩固我国脱贫攻坚成果、科学有效地利用互联网技术早日实现共同富裕提出政策建议。

---

① 金锦萍：《〈慈善法〉实施后网络募捐的法律规制》，《复旦学报》（社会科学版）2017年第4期。

② 夏韬：《我国网络公益众筹的法律问题研究》，云南师范大学硕士学位论文，2021。

③ 刘中兰、白瑶：《农村电商扶贫的进展、瓶颈与对策分析——基于宁夏盐池县的调查》，《湖北农业科学》2018年第10期。

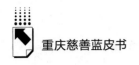

二 重庆"互联网+扶贫"实践概况①

重庆集城市、农村、山区、库区和少数民族地区于一体，城乡发展差距大，扶贫任务繁重紧迫。经过不懈努力，至 2019 年，国家级贫困县全部"摘帽"，全市贫困人口从 2014 年到 2019 年由 165.9 万人减少到 2.4 万人，贫困发生率从 7.1% 降至 0.12%，全市贫困县农村居民可支配收入增幅连年高于全市农村居民、城镇居民人均可支配收入增幅。

（一）扶贫的内容与成果

针对贫困现状，政府落实制定惠民政策，精准帮扶脱贫，其工作要点主要包括以下三个方面。第一，着力攻克深度贫困。结合实际，制定了"三高一低三差三重"标准，识别出 18 个深度贫困乡镇，22 名市级领导担任指挥长，实行定点包干。同时，聚焦改善生产生活生态条件、调整产业结构、推进农业农村改革、落实扶贫惠民政策，推动深度贫困地区实现脱贫发展。全市 18 个深度贫困乡镇开工建设扶贫项目 2209 个。第二，着力发展特色产业。因地制宜发展现代山地特色高效农业，全面实施产业到户扶贫，覆盖 46.7 万户贫困户。培育 612 个乡村旅游扶贫重点村，带动贫困人口实现稳定增收。全市贫困村实现电商功能全覆盖，农产品从小山

---

① 《重庆——脱贫攻坚网络展》，人民网，http：//fpzg.cpad.gov.cn/429463/429470/429494/index.html，最后检索时间：2021 年 8 月 1 日。

沟走向大市场。第三，着力构建大扶贫格局。坚持大扶贫格局，充分发挥集中力量办大事的制度优势，强化帮扶责任，广泛凝聚社会力量参与脱贫攻坚。全市 435 个市级机关和企事业单位组成 18 个扶贫集团，结对帮扶 18 个深度贫困乡镇及所在贫困区县，主城市区 18 个区结对帮扶 14 个扶贫开发工作重点区县，深化"万企帮万村"行动，全市 1779 家民营企业结对帮扶 1614 个村，社会力量共聚参与帮扶。

（二）互联网在扶贫工作中的应用

在实现贫困县全部脱离绝对贫困后，重庆市着力充分利用互联网帮助脱贫人群走出相对贫困，并针对相对落后地区，进行产业扶贫。一方面，随着"互联网+"的快速发展，短视频和直播等网络新兴形式带动流量经济、电商快速发展。全市大力发展脐橙、脆李、柑橘、花椒、茶叶等生态绿色产业，带动贫困人口实现稳定增收，促进脱贫攻坚与生态保护双赢，培育乡村扶贫重点村，带动贫困人口实现稳定增收。另一方面，网络慈善项目分布领域不断扩展，实现了扶贫、济困等传统领域与环保、生态等现代领域的联动，网络慈善募捐项目涵盖了扶贫、教育、医疗、环保、救灾等各类慈善领域。在腾讯公益、支付宝公益等网络平台上线项目募捐善款，受助群体精准，捐赠方式多样，具有较好的社会效益。

三　案例描述

（一）互联网捐赠

1.“99公益日”助力扶贫[①]

互联网与扶贫相结合的模式不断深入融合，为社会公益慈善的改革创新提供强大动能。如腾讯公益成为"互联网+扶贫"的主力，逐渐成为最主流且被公众认可的网络捐赠平台，表现出捐赠方式多样化、受助群体精准化、捐赠信息透明化等特征。"99公益日"的"乡村公益"项目主要包括救灾减灾、支教助学、留守儿童关爱、农村养老、乡村环境保护。一方面，这种"互联网慈善+乡村"的模式，正是数字科技助力乡村发展的案例。另一方面，这反映出乡村地区对公益慈善的巨大需求。以重庆市为例，腾讯"99公益日"为本市公益活动亮点。

自重庆市参与"99公益日"活动以来，市民公众积极参与，各方数据持续攀升。2017年，重庆市慈善总会首次参加腾讯"99公益日"活动，募捐额416万元；2018年募捐额3098万元；2019年达到1.31亿元。2020年"99公益日"仅3天共募得善款达3.35亿元，有1186万人次参与捐赠，募捐总额和捐赠人次均居全国第一位。2020年"99公益日"活动中，各区县慈善会及社会组织、志愿服务组织动员各级各类媒体，广泛宣传、深度追踪报道

---

① 腾讯"99公益日"相关数据资料源自重庆市"99公益日"活动总结表彰会，为内部资料。

1000 余篇次，发放宣传资料 30 余万份；巫山县、綦江区、潼南区、石柱县等区县慈善会近 20 个项目合作单位开设公益直播，"叫卖"慈善项目，数万人次参与和捐赠；近 10 家爱心企业联合市慈善总会，开展"您捐赠我送消费券""您捐一元我配捐"等活动激励社会参与。在 2021 年的"99 公益日"中，重庆市慈善总会的募集总额比 2020 年"99 公益日"增长 1.68 亿元。市慈善总会联动 38 个区县慈善会、101 个社会组织和志愿服务组织，开展 1000 余场次近 10 万人次培训，围绕助力乡村振兴、促进共同富裕，精心策划包装 530 个项目参与活动，吸引 769 万人次捐赠，募集善款 5.03 亿元。其中，助力乡村振兴项目募集 1.80 亿元，扶弱济困项目募集 2.60 亿元，助推公益事业及其他项目募集 0.63 亿元，募捐额全国第二，获得腾讯公益配捐全国第一。

2. 支付宝公益①

互联网募捐的迅速推广，使各个扶贫助困项目得到更广泛的资金支持，推动项目更好发展。截至 2021 年 4 月，黔江区在支付宝公益平台共上线了"童安计划""留守儿童不孤单"等 7 个项目，筹款金额 62.9 万元。潼南区在支付宝公益平台共上线"血癌少年盼移植""加油地贫宝宝""你未长大我不敢老""爱满潼南医路相伴"四个项目，同时连续四个月参与市慈善总会组织的"渝爱助学计划"项目，共募集资金 60 万元。万州区分别在 1 月、2 月、3 月参加市慈善总会支付宝"渝爱助学计划"项目，共筹款121527.53 元。通过参与市慈善总会的"渝爱助学计划"项目，志

---

① 各区县相关资料源自重庆市互联网培训会会议报告，为内部资料。

愿者的互联网募捐意识明显增强、业务能力不断提高，为下一步开展互联网募捐打下坚实基础。巫山县参与市慈善会项目"渝爱助学计划"，实现"护爱失能失智老人"等 8 个项目上线，50 余万人次参与项目筹款，共筹资金 70 余万元。在已经完成的项目中，"拐杖凳助老人行走""给困境家庭拜个年"两个项目半月内完成了目标。此外，由巫山县蓝带之家公益服务中心申报的"助残扶残，融爱融合"公益项目，在首届重庆市残疾志愿服务项目大赛中获得重庆市铜奖。

（二）电商扶贫

随着新技术快速普及、"互联网+"加速应用，电商扶贫利用一根网线、一块屏幕、一部手机，打通贫困地区农产品"出山路"，成为贫困户脱贫致富"新农具"。重庆市商务委员会数据显示，重庆市 14 个国家级贫困区县 2019 年实现农村产品网络零售额近 170 亿元，帮助贫困户销售农特产品约 4.8 亿元。2020 年一季度，14 个国家级贫困区县农村产品网络零售额已达 36.5 亿元。目前，重庆市 14 个贫困区县和 18 个深度贫困乡镇共建成电商公共服务中心 14 个、仓储物流配送中心 14 个、农产品产地集配中心 150 余个、乡镇村电商服务站点 3371 个①。通过简单介绍以下经典案例来展现重庆市电商扶贫的概况。

---

① 重庆市商务委员会：《重庆电商扶贫获实效 14 个区县农村产品网络零售额近 170 亿元》，http：//sww.cq.gov.cn/ztzl＿247/zqdsfp/fpxd/202006/t20200608＿7551351＿wap.html，最后检索时间：2021 年 10 月 14 日。

1. 槐乡源柠檬茶"渝爱同行·E 起公益"

重庆市槐乡源网络科技有限公司是一家专业从事农村电商的企业，其主要业务是将重庆地区的绿色原生态农副特产、原产地特色水果推向全国销售。目前在经营农产品电商的同时还开展短视频创作，现各平台拥有粉丝近 10 万名，创作各类视频作品 200 余个，且多次被评为市级优秀作品，单个作品最高播放量高达 1500 余万次，点赞量 30 余万次。

柠檬茶是槐乡源网络科技有限公司推出的公益产品，此产品对当地脱贫增收产生了重要影响。自 2020 年 6 月以来，该公司陆续通过微信商城、重庆市消费扶贫网、"渝哈哈"等网络销售平台，推出合川区双槐镇公益扶贫产品——蜂蜜柠檬茶。系列产品上架销售以来，线上销售额已超过 200 万元，带动影响双槐镇 500 余户贫困户增收。且该产品亮相于第十八届中国国际农产品交易会、重庆市第四届扶贫爱心购等各类展销活动，加强了区域农特产品品牌知名度，各大平台上架以来，深受广大消费者的喜爱，将双槐镇的农特产品销往了全国各地。

柠檬茶的推广促使当地农民增收、乡村发展的成功经验主要在于以下几个方面。第一，绿色生态的生产过程。蜂蜜柠檬茶是以产自双槐镇的新鲜柠檬，配备天然蜂蜜熬制而成的果酱，集半成品和成品的"产制销"服务一体化，具有零农药残留、原生态的特点。第二，健康保健的自然功效。柠檬具有排毒养颜的作用，还能提高免疫力，对于经常熬夜、生活不规律的人，喝蜂蜜柠檬茶可以改善睡眠，缓解压力。第三，互联网平台的助力。"互联网+"作为一种新的经济形态，具有成本低、效率高、推广快、效益好等特点①。互联网将生产者和消费者直接连接，提升相互之间的信赖，且在网络平台消费的青年群体是消费的"主力军"，在城市里工作的青年群体具有相应的消费需求和能力。重庆市槐乡源网络科技有限公司将"互联网+"与产业扶贫结合起来，依托电子商务，网络直播卖货，为贫困农民增收提供更好的途径。

2. "互联网三农短视频+农产品电商"网络公益扶贫

重庆市江津区扶贫团队利用"互联网三农短视频+农产品电商"的运营模式助农脱贫。扶贫达人"抱团"成立重庆硒牛电子商务有限公司，并通过扶贫直播、短视频、网络益卖等形式宣传销售，以深入农村田间地头、记录农产品为内容，让农产品"飞"出大山、身价倍增。该项目共计帮助江津区石门镇销售柑橘 4 万余斤，销售额达 30 万元；短视频直播销售花椒，销售额突破 50 余万元。截至 2020 年底，江津区扶贫团队通过网络扶贫、网络公益等活动实现销售额 500 万元，解决 40 个贫困人口就业，帮助 80 户困难家庭增收，互联网更好地助力农村发展、脱贫致富。

江津区网络扶贫团队充分利用互联网短视频平台销售特色农产品，并多方交流推广经验。在抖音、今日头条等平台上官方认证了"鸿姐的土货""围裙妈妈""聚乡村""硒牛土特产""创业记"等 15 个账号，拥有 100 余万粉丝。先后接待了今日头条电商运营、字节跳动扶贫团队、青海省"领雁计划"精英班 120 人及商务部全国市场体系建设工作现场调研等。

该项目采取多方面措施，创新发展电商扶贫。一方面，积极组

---

① 卯解军：《互联网+背景下陇南市电商扶贫研究》，兰州大学硕士学位论文，2017。

建江津自媒体联盟，为精准扶贫提供新动力。2019 年，江津区委网信办指导区互联网协会组建了江津自媒体联盟。联盟以"加强服务"和"规范管理"为重点，积极引导江津在线电商平台、互联网企业、电商企业和三农短视频自媒体号的发展，利用淘宝、抖音、快手等平台或自建平台开设网店，拓宽农产品销售渠道，参与网络公益及扶贫活动，为精准扶贫提供了新的动力。另一方面，开展短视频直播带货，带动农民脱贫增收。随着抖音、今日头条等短视频社交平台传播红利的释放，短视频和直播带动流量经济、内容电商快速发展。区互联网协会积极动员协会和江津自媒体联盟成员向自媒体内容电商发展，开展"互联网三农短视频+农产品电商"，助力精准扶贫。

3."行采家"电商助力扶贫

"行采家"采购服务平台（www.gec123.com），是将落后区县农产品与企事业单位生活需求有效对接的平台。它是由大家软件公司按照市场化"互联网+"原则，自主投资、研发、建设运行，为全国及重庆行政事业单位、中小微企业采购提供信息公开、高效采购、资源保障、有效监管等服务的第三方平台。当前，该采购平台还新增"资产租赁"功能以更好地服务企事业单位。

服务平台中扶贫专区相关农产品，来源广泛，种类繁多，推动交易量数额较大。自 2018 年 6 月底上线以来，已经帮助重庆市 11 个相对经济落后区县（云阳、秀山、巫山、彭水、石柱、开州、奉节、彭水、黔江、酉阳、武隆）的农特产品上平台，共计 179 款产品，涉及水果、特产、蛋禽、粮油、饮品、蔬菜等八大品类，如云阳已上线蜂蜜、金丝皇菊等饮品类特色商品；武隆上架苕粉、脆

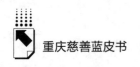

桃等水果类特色产品。直接通过网上下单快速完成扶贫爱心采购。截至 2021 年 8 月已经拥有入驻商家 11 万家，产品 1 万余款，采购用户 18713 家，成交金额约 77 亿元。

"行采家"采购服务平台的经验在于实现了多方主体的参与推动。在线上的整个交易过程中，实现了政府部门支持、企事业单位参与、社会提供产品资源以及互联网公司多平台推广的协同互动。以武隆脆桃扶贫产业为例，由于武隆区脆桃年产量大、果熟季集中，在有限的成熟期难以迅速打开销量，产品滞销则会使果农一年收入减少，影响生活水平的稳定和发展。为了帮扶武隆贫困户打通销售渠道，武隆区商务局与"行采家"采购服务平台达成战略合作协议，组织一系列专项推广活动。一方面，通过线下到脆桃生产基地与果农带头人交流讨论，并成功举办脆桃推广试吃会，建立脆桃协会，参加智博会展出；另一方面，在线上通过微信公众号宣传，在"行采家"采购服务平台、重庆爱心购程序上进行销售，让产品迅速打开知名度，在推销活动中获取优势。

四　研究启示

（一）重庆"互联网+扶贫"实践的经验

1. 汇聚互联网技术人才，链接资源，促进扶贫参与主体联动

在互联网捐赠扶贫方面，重庆慈善总会充分发挥枢纽型慈善组织作用和省级慈善会的担当，引领了一批区县慈善会、社会组织和志愿服务组织共同参与互联网募捐。慈善总会加强与互联网平台合

作，主动了解科技向善的动向，加强与公益伙伴合作，通过整合资源，形成合力，实现了互联网慈善"抱团式"快速发展。在电商扶贫方面，重庆市成立互联网组织协会，建立了自媒体管理部门联动机制，凝聚了自媒体人士的发展共识，充分发挥其在服务社会经济发展和引导网络舆论等方面的积极作用。重庆市江津区互联网协会结合江津区"双联"行动，及时成立了江津自媒体联盟，并通过举办活动、搭建与政府沟通桥梁，发挥其内容生产和信息传播优势，具有较大的借鉴意义。同时，在开展互联网募捐的同时不断总结经验、加强研究、升华认识。2020 年 9 月，中国慈善联合会、腾讯公益慈善基金会、重庆市慈善总会、重庆市慈善捐赠服务中心联合成立"互联网+慈善"发展研究基地，全面介绍总结重庆互联网慈善工作的经验做法，为重庆慈善数字化提供了智力支撑，也为全国慈善公益组织推进慈善数字化贡献了重庆智慧。

2. 创新多渠道销售手段，推广特色农产品

利用各平台的不同优势，积极探索短视频、直播等新的销售手段，关注抖音、快手等新兴自媒体平台的发展，实现农产品的多渠道推广。例如，重庆市武陵山片区气候条件优越，自然资源丰富，形成一大批品质优良、绿色健康的特色农产品，吸引广大消费者。然而，地理环境和交通条件制约了农产品向外销售，难以面向全国乃至全球市场，特色农产品滞销的困境普遍存在，严重影响了农民增收。据此，当地发展电子商务，通过网络销售农产品的方式实现农民与消费者的直接对接，同时利用网络宣传当地特色农产品，扩大产品影响力，利用网络宣传的方式增加销售渠道，提高销售量，最终为相对贫困群众增收提供了极大帮助。

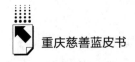

3.加强市场化运作，以平台为载体带动供需

重庆市的网络扶贫项目大多在腾讯、支付宝等社会信誉良好的公益平台上运作，按照市场规则管理运营。此外，为顺应电子商务的发展潮流，重庆市鼓励搭建网络营销平台，由软件公司按照市场化"互联网+"原则，自主投资、研发、建设运行，为全国及重庆行政事业单位、中小微企业提供资源采购服务，大量商家直接进驻平台，提供品种繁多的扶贫农副产品，找准供需，直接完成线上交易。自平台开发以来，网络营销平台发展迅速，交易数额持续攀升，有助于实现扶贫供需的良性平衡，也为互联网扶贫路径提供了成功经验。

（二）重庆"互联网+扶贫"实践的不足

1.流量公益的虚拟性和短暂性

以"99公益日"的配捐活动为例，基于特定流量支持的网络慈善是短暂的、阶段性的，而通过持续的社会筹款所积累的捐赠者群体、沉淀的捐赠信赖才会更有助于为慈善项目和慈善组织的长期发展奠定坚实的基础。因此，有必要针对公众筹款和信息传播进行更精细的设计和规划，从基础性、源头性的工作入手，让项目从设计上既符合公益价值又受公众信任并能吸引公众的持续参与。

2.对网络慈善行为的规制存在漏洞

一方面，社会组织开展网络捐赠的行为规范不完善。例如，《慈善法》中关于网络募捐的规定细节不足，组织参与网络慈善的内部规章制度、财务的定期审查制度以及资金流向等监管制度方面都缺乏相应的法律法规作为依据。这些立法上的欠缺将会导致秩序供应的不足，进而影响慈善组织和网络募捐的健康发展。另一方面，对网络捐赠平台的规制不完善。网络捐赠平台在网络慈善中扮演着重要载体。信用是慈善捐赠的根本，网络捐赠平台若想真正成为我国实现共同富裕伟大进程中的一环，则需要通过相关法律法规的完善以增加捐赠信息的透明度，对捐助者和受助者负起责任。

3. 特色产业规模小、产业结构比较单一，扶贫龙头企业辐射带动能力不强

目前，经济发展较为落后的渝东北和渝东南地区已陆续培育出具有各区县特色的大批生态产业基地，但由于产业结构单一，产品规模小，市场知名度不高、市场的占有率低，各种农产品销售范围也较窄，不足以对市场造成冲击。且部分区县对贫困户多为送物资，只注重短、平、快的种养殖项目，缺乏真正长效脱贫的产业项目，忽视特色产业的打造。此外，重庆市精准扶贫政策实施中，优先发展了部分扶贫龙头企业，但整体实力都不够强，对产业扶贫的主导产业辐射力度也不够大。通过调研，扶贫的龙头企业辐射带动能力不强一方面是由于企业自身的经营原因，另一方面是政府对这些扶贫龙头企业的政策扶持力度不够、资金扶持不足，以及这些企业的区域分布不均。

五　政策建议

基于重庆市"互联网+扶贫"实践探索的经验与不足，把握互

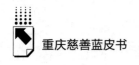

联网技术飞速发展、互联网使用大规模普及的契机，在"后扶贫时代"推动重庆市乃至全国巩固脱贫攻坚成果、早日实现共同富裕可从以下几个方面着手。

（一）加强组织的互联网慈善行为管理

要着力加强慈善组织及运行项目透明化建设。应该在将来的网络慈善上，设立并完善相应的组织管理机构，优化网上登记、受理、审批、反馈、监管等常规工作机制，使信息完全披露。在网络监管上，要做到内外监督并举，一方面加强慈善组织内部各项管理和参与人员的职业操守，另一方面对申请救助时的人群进行严格的资格审查，对捐赠过程也要进行实时监管。总之，整个流程要设置事前调查、事中监督和事后追踪的合理机制。除此之外，要对获取捐款之后的互联网公益项目实施过程进行实时跟进，并对所产生的效果进行有效性评估，保证捐赠人和受益人的权益。此外，还需建立和完善与网络捐赠平台相关的法律规范，为网络慈善提供更全面的法律支撑，让慈善活动可以做到有法可依、有法必依。

（二）充分利用互联网巩固脱贫攻坚成果长久有效

巩固脱贫攻坚成果，不仅可以通过网络慈善捐赠实现第三次分配，还应该具有科学的扶贫理念、加强认知。扶贫需"扶志"及"扶智"，脱贫攻坚成果才能有效、长久。互联网电商扶贫，在激发消费者购买的同时也要加强对生产者的激励，让他们认识新的销售渠道和方式，认可支持，主动参与发展。让乡村发展紧跟时代，向农民传递有益的耕种新技术、新方法，学习新知识从而激发改变动能。对于公众捐款积极性较弱的问题，可以采取一些积极的措施来影响公众对慈善参与的观念和态度，比如在各类媒体上，慈善组织及政府可以加强对网络慈善进行正向宣传，提高公众对网络捐赠行为的参与度与认可度。同时，在此过程中培养公众正确的慈善道德观念，发挥互联网优势，让社会发展成果惠及更多弱势群体、贫困地区，在社会中营造良好的互助氛围。

（三）发挥政府部门的引领作用，加强产业扶持

首先，对于一些社会组织、企事业单位、社会爱心电商平台，政府应当给予一定的政策优惠或财政补贴，以此来刺激更多主体参与慈善行动。要实现社会资源的充分整合，拓宽扶贫多渠道发展，就要推动政府的引领作用，同时要利用市场和社会作为强大的扶贫力量，形成三方协同扶贫格局，形成扶贫开发合力。其次，政府要发挥其主动性，树立公信力，坚持政府引导与市场主导相结合，要切实发挥市场在农村电商资源配置中的决定性作用，对相对贫困地区加大电商产业扶持力度，实现经济欠发达地区贫困人口就业增收脱贫。最后，加强农村物流三级体系基础设施建设，加大资金投放量。在网络电商迅速发展的刺激下，社会各界对物流体系的要求也不断提高。因此，一方面，在线上建立"县乡村"网络服务站台，提高网络覆盖率，让农民了解互联网销售的便利性，提供高效、便捷、高质量的服务；另一方面，在线下要提高农村物流的配送能力，通过物流公司的"点线面"入驻，从而实现农产品走向市场，同时提供更多物流服务岗位，带动村民在乡就业。

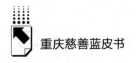

（四）建立网络扶贫人才"蓄水池"

要加强电商人才系统规范化培养，通过多种方式吸引电商人才。壮大"互联网+现代农业"复合型扶贫人才培养是目前实现产业脱贫的有效举措，这有助于为乡村振兴提供智力支撑，推动共同富裕的实现。在政府落实相关政策时，农村地区实施起来十分困难，一方面受文化水平的制约，村民与时代脱轨，另一方面由于宣传和推广政策的工作人员相关知识匮乏，民众受认可度不高。针对此类情况，要加深对电商人才、政府工作人员和村民的认识和融入，制定共同的目标。需对参与乡村振兴战略的工作人员进行系统培训，提高其专业知识素养，完善电商授课内容，提高授课内容的针对性和实用性。要重视人才培养，做到既能吸引人更能留住人，使专家学者、高校毕业生、研究院所的专业人才安心留市发展现代农业。同时，建立符合市场规律、弹性的待遇落实机制，尤其是对于扎根农村基层的人员更要在政策上给予倾斜和支持。

重庆市"互联网+社区治理"的
探索与实践

马天昊*

摘　要： 近年来，互联网技术以其及时、便捷、精准、有效的特征，正在与社区治理和服务体系深度融合。本报告从"互联网+社区治理"的顶层设计、内涵功能对我国智慧社区建设进行了梳理，并对重庆市"互联网+社区治理"的目标、过程、效果进行了梳理总结。基于重庆市三个智慧社区建设成功案例，总结重庆市"互联网+社区治理"实践经验，并提出进一步加快"互联网+社区治理"的政策建议，以不断完善党的领导下政府治理、社会调节、居民自治的良性互动，有效增强辖区居民的获得感和幸福感。

关键词： 社区治理　"互联网+"　智慧社区

一　国家关于"互联网+社区治理"的顶层设计

互联网时代，社区治理迎来了新的发展机遇，同样也面临着新

---

* 马天昊，中国西部人才开发基金会副秘书长，研究方向为慈善捐赠、慈善政策、慈善指数、社会组织评估等。

的困境和挑战。作为创新社会治理的重要手段和工具，互联网技术在社区层面的应用不断加深。近年来，国家高度重视社区信息化建设，出台了一系列文件把"互联网+"作为社区治理的重要工具、手段。这也充分说明在现代化过程中，"互联网+社区治理"有巨大的空间，也是基层治理体系和治理能力现代化的重要内涵。

2010年《中共中央办公厅、国务院办公厅关于加强和改进城市社区居民委员会建设工作的意见》明确提出，积极推进社区信息化建设，整合社区现有信息网络资源，提高社区居民信息技术运用能力，全面支撑社区管理和服务工作。2017年6月，《中共中央 国务院关于加强和完善城乡社区治理的意见》提出，实施"互联网+社区"行动计划，加快互联网与社区治理和服务体系的深度融合，运用社区论坛、微博、微信、移动客户端等新媒体，引导社区居民密切日常交往、参与公共事务、开展协商活动、组织邻里互助，探索网络化社区治理和服务新模式。2021年7月，《中共中央 国务院关于加强基层治理体系和治理能力现代化建设的意见》出台，提出加强基层智慧治理能力建设，统筹推进智慧城市、智慧社区基础设施、系统平台和应用终端建设，实施"互联网+基层治理"行动，提高基层治理数字化智能化水平，提升政策宣传、民情沟通、便民服务效能，让数据多跑路、群众少跑腿。这些层级高、针对性强的政策文件，对"互联网+社区治理"的要求不断深化，而且随着互联网技术的进步在不断扩展范围与应用领域。

随着各地互联网在社区层面的应用，标准化、规范化建设也被提上了日程。2018年民政部《"互联网+民政服务"行动计划》提出，要采取政府与社会资本合作等方式，引导互联网企业和各类社会力量、市场主体参与社区治理和服务，有序推进智慧社区建设。制定修订社区公共服务综合信息平台、农村社区信息化以及智慧社区建设相关标准规范，力争到 2020 年前形成较为完善的"互联网+社区治理"标准体系。

二 "互联网+社区治理"的内涵与功能

社区治理是一项系统工程，关系着社会最基层秩序的稳定和人民群众的直接利益。城市社区是居民享受公共服务、参与公共事务、实现社会价值的直接场所，是社会治理的基本单元。习近平总书记强调："强化社区为民、便民、安民功能，做到居民有需求、社区有服务，让社区成为居民最放心、最安心的港湾。""互联网+社区治理"根本上是社区的信息化和智慧化，将各种信息、主体、服务通过互联网手段进行重新整合、联通，提高信息互通、降低交易成本、释放管理效能、加强资源整合、提高服务效果。

"互联网+社区治理"有利于促进多方治理思维模式的塑造。这种治理思维通过互联网使政府、社会、市场等治理主体成为经济和社会网络中的"节点"，重塑社会的新型治理模式。互联网作为技术手段在基层社会的大规模应用，有利于促进多方参与共同治理，实现从治理理念到实践模式的转换。从功能上看，"互联网+社区治理"主要包含社区党建工作数字化、社区信息聚合与共享、社区公共服务智慧化、社区资源整合管理等功能。

社区党建工作数字化。习近平总书记强调"要以党支部为核心，搞好各种基层组织建设，把它们组织好，形成整体合力""既要发挥基层党组织的领导作用，也要发挥居民自治功能，把社区居民积极性、主动性调动起来"。社区是党的工作最基层的战斗堡垒，是我党联系和发动群众的重要阵地。在社区层面开展党建工作，势必要使用好数字化平台工具，提高党建工作的效率和效果。例如通过线上共学活动，既能够随时随地开展思想学习，又能通过线上交流和沟通，发挥学习在思想引领方面的引导作用。通过数字化党建工作，可以在不增加基层组织工作量的前提下，更有效地引领和发动群众。通过数字化平台，党员可以带头开展各种居民自治活动和自我服务，增进居民对社区的归属感和认同感。通过多元的传播和宣传活动，把弘扬社会主义核心价值观、开展新时代文明实践、传承弘扬优秀家风、争做新时代"雷锋"等活动深入社区每户居民，让原本枯燥的党建工作融入社区居民生活，逐渐养成自主决策、自我服务、互帮互助的社区治理的文化。同时能够通过大量的线上资源，让社区居民增强参与意识，掌握社区协商治理的有关知识，不断提升参与协商的能力，最大限度增加和谐因素，增强社区发展活力。

社区信息聚合与共享。现在，越来越多的智慧社区解决方案出现，通过互联网技术，发挥大数据、云计算、人工智能、物联网、GPS、智能感知等现代技术，让社区治理进入"智能时代"。通过电子政务、云社区等，在传统的社会治理层面，例如综治、信访、司法、城管、公共安全等，可以通过视频监控、行为分析、动态跟踪、联合预警等形式，打造线上安全管理平台，大大提高治理的精准性和有效性。除此以外，建立社区信息、人员信息、建筑和设施信息的线上数据库，可以精准掌握辖区各类信息，相关部门对社区里的人口数据、组织数据、建筑物和基础设施、各类商业企业等信息了如指掌，同时可以记录历史相关信息，对相关事件的分类、数量、定位等综合分析研判，有助于更高效地监管和预警，推动辖区社会治理从"粗放型"走向"精准型"。居民可以通过 App 随时了解社区相关信息、通知公告等，提高信息的精准性和可达性，尤其是在疫情时期，信息的及时了解和动态监控非常重要。

社区公共服务智慧化。社区作为互联网应用的重要场域，将各类主体重新链接，将关系进行重构，链接多元主体，为社区各类需求提供精准、高校、普惠性强的服务，切实增强居民获得感。数字赋能社区公共服务运行机制向基层化、个性化、精细化方向演变，在各社区内、邻里间自主开展，与社区互助融为一体。鼓励社区内互帮互助，反过来也促进了邻里间人际关系的改善，为社区积累了社会资本，有利于社区自治的持续发展，从而形成良性循环。

在电子政务方面，现在很多城市管理服务都是一站式办理，或者是线上办理，通过 App 能够方便快捷地进行，减少了居民跑腿和等待时间，提高了效率。通过线上信息，群众还可以查询办理进度，对办理结果进行满意度评价，及时地办理和反馈，让数据多跑路、居民少跑路。

商业服务方面，互联网促进了市场和社会主体力量的进入和渗透，提供家政、租房、就业、出行、缴费、文娱等各种服务的在线推送，并提供家政服务、信息查询、就业帮扶、物品采购、水电维修、家庭医护、文化娱乐等延伸服务。

社工和慈善服务方面，互联网技术更加方便供需信息的对接，推进社区志愿服务制度化和社区便民利民服务多样化，开展助老、

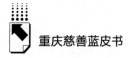

爱幼、环保等主题的社工、志愿服务活动，为居民提供社工陪伴、生活救助、情感关怀、心理咨询、权益保护等帮扶解困的服务项目，切实做到聚焦特殊群体、聚焦群众关切。

社区资源整合管理。社区是慈善事业发挥作用最直接、最有效也是最重要的阵地。引导和支持社会力量全面参与，丰富社区治理协同体系，解决最基础的慈善服务需求，是社区慈善资源整合的重要目标。数字化社区资源整合平台能够将社区社会组织、社会工作者、社区志愿者、社区慈善捐赠等进行数字化整合，充分发挥慈善事业的第三次分配作用，建立多元、稳定的供需对接机制，打造一批富有特色和影响力广泛的品牌项目库，切实增强社区治理的社会化供给力量。互联网能够将政府、商业企业、社会组织、志愿者以及居民自身都链接到社区治理中，搭建多元化、便利性的社区参与机会、平台和渠道，发挥协同作用，共同发挥服务功能。同时，在社区层面，建立互联网慈善募捐平台，慈善总会、公募基金会等社会组织建立社区慈善基金，成为社区共治共建共享的"资金池"，同时成立社区志愿者队伍，在社区应急、社会救助、养老助残、儿童保育、生态环保、垃圾分类等公益慈善服务方面发挥作用。一方面，互联网平台发挥资源链接、供需对接的功能，另一方面，能够作为慈善募捐的平台，发动社区多元主体的协同合力，共同为社区治理和社区服务贡献力量。

三 重庆市"互联网+社区治理"的探索实践

重庆市历来重视社区治理的数字化水平，在 2015 年，重庆市已经明确了重庆创建"智慧城市"发展战略。《重庆市人民政府办公厅关于印发重庆市深入推进智慧城市建设总体方案（2015—2020年）的通知》中强调，在社会综合治理、社区公共服务、社区养老关怀服务等方面提高数字化、智慧化水平。

重庆市近年来大力推动智慧社区一体化管理服务平台，功能包括民主选举、民主协商、民主决策、民主管理、民主监督等，为多元主体参与社区治理建立了畅通高效的线上渠道。部分社区开始探索利用智慧社区一体化管理服务平台完善网上协商议事机制、推进基层事务信息公开、畅通为群众办事服务通道，增强城乡社区治理服务效能，激发基层社会活力。当前，重庆已基本建成覆盖全市的线上线下一体化、城乡一体化、管理服务一体化"互联网+民政服务"云平台，业务应用更加丰富、办事流程更加优化、便民服务更加多元，进一步提升社区管理服务智能化、精细化水平，能够切实为社区减负增效。纵观全市，市民政局加快推进智慧社区一体化管理服务平台应用，以社区居民为中心，以城乡社区为管理单元，以村（居）委会为管理主体，建设统一的社区信息资源数据库、社区协同治理平台和社区高效服务平台，做到服务入口统一、实现全人群覆盖、全天候受理、一站式办理，解决"服务群众最后一公里"问题。整合人、地、物、事、组织等社区信息资源，以重庆全域高清地图为工作底图，分级管理区县、乡镇（街道）行政区划界线和村（社区）、村（居）民小组管理界线，划分基层治理单元，应用"人房关联"和地址匹配、实时定位等技术，实现社区管理服务精准化、空间化、可视化、智能化。赋予1.1万余个村（社区）特殊法人代码。配合市大数据发展局推进人口综合数据库

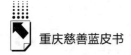

建设，共享使用市卫健委全市人口数据，数据经清洗后分解到各个村（社区），由村（社区）做进一步校核。实现换届选举全过程数字化管理，换届选举后的新一届村（社区）"两委"成员、监督委员会成员、村（居）民小组长、村（居）民代表等数据及时归集入库。上线"民政易"App，整合政务服务、社区服务、养老服务、公益服务、便民服务等内容，打造群众欢迎的公共服务品牌。与市大数据发展局共推基层开展"小切口、大民生"智慧社区智能化创新应用。

（一）礼嘉街道的"五宜"智慧社区建设

礼嘉街道紧紧围绕两江新区"智慧之城"发展定位，在智慧社区建设上持续发力。围绕民生服务、城市治理、政府管理三大领域，落地建成智慧化应用场景 80 余个，全国首发"智慧礼嘉"微信小程序和城市码，全市首推 24 小时不打烊的便民服务中心，线上线下服务群众零距离。2021 年，礼嘉街道在智慧建设上，着力从宜居、宜养、宜游、宜乐、宜业五个方面重点进行智慧化升级；在城市品质上，实施城市微更新、微改造、微修复，解决好城市治理中的顽疾和制约；在安全稳定上，统筹抓好安全生产、信访稳定、社会治安、意识形态等，常态化开展风险排查和隐患整治，把矛盾化解在萌芽，把纠纷解决在基层；在民生改善上，重点推进停车难、公厕建设、社区屋顶漏水等群众关心关注的重点痛点问题解决，加快补齐民生短板，努力为群众提供更好更优质的公共服务。

作为礼嘉智慧公园所在地，"智慧化"是礼嘉街道的一面旗帜,礼嘉街道将生活垃圾分类作为智慧社区建设的重要内容之一,使用"分类智能卡"与物联网感应设备结合,推动和促进居民的垃圾分类。礼嘉街道辖区现有入住居民户数12886户,共办理"分类智能卡"12727户,办卡率达到98.77%。"分类智能卡"可以与"智慧礼嘉"小程序进行绑定。在智能垃圾箱进行投放时,居民的投放数据会进入"智慧礼嘉"数据库,通过大数据分析后,投放准确情况将通过小程序实时反馈到居民手机上。此举不仅可以引导居民准确投放,而且也利于提升居民生活垃圾分类的参与感。

为了打造适老、敬老、爱老的智慧社区,重庆礼嘉街道与重庆有线开展了合作,专门为老年人打造了一个专属有线电视频道,让老年人能够方便地获取社区里的服务信息。这种考虑是基于现在老年群体对于互联网操作不熟悉、对于网络信息不敏感的现状,该频道可以让老年群体通过观看电视,直接获取新区、街道、社区推送的党建、教育、惠民政策等综合资讯,同时能够通过电视联系到所需要的各种社区服务,足不出户获得直接服务与帮助。这样老年人可以不使用智能手机也能享受智能化生活,感受方便快捷的社区服务。富安社区已建成重庆市第一个24小时不打烊的便民服务中心,集智慧政务、智慧党建、智慧养老、智慧生活等内容于一体。智慧政务终端、人机对话智能机器人等线上线下服务,可为居民提供便捷高效的服务。

(二)石油路街道首个国家级智慧社区的智慧化建设

2018年以来,重庆市石油路街道用活"互联网+",建立了"智慧社区"平台,全面提高社会治理的智慧化水平,并获批国家

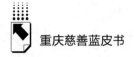

级智慧社区管理服务标准化试点。

2018 年，重庆市石油路街道联合市勘测院在全区街道层面建立了首个"智慧社区"平台，将辖区的管理全部浓缩到一个三维地图上，能够实时监控各种生活、工作、商业场景，并整合社区各类信息，最终实现政府智慧化决策、社区网格化管理、居民便利化生活。按照规划，智慧社区将建立智慧管理、智慧民生、智慧业务和智慧治理四个平台。居民通过手机 App 就能安排各种服务，在便民服务中，既有生活服务、城市服务等社区服务，也有问题反映、民事大厅等问题反映渠道①。

在街道办事处的"石油路街道智慧社区综合信息服务平台"具有非常强大的功能，平台上汇集了工作人员包括街道干部、社区人员、城管志愿者、巡防队员等在城市管理、安全生产、综治维稳等方面的工作情况，还能够了解不同楼栋的居民住户信息及相关情况。智慧社区上线以后，通过实景拍摄建模制作的 GIS 地图，覆盖了石油路辖区所有街巷、楼宇、院落，整合了社区人、事、地、物、情，实现了街道、社区、小区、网格、楼栋五级精准信息管理。大数据的使用，让政务信息、人员信息、建筑信息、交通信息、生活信息等进行一站式显示、处理，街道工作人员可以通过检索数据，对社区各方面的情况了如指掌，做到瞬时反应、及时处置、精准研判，有效解决社区的各类问题。这对于提高基层决策应对能力有非常明显的帮助。在国家标准化管理委员会下达的第五批社会管理和公共服务综合标准化试点项目中，"重庆市智慧社区综

---

① 《重庆首个国家级智慧社区长啥样？一起到石油路街道看看》，上游新闻，2018年 8 月 29 日。

合管理服务标准化试点"项目获批立项，这是重庆智慧社区建设领域首个获批建设的国家级智慧社区标准化试点。

（三）重庆大足区的"智慧村务"

重庆市大足区村务综合服务公开平台，深入落实"互联网+政务"建设理念，创新"互联网+村务"新模式，提升农村社区治理能力。在 App 中，用"九宫格"的形式展示了村务治理的系统，包括"我的资金、财务公开、惠民政策、一事一议、便民服务、身边新闻、村里的事、村情互动、干部监督"等9大板块，并在每个功能板块下设置了若干子栏目，用于公布村里的相关事项。村民要了解村里的大事小事，安排各项工作，只需要用一部智能手机安装一个 App，随时随地都能收到村里的各项信息。运用"互联网+"的手段，建立了手机 App 为主，手机和电脑网页、微信公众号、终端触摸屏等多渠道同步运行的信息接收端，将政府管理、信息共享、村民村务和生活需求集中到了一个平台上，化繁为简，有效提升了农村社区治理的现代化能力和水平[①]。

重庆市大足区建立网上的"村务综合服务公开平台"，该平台依托互联网，将区、街镇、村三级公开体系一链接，形成一个上下互联、左右互通、信息公开、咨询投诉、惠农政策落实、宣传教育、便民服务等一体的网络平台。其主要特点包括以下三个方面：一是信息公开全方位，对党务公开、政策发布与解读、民主管理、组织建设、社会保障、服务群众等众多领域信息进行全面公开，实

---

① 《大足创新"互联网+村务"模式　提升农村社区治理能力》，今日重庆-华龙网，2017年3月14日。

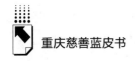

现小微权力监管动态化、实时化；二是数据信息可视化，提供数据统计看板，实时查看各社区公布信息及群众反馈情况；三是信息公开透明化，可结合手机 App、身份证扫描查询机、LED 大屏设备全面展示公开信息，让群众看得到、听得懂、能监督。

四　进一步加快"互联网+社区治理"发展的建议

（一）强化社区党组织的领导作用，提升其领导力和组织力

社区由于人员流动性、组织关系不确定、人员复杂性等问题，党建工作往往很难做实，容易流于形式。数字党建可以有效解决党员教育、组织生活、"三会一课"等党建工作，能够随时随地开展，不受场所限制，又可以将所有动作进行记录，提高工作效率。一般来说，社区党建工作包括社区党员管理、党员回社区报到、党员服务群众项目、党建学习和信息分享等内容，利用互联网工具将党员连接起来，有利于在社区层面更好地发挥党员的战斗模范作用和基层党组织的战斗堡垒作用。在具体操作中，将党员和群众力量结合起来，形成社区治理服务合力，力促产生基层社区治理综合联动效应。

（二）加强基层社区治理队伍建设，强化社区治理创新的人才保障

社区治理是一项复杂的社会活动，需要多元力量的参与。在一个社区内，基层党政工作者、社区工作者、社区居民都是参与社区

治理的力量，需要发挥共治的活力。为此，基层党政工作者需要加强社会创新能力、应对各方面的领导力和多元管理能力，并且需要系统的能力建设。社会工作者则需要结合社区工作的方法，依托数字化的工具，以更加标准、更加便捷的手段进行社区服务。使用数字化平台，积极引导社区居民参与自我服务和自我管理，通过赋能社区工作者、培育社区内生动力，更好地满足居民的服务需求，减少基层社区的矛盾，以增强社区居民的参与感、获得感和幸福感。

（三）引导和支持社会力量全面参与，丰富社区治理协同体系

快速城市化的背后，公共资源的紧缺、治安管理的压力、环境污染与生态破坏、贫富差距扩大等造成的社会不稳定因素也在不断增加。传统的管理模式已经不适宜现代城市的发展，需要我们创新社会治理体制机制，构建多元协同的治理模式。在社区层面如何发挥基层社会力量的作用，一是调动居民参与社区事务的积极性，让居民参与社区决策与管理，发挥社区居民的智慧。二是引导社区居民参与协商，提高各级政府决策水平。三是成立枢纽型社会组织和社区慈善基金，发挥协同性、支持性平台作用，并依托其积极引入愿意扎根社区、品质优良的各类社会力量，建立多元、稳定的供需对接机制。把社区内外的各种资源进行激活，社区和企业、事业单位、机关等互相促进，达到共建共治共享。

（四）注重社区治理资金的多渠道支持，优化资金使用方式

社区的发展主要依靠基层党组织服务人民群众经费、社区公益

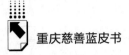

金和政府购买服务经费等，存在资金使用统筹性不足和资金不足等问题。一方面，政府部门将资金统筹使用向基层倾斜，发挥"创投"作用；另一方面，发挥社区慈善作用，不断拓宽资金筹集渠道，实现资金来源多元化，比如鼓励有条件的街道通过设立社区基金会等方式，利用互联网慈善募捐的形式，提高社区自我募资、自我服务等能力，引导社会资本投向社区建设。

B.6
新业态下重庆互联网慈善的
发展现状及展望

赵文聘*

摘　要：　当前公益慈善发展过程中，互联网尤其是移动互联网成为作用日益显著的基础设施，信息化、互联网正在助推我国公益慈善事业、公益慈善组织的质量变革、效率变革、动力变革。基于重庆互联网慈善发展实践案例可以发现，互联网在公益领域形成了公益组织间的合作、公益组织和公共部门的合作，以及公益组织和企业的合作等多种新合作方式，逐步形成由传播新样态、主体新格局、合作新方式、信任新秩序、制度新内容、治理新手段等共同构建的互联网公益新生态。

关键词：　互联网慈善　公益新生态　重庆慈善总会

随着互联网尤其是移动互联网作用日益显著，公益慈善越来越展现出新的时代特征。一是公益慈善发展和技术创新密切融合。结

---

* 赵文聘，上海市委党校发展研究院教授，硕士生导师，研究方向为公益慈善、社会政策、社会法学。

合公益慈善发展需求，一些科技公司主动把最核心的企业资源贡献出来，在公益慈善领域创新应用区块链、数字化等最前沿核心的技术，不断创新公益慈善技术应用场景，推动社会公益慈善事业发展，公益也在借助互联网领域科技发展这个大引擎实现创新发展，不断实现模式、工具、理念、价值的更新迭代。二是公益慈善文化日益深入人心。在互联网、数字化等技术支持下，公益的参与度、可及性被极大地提升，公益的门槛被降低，参与便利度提高，一些新玩法如零钱捐、企业配捐、行走捐、阅读捐、积分捐、消费捐等，使得人人公益、随手公益、指尖公益成为可能，公益正在逐步深度融入大众生活。三是公益各方主体围绕经济社会发展核心议题开展工作。公益慈善各方主体聚焦精准脱贫、乡村振兴、共同富裕等工作，围绕满足人民群众美好生活需求目标，积极参与脱贫攻坚战，助力全面建成小康社会，并踊跃参与共同富裕和中国式现代化的伟大实践。四是公益慈善中各方主体的合力机制日趋完善。公益慈善各方参与者在互联网、数字化等技术支持下，加强自律和制度建设，与互联网公开募捐信息服务平台一起，共同维护互联网公益的清朗空间，共同促进公益慈善事业健康发展。互联网公益慈善使中国能够迅速推进人人公益，为解决社会问题、促进社会公平正义、促进城乡均衡发展提供了全新方案[1]，也在此基础上逐步形成传播新样态、主体新格局、合作新方式、信任新秩序、制度新内容、治理新手段等共同构建的互联网公益新生态，形成了鲜活的互联网公益"中国样本"。

---

① 《专家热议互联网公益慈善》，《中国社会组织》2019年第18期。

一 互联网时代下重庆公益传播新样态

以互联网为终端的一整套技术，彻底改变了信息传播和人们沟通的方式，带来了社会结构深层次的变化，对社会价值观、生活方式产生了冲击。全媒体工具应用于网络公益慈善在增进社会信任、增强公益组织资源动员能力、增大公益影响范围等方面起到了巨大的作用，为网络公益慈善的传播展现出了巨大的可能性[①]。在互联网时代，传播媒介更为多元、反馈更为迅速；传播的目标从劝说和教育变成倾听、沟通对话和动员鼓励[②]。公益在互联网条件下，展现出新的样态。

（一）传播的速度更快

互联网公益领域的基础设施日益发挥更重要的作用，依据《慈善法》，民政部依法指定了包括"腾讯公益"在内的 30 家互联网公开募捐信息平台。当前主流平台，一般都拥有 500 万以上活跃用户，腾讯、蚂蚁金服项目参与者更是数以亿计。2018 年"99 公益日"期间，重庆市共有 62 万多人次参与捐赠，重庆市在"99 公益日"期间能取得网民捐赠 2000 多万元、腾讯配捐 1011 万元的好

① 赵文聘、周荣：《公益慈善传播工具创新中的理性冲突与弥合》，《理论探索》
2021 年第 4 期。
② 周如南、陈敏仪：《互联网时代的公益传播新趋势》，《新闻战线》2016 年第
15 期。

成绩，是 2017 年的 6 倍①。2019 年"99 公益日"共有 372 万人次参与爱心捐赠，募捐 1.31 亿元。2020 年募捐额度更是达到 3.35 亿元，有 1186 万人次参与捐赠，募捐总额和捐赠人次均居全国第 1位②。重庆市通过近几年开展互联网公益的实践，深刻体会到"互联网让爱心人士足不出户就能实现捐赠愿望，节约了时间等捐赠成本，为打破募捐难特别是门难进、脸难看、话不好说的瓶颈找到了一条出路"③，也证明互联网公益传播速度快、可及人数多、捐赠频次高。

（二）传播的范围更广

在互联网公益传播过程中，官方媒体、网络媒体、个人社交平台等媒介进行全流程传播，使得互联网公益获得更大范围更深层次的关注。仅 2018 年，互联网募捐信息平台共为全国 1400 余家公募公益组织发布募捐信息 2.1 万条，网民点击、关注和参与超过84.6 亿人次，募集善款总额超过 31.7 亿元。2019 年，点击、关注和参与互联网公益慈善的人次比 2018 年增长了 28.6%。重庆市敏锐地把握了互联网传播这一趋势，"互联网募捐以它特有的便捷性、低门槛促进了传统的精英慈善向大众慈善转变，'80 后'、'90

① 《再接再厉广泛发动再创互联网募捐新业绩——重庆市慈善总会会长刘光磊在2018 年"99 公益日"活动总结表彰会上的讲话》。
② 《重庆市慈善总会会长刘光磊在重庆市慈善总会 2020 年"99 公益日"活动总结表彰会上的讲话》。
③ 《再接再厉广泛发动再创互联网募捐新业绩——重庆市慈善总会会长刘光磊在2018 年"99 公益日"活动总结表彰会上的讲话》。

后'乃至'00 后'已成为慈善捐赠的主流"①,"老年人、社区大妈,对'99 公益日'的参与感、获得感比较强"②,并有针对性地组织"各级公益组织联合宣传部门、各级各类媒体开展大规模的宣传推广活动,推动形成人人慈善的浓郁氛围"③,"专门配备设备,累计发起线上直播超过 30 场,参与观看人次近百万,开启项目推广和网友互动的全新表达"④,形成"人人心怀慈善、人人参与慈善"的良好氛围,将慈善打造成为重庆的新名片。全媒体传播工具和技术的应用使得各公益慈善主体更加具有开放性。

(三)传播中互动更强

互联网传播技术使得公益慈善格局更多元化,各种公益慈善力量可以在全媒体格局下充分宣传公益慈善项目,实现传播力量叠加,达到公益慈善传播效果最大化。以腾讯公益为例,2020 年"99 公益日"高达 18.99 亿互动人次,是 2019 年的 2.15 倍,共有5780 万人次捐款,相比最初的 205 万扩大了 28 倍;共募得网友捐赠善款 23.2 亿元,加上爱心企业 3.24 亿元配捐和腾讯基金会提供的 3.9999 亿元配捐,2020 年"99 公益日"共募得善款 30.44 亿元。"99 公益日"倡导各方共同建设理性公益生态系统,关注与投

---

① 《重庆市慈善总会会长刘光磊在重庆市慈善总会 2020 年"99 公益日"活动总结表彰会上的讲话》。
② 《重庆市慈善总会 2018 年"99 公益日"活动总结》。
③ 《重庆市慈善总会会长刘光磊在重庆市慈善总会 2020 年"99 公益日"活动总结表彰会上的讲话》。
④ 《腾讯公益慈善基金会助理秘书长梁栋在重庆市慈善总会 2020"99 公益日"活动总结表彰会上的讲话》。

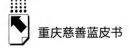
入捐赠人、公益组织、受助人三者的长期连接，建立长期的慈善信任，建设长期的公益效率①。这种快速的、多元的互动，使得公益传播效应彰显，一方面，这种多层级的互动呈现爆炸式传播效应，在"罗尔"事件等事件中显露无遗，据《南方周末》报道，从罗尔、小铜人网络金融公司采用"罗尔卖文、公司捐款"的方式进行"慈善营销"，到网友摸到罗尔微信公众号，不停给罗尔打赏，两小时竟然超过 200 万元。但另一方面，这种互动也会产生更强的审视效应，这种审视可能是正向的也可能是反向的。在"罗尔"事件中，网络揭底、网络质疑、谩骂等又在短时间内让罗尔及家人承受巨大压力。重庆市不断加强捐赠和筹款互动，如通过"您捐赠我送消费券""您捐一元我配捐"等特色项目的创新，引导和鼓励社会参与，有数百家公益慈善组织、社会组织、志愿者组织积极参与，重庆市优选其中 101 家单位组建联合体，继而再联合各方力量助力公益慈善特色项目和特色活动，在充分利用互联网公益传播效用的同时充分利用传播互动，不断提升项目和服务质量。

随着更多信息化新技术的应用，网络公益慈善传播更加大众化、开放化，更加便利的渠道，更加便捷的门槛，更为严格透明的信息，使得一些公益慈善项目能够持续吸引大众关注和参与，创造了新的公益慈善发展生态。

---

① 《19 亿人次参与公益互动，2020 年 99 公益日让善意持续"破圈"》，https：//new.qq.com/omn/TEC20200/TEC2020091000073600.html，最后检索时间：2021年 10 月 5 日。

二 互联网时代下重庆公益主体新格局

互联网时代下重庆公益慈善公益主体也呈现出与传统公益事业发展不同的格局，传统公益组织互联网化、各主体之间的互动与互构、日渐崛起的互联网公益新势力正在搅动传统公益主体格局。

（一）传统公益组织的互联网化

截至 2021 年 9 月 30 日，在慈善中国网站共有 9454 条公益组织数据，其中具有公开募捐资格的公益组织数据 2384 条。互联网、大数据、人工智能等前沿技术不断取得突破，万物智联即将成为现实，新技术、新业态、新产业层出不穷，互联网的创新基因与公益慈善的正能量进一步有效的结合。2019 年有 673 家社会组织的 12641 个公益慈善公开募捐项目依法进行了备案与信息公开，其中备案的慈善信托有 273 单，慈善信托财产规模达到 29.35 亿元，公益组织纷纷通过互联网平台开展募捐、服务。重庆市慈善总会紧紧抓住互联网大潮，筹募总额实现了从零到额度领先全国的重大跨越，到 2020 年，重庆市慈善总会互联网募捐额 4.20 亿元，已占到总会全年募捐总额的 40%，重庆市慈善总会已经在腾讯公益、新浪公益、支付宝公益等 10 多个互联网公开募捐信息服务平台开展公开募捐项目。

（二）互联网公益主体的多元互构

在互联网公益发展中，各方主体密切互动，互相配合，共同促进公益事业发展。互联网公益联动着多元主体，不同主体的角色也在时刻转化，党政机关、公众、公益组织、公益平台，从捐赠者、受助者、监督者到募捐信息平台、社交媒体，呈现线上线下联动的面貌。党的根本宗旨是全心全意为人民服务，国家政权是人民民主专政的政权，而慈善相关的企业、组织、个人通过履行企业社会责任、实现个人自我价值等方式参与慈善。重庆市对此体会深刻，彰显了这一多元互构机制的优越性。重庆市委市政府主要领导推动重庆慈善事业发展创新募捐方式，重庆市委关于大数据智能化引领的创新驱动发展战略行动计划，明确了推进互联网募捐工作的路径。重庆市民政局加强领导、统筹协调，2020 年市民政局社会组织综合党委专门在市慈善总会召开互联网募捐培训会，组织数十家所属社会组织负责人和业务骨干参会，学习领会、深入宣传法律法规并要求其严格遵守腾讯"99 公益日"规则。2020 年"99 公益日"有67 家社会组织参加，市妇女儿童基金会、市法律援助基金会、市阳光助老中心、市教育学会等上百家社会组织与重庆市慈善会合作，发动志愿者，共同推动互联网公益事业发展。

（三）互联网公益中日益壮大的新势力

30 家互联网公开募捐平台使得公益资源配置结构更加灵活，跨界资源搭建更加便捷。"腾讯 99 公益日""阿里巴巴 95 公益周"等大型募捐活动中，企业配捐与公益组织筹款共同撬动社会公益资源，各平台充分发挥各自优势，充分连接资源，逐步改变传统公益生态。互联网捐赠的人群更加年轻化、多样化，80 后、90 后成为互联网捐赠的主力军，同时其运用技术、获取信息的能力也更强，对知情权、参与权等方面的意识和诉求也更高，这也是互联网公益运行中不可忽视的新势力。一方面，重庆市在保持腾讯"99公益日"募捐额度逐年增长的同时，还持续在支付宝公益、蚂蚁金服公益平台等互联网公开募捐服务平台上提升项目传播力和服务品质，积极谋求与30家互联网公开募捐信息服务平台的合作，已在大部分互联网公开募捐服务平台上展示项目、开展募捐和提供服务；另一方面，通过"互联网+慈善"论坛等方式，培养各级互联网募捐骨干数千人次，为重庆"互联网+慈善"的发展提供人才支撑，通过壮大志愿者队伍，不断将互联网公益中日益壮大的新势力联合起来，融合为互联网公益事业发展的行动集体。

三 互联网时代下重庆公益合作新方式

互联网时代下，重庆公益慈善领域形成了公益组织间的合作、公益组织和公共部门的合作以及公益组织和企业的合作等多种新合作方式。

（一）公益慈善组织间的合作

互联网条件下公益组织之间的合作在形式、内容上都有着新的方式。《慈善法》第二十六条规定，不具有公开募捐资格的组织或者个人基于慈善目的，可以与具有公开募捐资格的公益组织合作。《公益组织公开募捐管理办法》规定，具有公开募捐资格的公益组织与不具有公开募捐资格的组织或者个人合作开展公开募捐活动，应当依法签订书面协议，使用具有公开募捐资格的公

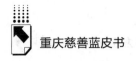

益组织名义开展公开募捐活动；募捐活动的全部收支应当纳入该公益组织的账户，由该公益组织统一进行财务核算和管理，并承担法律责任。合作开展互联网募捐成为互联网公益一个新的模式和合作方式。

重庆市在开展合作募捐过程中积累了经验，形成了不错的做法。重庆市慈善总会提出联盟策略，将不同区县慈善会组成联盟共同开展项目筹款，扩大自主筹款队伍，共同优化项目质量，打造品牌。联盟策略可以分为三种形态，分别是区县慈善会之间的联盟、社会组织之间的联盟，以及区县与社会组织的联盟。区县之间的联盟在支付宝"渝爱助学计划"募捐上取得了重要成果，区县与社会组织的联盟目前在永川、奉节、南岸等区县有一定实践，永川区慈善总会与永川青益联合、南岸区慈善会与南岸益友联合，在总会相关平台发起项目，社会组织提供项目文案，区县慈善会发挥监督管理与信息沟通等桥梁作用，共同开发适合当地的优质项目，一定程度上取得了互补效果，提升了项目上传的效率和质量。区县慈善会共组织 109 个爱心队伍参与到该项目筹募工作中，使该项目总筹募额达到 450.76 万元。总会按照一定比例，将项目筹募金额以配捐形式划拨给区县实施，为困难学生发放助学金。这一做法提高了区县慈善会在自主筹募和项目执行方面的专业程度。社会组织之间的联盟目前主要有两个，分别由两江新区翌科志愿者服务中心、长寿德邻社工、重庆阳光助老等机构组成，以及由南岸益友、永川青益、南岸微益长寿乐善、两江新区求至社工等机构组成。2021 年上半年重庆市共计 27 个区县、33 家社会组织和志愿服务组织参加 520 募捐活动，发起项目 94 个，募捐善款 3599 万余元，合作募捐的成效显著。2021年"99公益日"，重庆市慈善总会联动了30多个区县慈善会、67个社会组织和志愿者组织，推出了包括脱贫攻坚、乡村振兴、助医助困、助老助学等内容的140个项目[①]。

（二）公益组织和公共部门的合作

"我国社会不缺少扶贫济困的爱心和力量，缺的是有效可信的平台和参与渠道，结果一些有能力也有愿望参与扶贫的企业和个人宁愿把钱捐到国外去，也不愿用到国内贫困人口身上。"[②] 互联网技术也提供了更便利的手段。公益组织和公共部门之间有广泛的合作空间，重庆市用好智慧社区一体化管理服务平台，在合作中深入开展"互联网+益民服务""互联网+社会救助"等服务模式，完善"互联网+社区治理""互联网+创新创业"等新型发展模式[③]。重庆市紧跟乡村振兴战略，结合实际，立足17个市级重点帮扶乡镇，通过开展公益组织和公共部门的合作，动员、赋能并整合有关区县慈善会、社会组织和志愿服务组织的力量，开展乡村振兴的万隆画卷项目，通过腾讯公益、中国社会扶贫网和公益宝共同发起公开募捐。2021年上半年，"乡村振兴平所画卷""乡村振兴云隰画卷""乡村振兴万隆画卷"项目累计筹款38.29万元，其中互联网

① 《重庆市慈善总会会长刘光磊在重庆市慈善总会2020年"99公益日"活动总结表彰会上的讲话》。

② 习近平：《在中央扶贫开发工作会议上的讲话（2015年11月27日）》，《十八大以来重要文献选编》（下），中央文献出版社，2018，第37页。

③ 重庆市民政局副局长邓琳在2021中国互联网公益峰会机构共建分会场《赋能互联网公益　助力乡村振兴》的主题演讲。

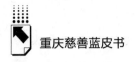

筹款 29.52 万元（占比 77.10%）①。发挥互联网筹募的优势，让乡村的项目走出大山、走出重庆、走向全国，开发综合项目，在助推乡村振兴战略中发挥重要补充作用。

（三）公益组织和企业的合作

互联网条件下，公益组织与互联网平台企业等合作较为密切。《慈善法》第二十七条规定，广播、电视、报刊以及网络服务提供者、电信运营商，应当对利用其平台开展公开募捐的公益组织的登记证书、公开募捐资格证书进行验证。公益合作中的赋能是双向的，既有平台充分利用自身资源对公益组织的赋权赋能（见表 1），又有公益组织对公益平台的赋权赋能。平台通过筛选、审核等方式，赋予公益组织在互联网公开发布信息、募捐筹款的资格，又通过各种培训、咨询和业务指导，加强公益组织的能力建设。公益组织通过加入平台进行活动，为平台的影响力和品牌建设赋权，而公益组织中的优秀运营案例，则为平台提炼、总结经验赋能。腾讯明确提出"可持续社会价值创新"战略，首期投入 500 亿元，用于可持续社会价值创新的各项领域，希望更多公益伙伴们携手，数字共建公益生态，助力行业进步②。2021 年发布"千百计划"的框架，腾讯基金会将从"战疫"基金中拿出 2 亿元专项资金，两年补贴 1000 名公益数字化专职人员、资助 100 个公益数字化行业支持性计划、共建 1 所公益数字化的虚拟学习中心，与伙伴共同提

---

① 《重庆市慈善总会 2021 年上半年互联网筹募工作分析报告》。
② 腾讯主要创始人、腾讯公益慈善基金会发起人兼荣誉理事长陈一丹：《数字共建　公益流深——在 2021 年中国互联网公益峰会上的讲话》。

升，助力行业可持续发展①。在合作过程中，公益组织不断加强公
益慈善捐赠和服务相关理论和实务研究，还通过建立"互联网+慈
善"发展基金等方式推进互联网募捐和服务能力提升，推进数字
化转型，在学懂弄通平台规则的基础上，充分利用平台赋能，提升
项目运行和服务能力。

表1　互联网公开募捐信息服务平台不同运营理念

序号	名称	理念	序号	名称	理念
1	腾讯公益	人人公益	11	新华公益	全媒体矩阵助力慈善
2	阿里巴巴公益	全经济体协作	12	百度公益	升级慈善生态
3	蚂蚁金服公益	科技助力慈善	13	融e购公益	着力构建商融互促
4	京东公益	物爱相连慈善	14	中国扶贫网	构建精准扶贫募捐信息网络
5	联劝网	培育理性慈善文化	15	易宝公益	探索企业慈善模式创新
6	美团公益	让慈善融入生活	16	帮帮公益	先内后外打造全社会公益
7	轻松公益	慈善阳光链赋能	17	苏宁公益	深挖慈善价值
8	公益宝	大数据助力慈善	18	水滴公益	拓展线上线下公益伙伴
9	广益联募	区域联合赋能	19	善源公益	"公益+金融"新场景
10	微公益	新媒体慈善	20	滴滴公益	移动出行爱心里程

注：理念根据平台宣传提炼，上述排序未分先后。

四　互联网时代下重庆公益制度新内容

重庆依据《慈善法》不断优化公益慈善事业发展的社会氛围，
与互联网公益相关的一系列新制度新规范逐步完善，公益慈善活动
的规范建设水平越来越高。

---

① 腾讯公益慈善基金会副秘书长刘琴在2021中国互联网公益峰会机构共建分会场
《赋能互联网公益　助力乡村振兴》上的致辞。

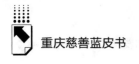

（一）互联网公益制度日益精细

重庆市在 2015 年就发布了《关于促进慈善事业健康发展的实施意见》（以下简称《意见》）。《意见》积极鼓励公益慈善事业发展，并专门提出公益慈善公开透明方面的要求。《意见》规定，公益慈善组织以及其他社会力量开展公益慈善活动，要充分尊重捐赠人意愿，依据有关规定及时充分公开慈善资源的募集、管理和使用情况。慈善组织要切实履行信息公开责任，接受行政监督、社会监督和舆论监督。明确加快完善相关法规政策，规范和引导慈善事业健康发展。依法依规对自然人、法人和其他组织开展的慈善活动进行监管，及时查处和纠正违法违规活动，确保慈善事业健康发展。《意见》还前瞻性地指出要发挥网络捐赠技术优势。近两年，重庆市深度开展《重庆市慈善条例》（以下简称《条例》）立法调研，《条例》已于 2022 年 7 月 22 日经重庆市第五届人民代表大会常务委员会第三十五次会议通过，于 2022 年 9 月 1 日起施行。《条例》明确慈善组织开展互联网公开募捐信息发布的相关规范，鼓励公益慈善组织积极运用信息化数字化新技术，不断提升服务能力和服务水平，并通过创新公益慈善项目内容和形式提升公众参与度和美誉度。

（二）互联网公益监督自律机制有明显进展

在监督方面，一是强化日常监督，《条例》明确了民政部门、其他相关部门日常监督职责，条例要求相关部门应当依法加强对公益慈善组织和公益慈善活动的日常监督检查，并优化重大公益慈善项目的专项检查工作，重点监督检查公益慈善组织财产管理使用、募捐活动、信息公开等事项。二是明确了民政部门对互联网公开募捐的监管职责，要求民政部门依法加强对慈善组织利用互联网平台发布公开募捐信息的监督管理，以不断提升重庆互联网公益慈善的透明度和公信力。

在提升公益慈善组织自律水平方面，一是推动公益慈善组织完善内部治理结构。《条例》将慈善组织治理放在国家治理体系和治理能力现代化的大格局下进行思考，要求公益慈善组织不断建立健全内部治理结构。二是积极推动行业标准落地。中国慈善联合会（以下简称中慈联）承担着促进行业自律、推进行业标准确立的任务，2020 年 6 月 29 日，中慈联发布慈善领域首批团体标准，分别为《慈善组织档案管理规范》《慈善组织项目管理规范》《慈善社区创建评价方法》。2020 年 9 月 19 日，中慈联在第八届中国慈展会期间发布《慈善组织信息公开指南》、《慈善组织新闻发布指南》和《公开遴选公益创投运行指南》三项第二批团体标准。重庆市积极推进上述标准落地实践，促进公益慈善领域规范健康发展。三是加强公益慈善信用体系建设。《条例》明确要加强公益慈善领域信用体系建设，依法建立公益慈善领域信用制度，构建公益慈善领域信用信息共享机制。

（三）互联网公益具体规范日益丰富

重庆在制定和完善公益慈善相关地方立法过程中都着力完善互联网公益慈善相关内容。2020 年，重庆市民政局发布《关于进一步加强互联网公开募捐工作的通知》（渝民发〔2020〕16 号），鼓

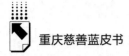

励发展互联网公益事业。重庆市慈善总会及时推进"互联网+慈善"制度建设，早在 2011 年就制定和实施了《慈善信息"八公开"制度》，包括公开筹募方式、捐赠款物的接收情况、救助项目、救助对象、救助审批程序、捐赠款物使用情况、回馈爱心企业及爱心人士的方式、财务审计情况等 8 个方面的内容。在此基础上 2020 年又制定了《重庆市慈善总会互联网募捐管理办法（试行）》，从项目立项、项目筹募、项目拨付和执行、监督和激励等多个方面，为开展"互联网+慈善"工作提供了制度保障，同时研究构建重庆互联网募捐"线上线下捐赠+慈善超市+慈善业务系统"格局，升级和运营维护重庆慈善超市网站。制度和机制的健全是互联网公益健康发展的保障，也是互联网时代公益新生态健康发展的重要支撑。

案　例　篇
Cases Chapters

B.7

社区服务：重庆大竹林街道紫竹苑
社区"绿"社微工场项目

李健田义年*

摘　要： 智慧社区是指通过利用各种智能技术和方式，整合社区现有
的各类服务资源，为社区群众提供政务、商务、娱乐、教育、
医护及生活互助等多种便捷服务的模式。如何开展智慧社区
建设是一个具有较强现实意义但已有研究未能涉及的重要问
题。重庆大竹林街道紫竹苑社区"绿"社微工场项目依托智
慧社区平台，开展"绿"社评选、"绿"社基金、"绿"社队

* 李健，中央民族大学管理学院教授，博士生导师，中央民族大学基金会研究中心
执行主任，研究方向为社会组织、公益慈善；田义年，重庆大学法学院硕士研究
生，研究方向为社会组织、公益慈善。

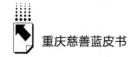

伍、"绿"社公益、"绿"社课堂等项目。五大板块相互促进、补充，并以互联网智慧社区服务平台为中心，最终建立起良性环保循环机制，营造出绿色、低碳、生态、环保的社区氛围，为智慧社区的打造树立了一个值得借鉴参考的样本。

关键词： 智慧社区　社区服务　"互联网+社区"　社区治理

党的十九大报告提出要进一步保障和改善民生水平，加强社区治理体系建设，推动社会治理重心向基层下移。社区作为城市的基本单位，是居民生产和发展的载体，习近平总书记强调"社区是基层基础，只有基础坚固，国家大厦才能稳固。社会治理的重心必须落实到城乡、社区"①。但伴随着城市化的进程，传统社区服务已经无法满足现有社会秩序的需求，广大社区居民对社区服务的需求呈现多样化、个性化和精细化的特点，需求人群也不再局限于老年人、残障人士、青少年等传统社区服务对象，而是向社区全人群覆盖②。党的十九届四中全会明确了"科技支撑"在社会治理中的作用，互联网作为重要科技手段，可以为社区治理创新提供强大助力，通过"互联网+社区"，整合社区资源，实现协商治理，打造共建共治共享城市社区治理新格局。

---

① 习近平：《社区是基层基础，只有基础坚固，国家大厦才能稳固》，人民日报海外版官网，2018 年 4 月 26 日，http：//m. haiwainet. cn/middle/3543307/2018/0426/content_ 31306302_ 1. Html，最后检索时间：2020 年 10 月 1 日。
② 沈维红：《互联网+：上海城镇社区服务供给研究》，上海师范大学硕士学位论文，2017。

一 项目介绍

重庆市大竹林街道紫竹苑社区"绿"社微工场项目由大竹林街道立项购买，紫竹苑社区指导，益群社会工作服务机构承接实施。益群社会工作服务机构首先对社区人群、资源现状、存在需求进行了走访调研，并对紫竹苑社区 9483 户社区居民进行服务需求分析，了解到当前社区居民对居住环境、生活环境有更迫切、更高标准的要求和需求，最终决定围绕绿色生态、绿色生活理念，针对性设计出了五大项目板块，并引入互联网智慧社区平台作为统筹依托，实现线上、线下的有效互动，争取项目活动实现社区全人群覆盖，从而促进社区环保事业可持续发展。

"绿"社微工场的命名来源为："绿"是环保公益；"社"有三个意思，一是社区，二是社会工作，三是社会组织；"微工场"就是实现微循环。益群社工服务中心希望通过社会组织的专业指导，调动起各方社会力量，最终实现社区社会环保公益的微循环。

（一）项目发展历程

紫竹苑社区"绿"社微工场项目具有三年规划。自 2018 年 6 月施行，第一年度项目实施主要以"绿"社课堂和"绿"社公益作为突破口，与辖区居民和部分企事业单位建立良好的关系，并初步探索"绿"社基金筹集，使得"绿"社队伍的建设具备一定规模化；第二年度在继续深化实施"五位一体"服务的同时，重

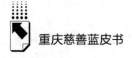

点突出"绿"社队伍能力建设以及"绿"色评选活动开展，激发居民环保参与意识；第三年度则着力于进一步完善运作制度，建立长效机制，推动项目服务模式可复制可推广，并进一步加强队伍培育，强化示范引领，巩固和深化"1+5"项目运作方式，深化环保实践，打造绿色社区。项目实施以来，截至 2020 年 10 月累计开展各类线上、线下活动 60 余场次，参与居民 8000 余人次，最终实现了良性环保循环机制，全方位多层次提升了辖区居民、个体商户、企事业单位绿色发展意识和公益环保意识。

（二）项目基本内容

"1 平台+1 基金、1 队伍、1 课堂、1 公益、1 评选"的"1+5"项目运作方式是指以紫竹苑"来点"互联网智慧社区平台为依托，进行线上活动宣传、线上环保互动，不断完善"绿"社基金制度，着力加强"绿"社队伍培育，持续深化"绿"社课堂讲解，拓展创新"绿"社公益活动，推动"绿"社评选宣传。五大板块相互促进、补充，并以互联网智慧社区服务平台为中心，最终建立起良性环保循环机制，营造出绿色、低碳、生态、环保的社区氛围（见图 1）。

1.智慧社区服务平台

"来点"智慧社区服务平台作为街道、社区引进的重庆有线电视在紫竹苑社区的试点项目，对社区工作的开展发挥着支撑性作用。

智慧社区服务平台一端连接社区，一端连接各社区居民电视、移动终端，覆盖全社区住户，具有宣传、互动和理念传播的功能，

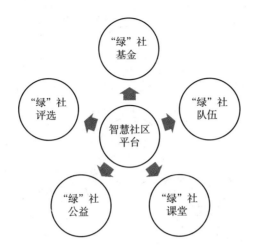

图1　重庆大竹林街道紫竹苑社区"绿"社微工场项目"1+5"项目运作方式

主要配备五大栏目，一是活动推送栏目，社区可以将即将上线举办的社区活动推送至各户，提高活动的知晓度和社区居民参与度；二是需求调研栏目，社区居民可以将自己的现实需求和反馈意见通过平台传递给社区，在降低沟通成本的同时，也使社区活动开展具有更强的针对性；三是信息公开栏目，社区会将"绿"社基金的使用情况予以公示，便于居民监督；四是理念传播栏目，社区可以将组织的相关"绿"社课堂上传至平台，推广绿色理念和绿色生活经验；五是成果展示栏目，主要对"绿"社评选活动中的优选作品进行展示，进一步扩大其示范作用（见图2）。

"绿"社微工场项目团队管理负责人认为："智慧社区平台就像一个喇叭，但更可视，与居民的互动性也更强，并且它还有一个很大的助力在于帮助扩大项目活动的覆盖率和影响力，紫竹苑社区具有各业主零散独立的特点，并且很多年轻业主忙于工作，根本没时间来参与社区举办的线下活动，通过平台我们一方面可以举办一

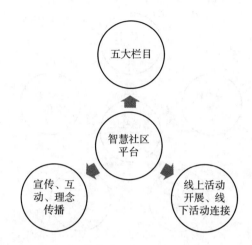

图 2　重庆大竹林街道紫竹苑社区智慧社区平台基本内容

些线上的活动，另一方面也与线下活动形成了良好的衔接，扩大了线下活动的影响力。"绿"社微工场适应了当下社区居民的新特点，为提供社区服务提供更强助力，进一步影响了社区治理方式的转变。

2. "绿"社基金

益群社工通过招募"绿"社基金理事，探索建立"绿"社基金理事会，对资金进行监管，并组织开展系列活动募集基金，为项目提供资金支持（见图3）。

"绿"社基金作为社区基金，通过成立基金理事会以及制定基金章程，对基金使用进行规范和监管。在成立基金理事会方面，通过成员推选、遴选等方式组建成立，理事会成员主要由社区工作人员、社会工作者、提案大赛负责人、环保队伍负责人、辖区爱心单位、社区热心居民构成，共同对基金的使用情况进行监管，并先后4次组织开展"集思广益　共建共享""绿"社基金协商会议，对资

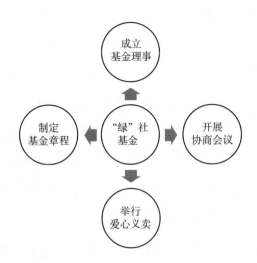

图3　重庆大竹林街道紫竹苑社区"绿"社基金的主要功能

金的来源、用途和流程进行协商；在章程制定方面，根据基金发展方向和实际用途，结合社区、志愿者骨干、热心居民等的意见建议和社区实际情况，制定出《紫竹苑社区"绿"社基金理事会章程》，明确了理事会宗旨、成员构成、权责范围、组织管理、款项用途、款项使用流程等内容，规范基金管理和财务开支。

"绿"社基金会不忘通过开展相关爱心义卖暨公益倡导主题活动，将"绿"社公益活动和课堂中由社区居民制作成的工艺品，向辖区热心居民、爱心人士进行义卖以募集环保基金，累计筹得爱心善款30000余元，进一步扩展了资金的来源渠道，实现资金的良性循环。

3. "绿"社队伍

为了实现"绿"社微工场长效发展，益群社工注重人才队伍建设，培养骨干志愿者，为社区实现自我造血奠定良好基础。

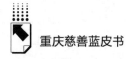

"绿"社微工场项目管理负责人 WYP 强调："我们的队伍来源于居民，服务于居民，与社区居民联系紧密，分布于社区各个地方，具有天然优势。"

数量分工方面，"绿"社微工场鼓励社区居民参与工作，持续招募志愿者，在 2020 年度实现 20%～30% 的数量增长，并按照功能类别将志愿者队伍团队调整为"绿"社科普宣传队、"绿"社生活传播队、"绿"社文明劝导队、"绿"社手工实践队、"绿"社分类指导队，以进一步明确其职能分工。

能力培育方面，"绿"社微工场组织开展了"文明实践 志愿先行""绿"社队伍培育活动和"凝聚低碳力量 共创环保紫竹""绿"社微工场团队能力提升活动，帮助志愿者提升服务能力和服务意识，并通过协商议事、创设活动，重点培育志愿者骨干，引导各志愿者骨干自己组织开展更多志愿服务交流和培训，提升其活动策划、组织能力，进一步发挥骨干的引领和带动作用（见图 4）。

4. "绿"社课堂

"绿"社微工场开设三类主题课堂，一年内开展了 12 次"绿"社课堂活动，有效提高了社区居民的环保意识和能力，倡导和持续传播环保理念（见图 5）。

"绿"社课堂面向青少年和中老年群体，开设了"绿"社公益课堂、"绿"社科普课堂、"绿"社网络课堂。手工体验和制作课堂主要通过社工和志愿者的课堂教学，教导居民将生活中的废旧物品通过剪纸、插画、扎染、编制、折纸等方式变废为宝、二次利用，培养其低碳节约意识，并可以将其制作的工艺品用于后续的爱心义卖活动；开展的"趣味化学 低碳生活""趣味小实验""体验生活

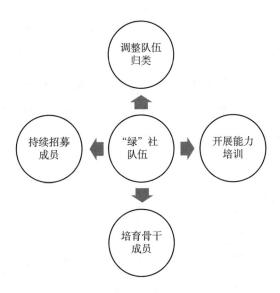

图4 重庆大竹林街道紫竹苑社区"绿"队伍的主要功能

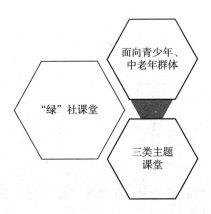

图5 重庆大竹林街道紫竹苑社区"绿"课堂的主要内容

探寻自然"等环保科学实验课，让青少年感知科学原理，激发青少年探索科学、践行低碳环保的意识；而在环保科普课堂上，专家、志愿者会对垃圾分类投放、节能降耗生活小妙招进行科普和教学。

"我们专家会教导大家如何用果皮等厨余垃圾制作成酵素肥

料，建设最美阳台，参与'绿'社评选活动，节假日还会在社区积极开展'文明祭祀 绿色清明'的活动，倡导摈弃陋习、破除迷信，增强大家对节能减排的共鸣，践行绿色健康的生活方式。"项目管理负责人 WYP 提道，"我们也会开展网络的科普课程，或者把一些线下课程上传到智慧社区平台上，方便感兴趣但没时间参与的居民点击观看学习"。

5. "绿"社公益

"绿"社微工场三年内开展了环保教育类、公益参与类等"绿"社公益活动 30 场次，持续深化环保实践（见图6）。

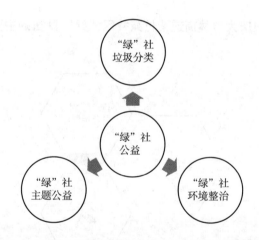

图6 重庆大竹林街道紫竹苑社区"绿"社公益的主要内容

"绿"社微工场工作人员会在智慧社区平台上进行活动征集，然后根据真实需求，组织开展居民喜闻乐见的公益活动，鼓励居民以家庭、亲子等多种形式进行参与。项目管理负责人详细介绍了开展的垃圾分类活动："主要由我们社工负责组织，也会邀请共建单位赞助和参与，比较典型的一个活动就是重庆开始进行垃圾分类试点时，当时由于大家对这个普遍不太了解，积极性也不高，于是有居民就在平台上给我们提议说能不能带大家去参观一下垃圾分类处理厂，于是我们发布了活动公告，组织居民代表到巴南三峰环境基地参观垃圾处理厂，代表们透过玻璃看到分类后的垃圾如何进行再次利用，直观感受到了垃圾分类的作用，深刻体会到了垃圾分类的必要性，回去又对居民进行宣传和展示，从而进一步提高了社区居民对垃圾分类活动的认可度和参与度，后期我们又开展了'垃圾分类知识趣味竞赛活动'，就取得很大的反响和热度。"

"绿"社公益日常还会组织开展"抗洪去污 美化家园"、"制止餐饮浪费 崇尚勤俭节约"、"美化环境 守护河滩"和"低碳环保绿色春节"等各类主题活动，引导居民积极投身环保公益活动中。

6. "绿"社评选

为了聚焦体现示范引导作用，激励社区居民积极投身环保志愿服务工作，践行绿色发展理念，社区组织开展了"绿"社典型评选表彰活动（见图7）。

"义路同行 感恩有你""绿"社之星评选表彰活动重在人员激励。社区结合志愿服务时长、志愿服务成效、示范带动作用等指标，对评选出来的12名"绿"社之星和6名环保小明星进行集中表彰，鼓励其积极参与绿色环保社区建设，作为社区生态文明的宣传者、参与者和推动者，进一步发挥榜样示范带动作用。

"绿"社阳台评选重在学习参与。"绿"社阳台评选的具体流程为：首先在平台上进行活动宣传和报名，征集社区居民阳台作品，通过网页平台展示，请专家进行点评并提出建议，边征集边展

207

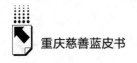

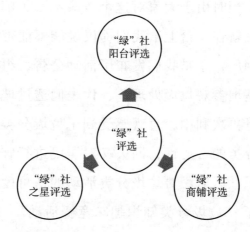

图7　重庆大竹林街道紫竹苑社区"绿"社评选的主要内容

示，逐步指导大家怎么把阳台建设得更加美丽环保，最终评选出成熟的好作品，通过平台进行宣传。

而"绿"社商铺评选重在多元主体，针对社区内的企事业单位和商铺，通过开展专项活动，鼓励其参与进来，实现资源整合，共同打造美丽社区。

二　项目优势

（一）互联网平台线上服务和线下活动功能交互

互联网平台解决了信息不对称问题，厘清治理职责、建设责任共同体；促进了社区交流互动，增强群体归属感和凝聚力，建设社区价值共同体；实现了线上服务和线下活动的整体联动，建设行为共同体；加强了项目开展的针对性和居民的互动性，推进民主协商，建设利益共同体①。"来点"智慧平台为社区治理共同体的建设提供了强大科技支撑，纵观五大板块，"绿"社基金通过平台得以公开和募集，"绿"社队伍通过平台进行招募和展示，"绿"社课堂通过平台得以上线和推广，"绿"社公益通过平台得以征集和反馈，"绿"社评选通过平台得以评选和示范，各大主体通过智慧平台得以聚集，进一步扩大了参与度和覆盖率。

（二）路径合理，形成良性循环体系

从时间线来看，项目第一年是筹备阶段，主要是多元主体和资金的引入；项目第二年是搭建阶段，通过活动吸引更多居民参与，注重志愿者队伍建设；项目第三阶段，各方面运作更为成熟，引导社区居民实现自我造血。从板块角度来看，在资金方面，通过"绿"社基金拨款开展手工活动，帮助居民实现变废为宝，在后续开展的社区公益日活动中，又可以将工艺品拿出来义卖，义卖的资金又注入"绿"社基金中；再如人才建设方面，通过"绿"社公益活动的开展，评选"绿"社之星，又可以鼓励其加入"绿"社队伍，实现从积极参与者到活动实施者的转型。合理的规划和板块设计使得"绿"社微工场项目运行有序，并随着现实开展情况不断深化发展和调整。

（三）专业社工组织机构助力多元参与

益群社会工作服务中心是全国百强社会工作服务机构、全国最佳志愿服务组织，具备专业的社工团队，自 2013 年成立以来，累

---

① 周红云：《社区治理共同体：互联网支撑下建设机理与治理模式创新》，《西南民族大学学报》（人文社会科学版）2021 年第 9 期。

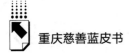

计承接社会服务项目 80 余个，具有丰富的社工工作经验，在开发设计项目、培育社区组织、发展社会工作、推动志愿服务方面具有独特的功能和优势。项目管理负责人 WYP 谈道："益群社工机构重视推动全民多元参与，承接政府委托后，致力于将辖区范围内的全体居民、商品、企事业单位的积极性调动起来，和我们一起共建共商共享环保绿色社区建设。"

三　展望

互联网从责任共同体、价值共同体、行为共同体和利益共同体"四位一体"出发，一是可以帮助基层治理主体从单一转向多元，联结党政商社群；二是可以为社区工作提供更多的信息资料，用以支持决策，帮助精准识别需求，精准对接供给，实现治理效能从粗放转向精准；三是可以促进治理方式从单打独斗转向协同合作；四是可以打破壁垒，将人力、信息、设施资源从分散转向整合。从以上四个方面助力打造共建共治共享的基层治理新格局①。

参考文献

郭劲光、俎邵静、邓韬：《扶贫资源配置低效问题研究：生成机制与治理路径》，《农业经济问题》2019 年第 7 期。

---

① 周红云：《社区治理共同体：互联网支撑下建设机理与治理模式创新》，《西南民族大学学报》（人文社会科学版）2021 年第 9 期。

B.8

网络综合服务：上游新闻帮帮频道

李 健 田乂年*

摘 要： 公益慈善离不开媒体的支持，媒体能够通过正向引导，影响着社会公益事业。但媒体与公益慈善的合作不仅局限在媒体对公益慈善的宣传，媒体也可以充分利用自身优势从事公益慈善活动。重庆上游新闻帮帮频道就通过开设"帮你问""找答人""玩社群""城市通""曝光台"五大栏目，帮助重庆市党委、政府部门和市民建立起高效沟通的桥梁，打造网络问政新平台，并与 1800 万用户积极开展互动，汇聚群众力量，共同搭建重庆的"城市大脑"。未来新闻媒体还可以通过对接医疗系统、增设运营小组并不断下沉至社会，创造更多的链接和可能。

关键词： 新闻媒体 公益慈善 网络问政

伴随着移动客户端和 5G 时代新技术革命浪潮的来袭，技术体

---

* 李健，中央民族大学管理学院教授，博士生导师，中央民族大学基金会研究中心执行主任，研究方向为社会组织、公益慈善；田乂年，重庆大学法学院硕士研究生，研究方向为社会组织、公益慈善。

系、媒介生态、传播理念发生了深刻变化，传统媒体如若难以适应新媒体环境的发展转型，将面临着渠道失灵的问题，导致受众流失，难以重建与受众之间的联系①，用户个人端潜藏的巨大能量开始引起关注。2019 年 3 月，习近平总书记在《加快推动媒体融合发展构建全媒体传播格局》一文中进一步强调，推动媒体融合发展、建设全媒体成为一项紧迫课题，要运用信息革命成果，推动媒体融合发展，做大做强主流舆论②。至此，各大传统媒体开始积极探索与新媒体的多领域深度融合模式，以打破以往与用户的单向弱联系，重建与用户的互动强联系，更好的发挥群众力量，为城市建设和慈善事业搭建起强有力的信息传播与资源汇聚渠道和平台。

一　项目介绍

上游新闻作为重庆日报报业集团旗下品牌，始终坚持走群众路线、为群众办实事的党的新闻事业优良传统，切实履行好新闻媒体行业舆论引导、服务人民的社会责任，于 2019 年 5 月 27 日在上游新闻客户端上线开放式互动新闻频道专区——帮帮频道，通过开设五大栏目，帮助重庆市党委、政府部门和市民建立起高效沟通的桥梁，打造网络问政新平台，并与 1800 万用户积极开展互动，汇聚群众力量，共同搭建重庆的"城市大脑"。

① 王军峰：《场景化思维：重建场景、用户与服务连接》，《新闻与写作》2017 年第 2 期。
② 习近平：《加快推动媒体融合发展构建全媒体传播格局》，《求是》2019 年第 6 期。

（一）项目发展历程

帮帮频道精准定位于依托上游新闻，联动本地资源，通过融媒手段，拓展党媒与用户之间的联系，强化传播社会主义主流价值观和正能量的舆论场。在 2018 年筹备伊始，编委会就对抽调的 20 多名采编运营骨干提出"三个必须"的明确要求，"必须在 30 分钟内回应用户提问；必须在 3 个工作日内解答相关问题；必须在与相关部门沟通后，给用户专业、有效的回复"。上线之时，帮帮频道开辟了"帮你问""找答人""玩社群""城市通"四大功能区，满足用户多样需求，帮助用户解决各类实际问题，得到用户热烈反响，后又响应习近平总书记"要面对面、心贴心、实打实做好群众工作"的要求，增设"曝光台"功能区，开展舆论监督，进一步发挥媒体和大众的监督作用。仅 2020 年，帮帮频道累计发布信息 4 万余条，吸纳建设性意见 5000 余条，帮助解决各类困难 3900 余起，澄清各类事实信息 900 余次，廓清疑问 6000 余条，化解各类矛盾 600 余起，城市市民知名度与影响力逐渐上升，搭建起主流媒体走好网上群众路线的全新渠道，实现了"新闻+政务服务商务"的深度融合。

（二）项目基本内容

上游新闻帮帮频道五大栏目各掌其职，"帮你问"栏目通过联动相关党政部门，开辟网上问诊新平台；各领域专家达人聚集在"找答人"栏目为用户解疑释惑；"玩社群"栏目则引导广大用户依据兴趣"聚居"，互帮互答，增强群众参与的主动性；

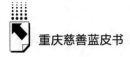

"城市通"栏目通过内引外联，提供更为广泛的民生服务；舆论
监督则通过"曝光台"栏目推动市民"最后一百米"问题的解
决（见图1）。

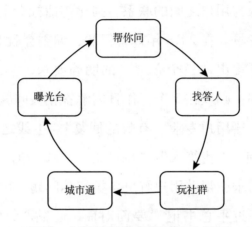

图1　上游新闻帮帮频道五大栏目

五大功能区通过"服务+内容"的组合拳，实现双驱带动的用
户黏性聚合，从平台、技术、内容、服务、社群、价值六个维度入
手，相互促进、补充，力争为居民市政生活提供高效率、全覆盖、
交互性的服务体验。

1. "帮你问"栏目

"帮你问"栏目通过构建虚拟场景，连接各"平台端口"并建立
政务"问答体系"，帮助用户与政府搭建起更为便捷、紧密的联系桥
梁，总体呈现出四大特点（见图2）。

首先，在重庆市委市政府的大力支持与配合下，"帮你问"栏
目邀请了重庆市主城和周边区县共2000多家各级党委和政府机构
部门入驻平台，力求提高问政问答的权威性，并特别建立了常态

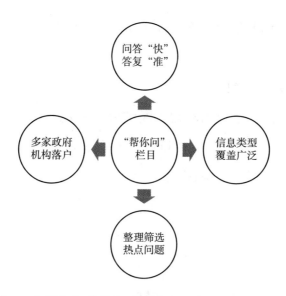

图 2　上游新闻帮帮频道"帮你问"栏目具体内容

化信息反馈机制，入驻职能部门不仅有详细通讯录，还备注有工作人员联系方式。其次，为了提高回复的效率和质量，"帮你问"栏目还特别规定对于用户的问答在半小时内必回应、三个工作日必答复，保证事事有答复、件件有回音，问询回复率高达98%以上。"帮你问"栏目与一般的问政问答平台不同的一点就在于，一方面从用户角度，可以帮助催促政府相关部门及时答复问询，另一方面从政府部门角度，可以运用自身新闻媒体行业的专业知识，帮助政府部门进一步加工润色其答复，在得到政府部门的批准后，再行反馈给用户，减少双方沟通的成本，降低不必要的舆情风险。再次，"帮你问"栏目的问询信息也呈现覆盖民生各领域的特点，具体包括教育医疗、公共建设、公共服务、社会保障四大领域，有效建立起政民沟通互动的新机制。最后，"帮你问"栏目还会定期收集市民关注的问政话题，集中整理，筛选出年度高热度

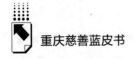

问题Top10，通过大数据在各大社群进行推广，进一步普及政务
工作。

2. "找答人"栏目

互联网时代，用户需求被不断细分，重建与用户的强连接需要
兼顾长尾需求，"找答人"栏目专注发掘长尾蓝海市场，最大限度
吸引用户、凝聚用户（见图3）。

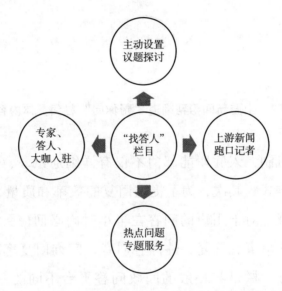

图3 上游新闻帮帮频道"找答人"栏目具体内容

帮帮频道邀请包括高校教授、协会主席、学校校长、自媒体
大V在内的200多位专家、400位答人、大咖和上游新闻的35位
跑口记者入驻，涵盖法律咨询、医疗健康、亲子教育、旅游咨
询、地产经济、美食推荐、文史知识、文娱运动、艺术设计，乃
至游戏电竞等多个行业领域，共计审核问题10万余条，并进一
步细化行业、实行分级管理。入驻帮帮频道的律师、记者、医生

和教育工作者提供服务都是纯免费的，平台也不会提供任何物质奖励，大家都是怀揣着一颗公益的心聚集在帮帮频道，为广大用户免费提供专业的咨询服务。通过连接专家资源，"找答人"栏目策划了多个如"遇到经济纠纷，来上游新闻找律师！""志愿填报有疑惑？上游新闻高考专家团为你免费支招！""工伤维权有疑惑？来帮帮找律师！"等和群众生活息息相关的专题，吸引大量用户前来提问。

"找答人"栏目也还不忘进一步完善自身答人库管理系统的建设，帮帮频道通过建立官方账号融入其中，一端连接专家、答人、大咖，一起回答、讨论问题，帮助专家吸引垂直领域粉丝；另一端连接用户，对其未指定回答对象的问题进行引导转接，以便于向特定机构或专家进行点对点提问，帮助用户找到精准答案，充分发挥中间人作用，并主动根据热点民生问题设置专栏，引导用户提问，邀请专家、大V进行回复。

在两会期间，"找答人"栏目主动设置"两会云回答"议题栏目，邀请人大代表、政协委员以及广大网友积极参与到两会中来，进行沟通解答，帮助连接民心，回应民意，最终栏目阅读量高达700万次。一并启动了"V观两会"栏目，邀请深受当地年轻人欢迎的本地大V就科技创新、乡村振兴、民生保障、医疗话题进行探讨，上线3天，阅读量超过800万次。

3. "玩社群"栏目

帮帮频道旨在打造由用户引导，能动性更强，交流更为紧密的"社群+"战略模式，打破社群之间的"孤岛效应"，打通用户"最后一公里"（见图4）。

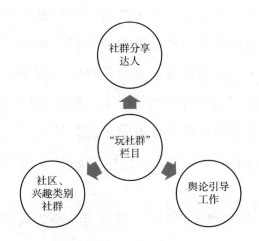

图4 上游新闻帮帮频道"玩社群"栏目具体内容

上游新闻拥有4000多万的下载量，拥有相当规模的基础用户，为了更好地挖掘用户端需求和价值，帮帮频道开辟"玩社群"栏目，以用户自身兴趣为导向，鼓励用户在平台上实现新聚合，找到志同道合的朋友进行社交和"抱团发展"。2019~2021年，帮帮频道陆续建立起包括志愿者群、高考群、旅游群、读书群、社区街道群在内的1950个不同类别社群，用户之间实现了高频社交互动，从线上深入线下，实现跨圈传递信息，并以此产生无中心化的传播特点和裂变效应。社群主要分为两种：一种是社区社群，另一种是兴趣社群。建立社群的方式也分为自建群和连接群，自建群主要由平台建立，为用户提供服务，连接群是外部社群。

此外"玩社群"栏目还招募了300余名社群分享答人，每天通过"群推"的方式，将有关咨询问答分享给各大社群，截至2021年7月，分享答人累计发群10万余次，覆盖人群100多万人。

为了更好地帮助各个社群做好运营，上游新闻还举办了"2020社群生态大会"，吸引了300余名全国和重庆的知名社群大咖为群主和分享答人支招。

"玩社群"栏目还积极发挥舆论引导工作，比较典型的例子就是在疫情期间"玩社群"栏目配合重庆主城9区的社区负责人进行网络登记工作，结合市委宣传部的工作，分类编辑上游新闻的抗疫新闻和信息，每天精选5~6条编辑成《上游每日疫报》提供给有关部门，通过与社区干部联系，分发到全市九大主城区的居民群中，内容包含疫情辟谣、最新咨询和疫情科普等，帮助群众分辨疫情真假消息，并及时收取反馈信息提供给有关部门。截至2020年3月30日，已共计分发630余条抗疫新闻信息。与此同时，"建社群"栏目日常也会发布一些辟谣信息，通过权威报告营造清朗网络空间。

4."城市通"栏目

"城市通"栏目立足重庆，最大兼容用户场景，为用户提供24小时全方位生活服务（见图5），用户只要下载一个上游新闻客户端，就能通过帮帮频道"城市通"栏目一键办妥所有事。

"城市通"栏目通过内引——开发或引入本地化的"城市通"服务项目和外联——连接渝开办、各局办外部已搭建好的专业服务平台，为用户提供更为广泛的民生服务。目前已接入公租房查询、社保查询等50多个有效民生服务连接，并分为四大服务板块：重庆生活、城市查询、重庆公示、重庆医疗。

重庆生活是百姓日常实用服务通道，汇聚行业、旅游、生活等咨询；城市查询可以查询到考试成绩、企业信用，并且提供法律援

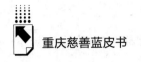
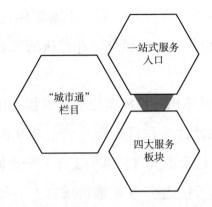

图 5 上游新闻帮帮频道"城市通"栏目具体内容

助热线；重庆公示主要是提供官方权威的公示内容；重庆医疗里面的小助手会为用户解决预约挂号、疫苗查询、异地就医备案的医疗问题。在疫情期间，"城市通"栏目还和宣传部共同开发了重庆爱国主义教育基地展示和预约系统，确保疫情安全的同时，也方便了市民预约参观。

5. "曝光台"栏目

"曝光台"栏目的开辟旨在解决群众的操心事、烦心事、揪心事，已初步形成了"舆论反馈—新闻报道—协调解决"运作模式（见图 6）。

"曝光台"栏目会根据市民报料，分门别类进行处理，对于有关部门普遍不作为问题，积极组织记者介入调查，促进问题解决和矛盾化解，有效促进基层治理，助力把矛盾化解在基层。"曝光台"上线以来，出现 19000 多个报料，有效解决了 8000 多个民生问题，并由此开设了"城市提升曝光台""安全隐患大排查大整治""天天 315""失信曝光台""劳动保障曝光台""污水偷排漏

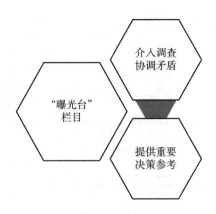

图6　上游新闻帮帮频道"曝光台"栏目具体内容

排直排曝光台""曝光台追踪"等特色栏目，扎实推进民生类建设性舆论监督。

"曝光台"栏目还在疫情防控期间，结合特殊时期舆情状况，开辟专区、搜集信息，对小区封闭、市场保供及复工复产相关情况进行暗访，制成调研报告，为市委市政府提供重要决策参考。

二　平台优势

上游新闻帮帮频道依托上游新闻主流媒体，具有广泛的用户基础和专业的运作团队，其优势在于作为一家具有互联网思维和气质的公司，可以更好地运用专业知识为用户提供服务，并且与政府相关部门开展深度合作，提供更加权威的信息。具体而言，上游新闻帮帮频道平台优势包括品牌背书、资源聚合和互联网思维（见图7）。

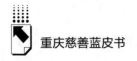

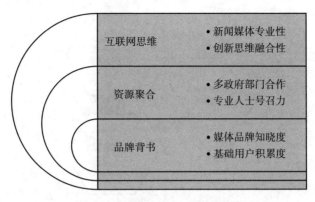

图7 上游新闻帮帮频道优势

（一）强大品牌背书

上游新闻作为区域主流媒体，隶属于重庆日报集团，多年来深耕于各领域，坚持主流价值观，对重要信息和咨询进行及时报道，累积了相当的品牌知晓度和美誉度，也积累了一大批忠实用户。而上游新闻帮帮频道背靠上游新闻客户端，原始上就具有大批忠实的基础用户和较高的品牌信誉度，这为其开展各项工作提供了扎实的基础和助力。帮帮频道负责人说道："帮帮频道每年的运营成本在四百万到五百万之间，但得到了集团的鼎力支持，专注于为用户提供免费公益服务，目前并不打算营收，主要通过集团其他营收项目反哺。"

（二）高效资源聚合

党媒姓党，上游新闻始终坚持"内容向上生长，服务向下生根"，与党和政府各部门机构形成了互通互惠、互相监督的合作关系，并对各行各业专业人士拥有强大的号召力。这使得上游新闻帮帮频道与 2000 多家党委和政府机构部门建立了友好合作关系，助力搭建起"帮你问"栏目和"城市通"栏目外部链接，各行各业的专业人士也在其号召下入驻社群，为用户解惑答疑，实现了资源的高效聚合。

（三）互联网思维浓郁

随着商业等社会系统的介入，互联网迅速拓展成为社会发展的基础平台，其社会地位也从传统媒介从属的上层建筑层面下移，成为影响从经济基础到意识形态等各个社会系统的基本结构[①]。网络社交平台的崛起，赋予了用户即时互动、广泛参与的可能性，媒体业态需要从"内容满足模式"向"互动满足模式"转变[②]。帮帮频道注重与用户的互动性，鼓励用户自发参与、转发扩散、发表评论以进一步扩大发布内容的影响力，运用网络化语态和形式发表适应年轻受众群体的使用习惯和偏好的内容。这也离不开帮帮频道拥有一批政治坚定且熟悉新媒体技术，具备市场开发运营能力的人才队伍，"目前我们项目团队共有 30 人，涵盖记者、编辑和运营团队等方面，具备相当专业的知识技能，也身负作为媒体人的社会责任"。

---

① 崔林、尤可可：《从技术、社会到文明：互联网引发的媒介理论转向》，《中国人民大学学报》2019 年第 4 期。

② 崔林、陈昱君、林嵩：《"互动"与"亲民"：融合发展背景下主流媒体电视新闻的语态变革——以央视〈新闻联播〉为例》，《新闻与写作》2019 年第 11 期。

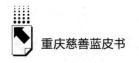

三 项目未来展望

帮帮频道酝酿了两年才上线，目前来说开辟的板块还是足够满足用户需求的。不过为了更好地满足用户多元化需求，频道也应根据用户现实需要和未来展望，提供多元化服务（见图8）。

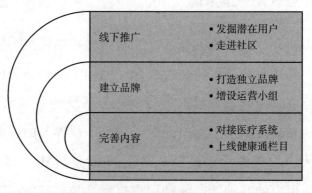

线下推广	• 发掘潜在用户 • 走进社区
建立品牌	• 打造独立品牌 • 增设运营小组
完善内容	• 对接医疗系统 • 上线健康通栏目

图8 上游新闻帮帮频道未来展望

（一）内容不断完善：对接医疗系统

帮帮频道负责人谈到自身经历，感叹道："今年我父亲生病去家附近医院看病，等到我们入住以后才发现这个医院并不是最擅长此类手术的医院，后面自己各方搜集信息以后，才转院到最适合的医院。所以我就在想能不能在帮帮频道中，增加一个可以查询到每个医院擅长处理何种疾病、具备何种医疗条件的功能，和各大医院进行深度对接，这样一方面就不用麻烦病人和家属跑来跑去，耽误病情，另一方面也可以避免医疗资源浪费。"基于这样的经历，帮帮频道打算和重庆市卫健委合作开发"健康通"栏目，深度对接各大医院资源，为用户提供全面准确的医疗信息，以进一步完善帮帮频道相关功能。

（二）建立品牌效应：增设运营小组

帮帮频道隶属于上游新闻，当前更多依赖上游新闻客户端本身的品牌效应，甚至有用户将其归于一类。两者虽然可以相互影响和促进，但将专注于"网络综合服务"的帮帮频道和专注于"新闻综合服务"的上游新闻混为一谈，容易使二者职能发生错位和偏差。在提供民生服务方面，帮帮频道也存在个体用户较多，被动接受一对一提问回答的现象，缺乏自发性和主动性，难以形成规模效应。接下来帮帮频道在团队人力资源设计上将增设运营小组团队，专门负责和相关部门合作，主动策划更多有针对性的线上、线下活动，输出帮帮频道的品牌，进行宣传，扩增流量，形成独立的子品牌，进一步发挥出独立的品牌效应。

（三）线下推广活动：走进社区

上游新闻主要用户群体年龄集中在 25～40 岁，呈现年轻化特点，但帮帮频道不忘立足现实需求，致力于发掘大基数的中老年潜在用户群体。很多老年人并不擅长使用手机，但他们也有很多需求，甚至比年轻人有更多的需求。帮帮频道已经考虑到这种情况，下一步打算开展进社区活动，帮助老年人使用手机下载客户端，同时频道本身支持老人通过拨打热线电话寻求帮助。

B.9

消费电商扶贫：行采家平台扶贫专区

李健　田义年*

摘　要： 领先的中国电商以强大的技术优势，运用人工智能、云计算等新一代科学技术，率先实现了新基建的运用场景，不仅显示出中国电商经济强大的辐射力，更是创建了中国式扶贫新样本。行采家一体化采购服务平台是重庆港澳大家软件产业有限公司按照市场化"互联网+"原则，投资、研发、建设、运营，为全国及重庆行政事业单位、中小微企业提供服务的第三方采购服务平台，其通过线上、线下同步开展活动，打通农产品规模销售渠道，帮助农产品上市，让偏远和贫困加速消失。如何深化参与产业链，实现电商规模化发展，在一定地域内形成良性的市场生态，使得当地农户即使没有直接或间接参与电商产业链，也可以从中分享发展成果溢出效应，是行采家平台扶贫接下来努力的方向。

关键词： 电商扶贫　公益慈善　供需对接

---

* 李健，中央民族大学管理学院教授，博士生导师，中央民族大学基金会研究中心执行主任，研究方向为社会组织、公益慈善；田义年，重庆大学法学院硕士研究生，研究方向为社会组织、公益慈善。

　　消除贫困是人类社会发展史上一个不可规避的难题，也是一个攸关人心向背的政治问题①，2015 年《中共中央　国务院关于打赢脱贫攻坚战的决定》指出我国扶贫开发已进入啃硬骨头、攻坚拔寨的冲刺期，并确立了到 2020 年农村贫困人口实现脱贫的总体目标，国务院扶贫办也提出实施包括"电商扶贫"在内的"十大精准扶贫工程"。2015 年以来，重庆市委市政府在党中央的指导下进行了积极探索与实践，积极整合社会资源，推进"互联网+"跨界融合，鼓励优秀互联网企业参与到慈善公益活动中来，为农村精准扶贫工作添砖加瓦，全市公益慈善氛围浓郁，脱贫攻坚取得了胜利，涌现出了一批批具有重庆特色和互联网底色的爱心企业，助力脱贫，热心公益，为山城重庆添增了许多慈善风采。

一　项目介绍

　　行采家一体化采购服务平台是重庆港澳大家软件产业有限公司按照市场化"互联网+"原则，投资、研发、建设、运营，为全国及重庆行政事业单位、中小微企业提供服务的第三方采购服务平台，始终坚持以信息公开、高效采购、资源保障和有效监管的宗旨和原则为各方提供高效便利的服务。行采家平台扶贫专区是隶属于该平台的子板块，2018 年上线以后，一直致力于开展电商扶贫，免费助农宣传，为重庆市各贫困区县农产品提供了一个供需对接的电商平台。

---

　　① 王小林：《改革开放 40 年：全球贫困治理视角下的中国实践》，《社会科学战线》2018 年第 5 期。

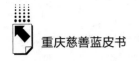

（一）项目发展历程

电商扶贫政策以特色电商项目和扶贫政策为手段，以拓展贫困户生计策略空间为路径，帮助贫困户脱离贫困，从而实现电商扶贫政策目标①。2016 年 16 个国家部委单位联合发布的《关于促进电商精准扶贫的指导意见》指出要进一步引导第三方电商企业建立电商服务平台，注重农产品上行，促进商品流通，让互联网发展成果惠及更多的贫困地区和贫困人口，为后续一系列网络扶贫政策的出台奠定了基础。为贯彻落实国务院决定，重庆市政府也于 2017 年发布了《重庆市深化实施电子商务扶贫活动方案》，提出要切实发挥电子商务优势，创新发展"电子商务+扶贫"新模式，推动电子商务与脱贫攻坚深度融合。

重庆港澳大家软件产业有限公司是一家具有高度社会责任感的公司，行采家平台扶贫专区是在相关政策背景和企业社会责任的共同影响下，于 2018 年 6 月底在重庆市商务委员会的指导下应运而生的，首批上线了几十款农产品，仅覆盖重庆市 6 个贫困区县，截至 2021 年 5 月份进一步覆盖至重庆市石柱县、城口县、酉阳县、秀山县、奉节县、彭水县、武隆区、开州区、涪陵区等 11 个贫困区县，上线 179 款地方特色商品，商品品类进一步扩展到水果、特产、粮油、饮品、蔬菜等八大类目，初步搭建好一个农产品上行供需对接渠道。

---

① 肖开红、刘威：《电商扶贫效果评价及可持续反贫政策建议——基于农户可持续生计能力视角的实证研究》，《河南大学学报》（社会科学版）2021 年第 5 期。

（二）项目基本内容

农村电商是推进农村产业融合、产业结构优化、创新创业开展和农民创收的重要途径，一个功能齐全、高效运转的电子商务综合平台可以帮助"互联网+农业"最大限度整合和开发已有资源。行采家平台扶贫专区充分利用互联网电商企业优势，于线上、线下开展相关活动，打通农产品规模销售渠道，帮助农产品上市（见图1）。

图1　行采家平台扶贫专区基本内容

1.线上活动

行采家平台扶贫专区通过电商平台提供商品展示和交易渠道，将供需双方无缝对接起来，对比其他电商扶贫平台，行采家扶贫平台依托主营板块为各单位和企业提供政府采购信息，其扶贫专区主要针对政府行政单位和企业，入驻商家多为各区县供销社、扶贫办。

特殊的供需对象使得行采家平台扶贫专区具有交易规模化和需求稳定化的特点，各区县扶贫办、供销社作为供方，将零散农户的农产品整合起来，实现规模化、集中化、品牌化，免费在行采家扶贫平台专区进行商品展示；而政府行政事业单位和企业由于职工福利、节假日福利等方面具有大规模采购需求，也可以在具有政府公

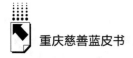

信力的行采家扶贫平台上，一方面进行规模化采购满足现实需求，另一方面贡献爱心、助力扶贫，双方就此建立稳定供需关系。

行采家平台扶贫专区会把上架商品所在区县、价格、商品简介、联系方式和成交情况展示出来，方便消费者实时了解和在线沟通，还会实时根据节令假日需求，推出中秋特惠、国庆特惠、职工福利、年货团购等活动，对地方特色产品进行展销宣传，实时跟进消费需求。作为可靠、可信的桥梁，行采家平台帮助连接起两端供需，以进一步实现农产品上行，同时也提供信誉背书，确保产品货真价实，提供电子合同确保双方交易安全。

2.线下活动

行采家平台虽然依托线上平台，但其带来的影响力并不局限于线上，而是辐射至线下，让更多扶贫农户共享电商扶贫政策红利。行采家平台开展多次线下活动，将平台影响力进一步推广，2018 年在重庆武隆农商旅产品对接会上，行采家与武隆商务局签订了战略合作协议，整合各自的优势资源，共同推进电子商务进农村示范工作，同时将武隆脆桃上线行采家平台扶贫专区并向市场进行推广运营，帮助武隆区重点扶贫农户在 8 月完成农产品脆桃的销售，最终在 1 个月内向全国推广销售了 6 万斤脆桃，有效解决了农产品销售问题。

行采家还进一步和城口商务局及本地企业进行扶贫对接，就九龙坡区企业如何帮助城口老腊肉等农产品对接电子商务销售渠道，以及本地企业合作事宜进行了交流探讨，并在 2019 年协助九龙坡商务委员会主办首届"渝味乡村"扶贫特色商品展，特设 42 个展位，帮助各区县特色优质农副产品商家全面推广生态特产和名优农特产品。互联网等信息技术的发展为新时代扶贫实践注入全新活力，为扶贫模式和机制优化创新提供了契机与手段。

3. 项目团队与宣传

行采家一体化采购服务平台共有三大特色交易板块，即网上询价、教育商城直采、扶贫专区，行采家平台扶贫专区隶属其一，从软件研发到网站客服，全部由公司员工自主负责。平台页面每年都会进行更新和功能改版，2018年只简单展列产品信息，2019年开始进行页面升级，新增了宣传板块，对目录进行扩充和调整。宣传也分为线上、线下两个板块，在线上不断优化商品展示页、标注产品产地、向用户推送宣传推文，并联动线下开展或参与相关商品展销会、实地宣传地方特色农产品、组织企业现场试吃。

二　平台优势

行采家一体化采购服务平台成立于1997年，拥有成熟的运作模式和大众的消费群体，对比其他电商平台而言，其优势在于拥有政府背书，并且不开放个人客户端、只做企业，线上线下共同推进，其平台优势总结如图2所示。

（一）政府公信力和平台信誉背书

我国农村农产品多为小规模分散经营，不具有标准化和品牌化的特点，难以满足批量订单需求，对产品进行溯源也较为困难，但农产品关乎国民身体健康，仓储运输、农药残留等质量风险问题不容忽视，对问题产品进行责任溯源十分必要。

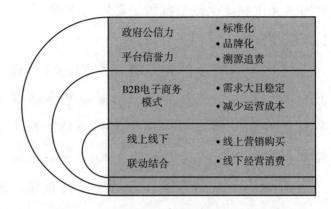

图2　行采家一体化采购服务平台优势

　　行采家平台作为重庆市电子商务示范企业，由上级重庆市商务委员会部门指导，得到相关政府部门的大力支持与专业指导。因为采购需求大，为了降低风险，消费端的行政事业单位和企业更加愿意选择具有公信力的电子商务平台。行采家平台作为一个官方的平台，能在上面展销的商品，意味着具备一定的实力与公信力，一些特殊的行政事业单位出于采购信息的保密性考虑，也更加愿意在这个平台上进行采购。

　　行采家平台扶贫专区的供给方主要为各区县政府部门，一方面有利于实现标准化品牌化，具有一定的市场竞争力，另一方面商品质量溯源归责也更为快捷简便。行采家平台自身也具有一定的信誉，会对企业入驻产品进行考核审查，并提供信誉背书。行采家平台扶贫专区的供需双方都不开放个人端，因为一方面农户个人的农产品为小规模分散经营且多为非标准化生产，难以满足批量订单需求，也存在商品问题溯源难的现象，而通过政府部门进行产品整合和品牌包装可以节约成本，企业的规模化生产也规避了零散化特点；另一方面平台上的消费规模为大宗交易，需要确保规模供货与稳定供货。

（二）B2B 电子商务模式

B2B 电子商务模式利用供应链技术，减少企业与供应商为进行交易投入的成本，提高企业对市场和最终顾客需求的响应速度。采购方企业通过整合企业内部的采购体系，统一向供应商采购，还可以实现批量采购获取折扣，并且即采即销，最大限度控制库存。

传统 B2B 平台需要双方缴纳一定的会员年费，一方面作为平台盈利方式之一，另一方面也帮忙筛选出具有一定信誉力的企业，确保交易安全。而行采家平台扶贫专区是纯公益性平台，商家入驻并不需要缴付成本，而确保交易安全的方式是政府公信力与平台信誉背书。考虑到市场上已经有很多开放个人消费端的成熟电商平台，行采家平台对自身的定位非常明确，即坚持发挥自己的优势专注做好 B2B。

（三）线上线下的电商扶贫模式

基于农产品的特殊性和我国农村现状，电商无法全面取代线下传统模式，需要融合电商和传统渠道，实现线上线下共同助力。行采家平台扶贫专区建立了线上营销、线上购买带动线下经营和线下组织、参与相应展销会的电商服务模式。供应方可以在线上与自己的客户进行更为方便快捷低成本的沟通，并把线下商店的消息推送给互联网用户，从而将他们转换为自己的线下客户；平台上线相关产品后，在线下也积极组织开展和参加商品展销会，拓展销售渠

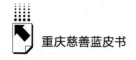

道，进一步带动线下的相关产业发展，线上线下相互影响、相互助力。

三 项目未来展望

我国目前已消除贫困，但扶贫资源配置低效、返贫现象严重等问题突出，扶贫工作整体呈现内卷化势态[1]。互联网可以为扶贫模式和机制优化创新提供契机与手段。大数据与精准扶贫二者之间较强的耦合性[2]，为精准识别、精准设计、精准判别、精准防范提供技术支撑[3]，进一步缓解信息不对称问题，使得网络扶贫成为现实，成为破解内卷化困境的有力武器[4]，从而助力实现脱真贫、真脱贫。2020 年既是全面建成小康社会的收官之年，又是在精准扶贫方略指引下脱贫攻坚脱帽之年，我国完成了消除绝对贫困的艰巨任务，"三农"工作重心转移向全面推进乡村振兴。行采家一体化采购服务平台不仅助力扶贫，接下来也会进一步发挥互联网电商优势，稳固脱贫攻坚战成果，助力乡村振兴成为行采家下一步战略目标。

行采家平台基于互联网农产品交易平台的销售方式较点对点销

---

① 郭劲光、俎邵静、邓韬：《扶贫资源配置低效问题研究：生成机制与治理路径》，《农业经济问题》2019 年第 7 期。

② 汪磊、许鹿、汪霞：《大数据驱动下精准扶贫运行机制的耦合性分析及其机制创新——基于贵州、甘肃的案例》，《公共管理学报》2017 年第 3 期。

③ 丁翔、丁荣余、金帅：《大数据驱动精准扶贫：内在机理与实现路径》，《现代经济探讨》2017 年第 12 期。

④ 孙久文：《网络扶贫为农民拔穷根》，《人民论坛》2017 年第 2 期。

售在环节上进行了精简，把商品与市场有机联系起来，打通了供需双方沟通交易渠道，实现规模化供给、采购，使贫困户共享更多的附加经济效益，实现创收脱贫①。然而目前农产品扶贫电商只是为农户提供了分销渠道，并没有带动农产品深加工体系的发展，也没有助推农业生产标准化、产业化发展，带动相关产业的协同发展。如何深化参与产业链，实现电商规模化发展，在一定地域内形成良性的市场生态，使得当地农户即使没有直接或间接参与电商产业链，也可以从中分享到发展成果溢出效应，成为行采家平台扶贫接下来努力的方向。

一是基于农产品时效性和周期性特点，进一步深化打通供需，规模化生产是乡村振兴的必经之道，只有规模化才能确保产品标准化和品牌化，保障供应的稳定性与市场针对性，平台目前承接的规模化农产品主要是由政府组织起来的，未来应该吸收具有规模化生产、标准化品控能力的企业入驻。

二是随着精准扶贫的开展，在丰富的农业资源优势下，贫困农村地区食品加工工业或农产品种植业得到发展，规模化生产在提升产品产量、丰富产品种类之余，还面临产销对接问题②。针对当前农村电商信息标准不对称问题，行采家平台未来想要建立起一个市场信息动态展示平台，及时更新交易方式、服务功能及经营管理技术，实现"市场要什么、农民种什么"的定制农业生产模式，促

---

① 颜强、王国丽、陈加友：《农产品电商精准扶贫的路径与对策——以贵州贫困农村为例》，《农村经济》2018年第2期。

② 邓琳佳：《精准扶贫下农村本土化电商发展的现实困境与优化路径》，《农业经济》2021年第8期。

进本地农业产品在电商领域实现由"点"的农产品生产到"面"的农产品消费链接，跨越时空距离。并通过进一步开展众筹、预售等活动，提前确保农产品的销售，做到销售现行，真正让农户放心生产，无后顾之忧。

三是在宣传方面，行采家平台扶贫专区未来应考虑与第三方企业开展合作，探索直播短视频和网红经济等新型营销方式，并与各扶贫乡镇一起探索"政务直播+助农模式"，利用政府公信力为农产品增信背书，让线上用户拥有更为直观的感受，以进一步扩宽销售渠道，扩大宣传作用。

四是继续积极开展各类线下活动，整合政府、企业、社会工作力量，助力农产品销售。

五是针对当前部分农产品即使能够达标，但仍然存在的加工和包装不够到位、缺少品牌附加值、无法构成差异化竞争、品牌效应不足等问题，行采家平台扶贫专区需要助力打造当地特色农产品品牌，破除农产品同质化现象，鼓励对农产品进行有效包装与深度加工，在此基础上构成品牌延伸产业链，平台可以通过营销宣传方式增加品牌效应，提高附加值，拓展服务范围。正如行采家负责人所言："乡村振兴具有过程性，关系到社会生活很多方面，也需要进一步的理论指导，我们公司和重庆市大安乡村财税研究院共同成立了数字乡村研究所，我们相信，在政府的扶持帮助和企业间的战略合作下，通过不断的学习与实践，我们能够更好地发挥互联网企业优势，充分展现出电子商务特点，高效率利用平台做出更多于民有利之事。"

智慧党建：AI 党群-"战疫"
捐款系统

李 健　田又年*

摘　要： 党员捐献活动体现出中国共产党为人民服务的宗旨、以人民为中心的发展思想、密切联系群众的工作作风，成为展示党员形象、增强党内凝聚力、密切党群关系、引导社会力量的重要载体。依托重庆市机关 AI 党群智慧党建平台，在开展智慧党建活动的同时，通过上线"战疫"捐款系统、消费扶贫系统和志愿服务系统，将公益慈善嵌入党建工作之中，推动党建工作知行合一，有效提升党建工作效率和科学化水平。由于该系统用于为政府部门做党建和辅助决策，特别强调数据安全和权威性，未来可以考虑探索引入区块链技术，以进一步完善互联网基础设施建设。

关键词： 智慧党建　党员捐献　公益慈善

---

* 李健，中央民族大学管理学院教授，博士生导师，中央民族大学基金会研究中心执行主任，研究方向为社会组织、公益慈善；田又年，重庆大学法学院硕士研究生，研究方向为社会组织、公益慈善。

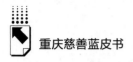

2020年，新冠疫情来袭，全国人民守望相助、共克时艰。全国各级党委机关组织立即开展救援、援助活动，组织先锋队伍奔赴一线开展实地救援，后方也组织了系列捐款活动，筑牢大后方坚实基础，为前线提供物质保障，各级党员在党组织号召下充分发挥先锋模范作用，为抗击疫情贡献自己的一分力量。重庆市直属机关工作委员会积极响应党中央捐款抗疫号召，发出《关于做好在抗疫一线发展党员和组织党员自愿捐款支持疫情防控工作的通知》，由市级领导班子带头，各级党组织全面响应，以支部为单位，通过线上线下两种方式有序组织党员自愿捐款。在重庆市机关 AI 党群智慧党建平台上，市委直属机关工委委托固守远望（重庆）大数据有限公司火速上线"战疫"捐款系统，号召各市级党组织、党员积极捐款，援助灾区，以红色力量助力"战疫"。同处在 2020 扶贫关键年，AI 党群智慧党建平台也不忘上线消费扶贫系统、志愿服务系统，为打赢脱贫攻坚战贡献力量，实现党建平台功能多样化，助力党组织占领互联网红色阵地。

一　项目介绍

固守远望（重庆）大数据有限公司是一家专门提供大数据服务、人工智能公共数据平台服务、人工智能基础资源与技术平台服务的互联网技术服务公司，于 2019 年竞标重庆机关智慧党建服务平台建设项目，开发了 AI 党群智慧党建平台，该平台迅速成为各级党组织开展网上智慧党建的云平台。AI 党群智慧党建平台是一套党建工作的互联网工具，一个党员汇聚的互联网阵地，一个服务群众的互联网平台。

新冠疫情发生后，AI 党群智慧党建平台响应重庆市委直属机关工委委托，火速上线"战疫"捐款系统，同处脱贫关键年，AI 党群智慧党建平台开通消费扶贫系统和志愿服务系统，积极响应"互联网+消费扶贫""互联网+党建"工作。

（一）项目发展历程

疫情紧急，AI 党群智慧党建平台的 8 位工作人员奋战 24 小时即上线了"战疫"捐款系统，为重庆市各市级党组织、党员提供线上捐款渠道，最终参与捐款人数 32177 人次，捐款金额达到 6968424.15 元。消费扶贫系统自 2019 年 11 月 10 日上线以后，最终得到 18 个贫困区县、97 个市直机关、4500 余个机关基层党组织、5 万余名机关党员积极响应，平台整合推出 18 个贫困区县 1 万余种特色品牌产品、优质农产品和手工艺品，链接上千家品牌厂商、小微电商及个体农户，并在市直机关党员干部的带动下，截至 2020 年底，已完成贫困区县农副产品交易 1.9 万余单、766 万余元，受到相关各方一致好评。志愿服务系统 3 个月吸引 4 万多名党员志愿者和近百个志愿团体，并将志愿服务拓展至园区、企事业单位、各类非公组织以及社区。

（二）项目基本内容

1."战疫"捐款系统

"战疫"捐款系统隶属于 Saas 系统运行下的 AI 党群智慧党建平台，针对对象为市各级党组织、党员干部，将捐款数额直接打到

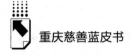

公共账户上，还可以智能统计捐款数据，便于管理者进行多维度分析（见图1）。

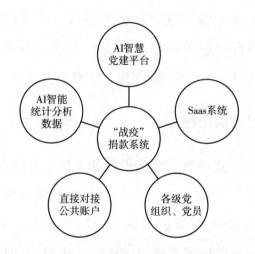

图1　AI党群－"战疫"捐款系统基本内容

因为"战疫"刻不容缓，"战疫"捐款系统上线伊始就已经搭建起了基本的框架，一端连接各市级党组织、党员，另一端直接连接公共账户。后续也陆续上线了一些补充性功能。比如考虑到某些老党员不擅长使用智能手机，但也想尽自己的一分力量，所以开通了帮人代捐功能。另外，针对党组织管理端，进一步完善了数据统计功能，AI党群智慧党建平台能够自动鉴别党员身份和所属党组织，方便各级党组织统计，并对每笔捐款流水数额进行记录，制成AI智能报表，进行各个维度的数据分析。

固守远望（重庆）大数据有限公司还自主研发了AI党群Saas系统，该系统以PC端为支撑，微信公众号为移动端入口，阿里云为后台部署环境，为党政机关、群团组织、国有企业与非公企业、科技园区等提供一站化工作服务平台，通过在重庆市直属机关工作委员会、重庆市总工会、云南省总工会的实际应用，已经形成了一整套成熟的党建和群团服务解决方案。

2. 消费扶贫系统

AI 智慧党建平台消费扶贫系统对接由重庆市委市政府创建的重庆市农产品区域公用品牌——"巴味渝珍"农产品电商大平台，并由"巴味渝珍"对扶贫农产品进行品牌培育指导，提供产品包装和线下物流配送服务，集结双方平台优势，实现贫困地区农副产品在线展示、网上交易、物流配送、在线服务、产品追溯的一站式聚合（见图2）。

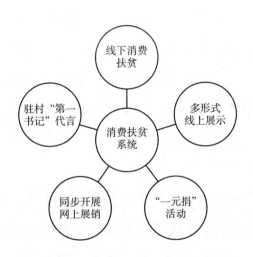

图2　AI 党群智慧党建平台消费扶贫系统基本内容

为了提供更精准可视化的扶贫信息，AI 党群智慧党建平台消费扶贫系统陆续开发了许多新功能板块：①平台充分运用大数据、信息化手段对扶贫商品金进行多形式线上展示，按照产品出

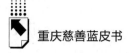

产区县、产品销量、产品类别等形式进行线上展示，方便市直机关党员干部选购；②上线党员"一元捐"活动，购买标记为"公益宝贝"的帮扶产品，每成交一笔，平台配捐一元钱到重庆慈善总会和市委直属机关工委联合设立的"共产党员一元捐"基金，用于对贫困地区困难党员群众的精准帮扶；③平台通过对接西部农交会、渝交会等展会活动，同步开展网上展销，机关党员干部可在 AI 党群智慧党建平台消费扶贫系统的销售专区线上浏览展销会，了解贫困区县特色产品、特色美食和美景；④开通驻村"第一书记"代言产品专区，将消费扶贫农副产品从贫困区县拓展至贫困村、贫困户，由驻村"第一书记"负责对本村农副产品在平台进行线上直播推介；⑤启动线下消费扶贫活动，与市级扶贫集团对接，通过平台线上互动功能模块，定期发布"进贫困地区、购扶贫产品"活动，引导市直机关党员干部在平台自愿报名，集中组织其到贫困区县、深度贫困乡镇和村，开展志愿服务、购买扶贫产品。

3. 志愿服务系统

在志愿服务系统上，党员可以进行身份注册，找到自己所属党组织，志愿团队通过志愿服务平台发起志愿活动、招募志愿者。AI党群智慧党建平台志愿服务平台还增加了评价反馈功能，党员可以反馈每次志愿活动的感想，党组织也可以对党员的志愿活动进行评价。这种双向互评有利于促进双方共同进步，志愿服务平台会也对各级党组织和党员参与志愿活动的次数进行统计分析，制作积分排名榜，扩大先锋模范宣传效用（见图3）。

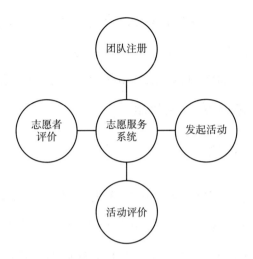

图 3　AI 党建智慧党建平台志愿服务系统基本内容

二　项目优势

（一）政府背书

伴随着互联网的快速普及，网络募捐愈发普及，具有覆盖面广、方便快捷、低成本、高互动的特点。但与此同时，各种网络募捐乱象频发，引发公众对网络募捐平台的信任危机，网络公益存在合法身份、外部监管、内在规范、专业运作以及技术提升等方面的问题[①]，互联网募捐平台的监管问题成为各界关注的焦点。AI 党群-"战疫"捐款系统的最大优势就在于以党建平台为基础，可以直接对接到党工委的公共账户上，没有经过任何第三方的转手。作

---

① 曲丽涛：《当代中国网络公益的发展与规范研究》，《求实》2016 年第 1 期。

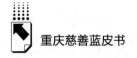

为政府的官方平台，有政府背书，公信力更强。"战疫"捐款系统同时坚持做好善款信息公开的工作，实时统计每笔捐款的流水，捐款信息对于捐款人所在的党组织和单位全部公开，各政府部门可以自行统计单位的捐款人数与数额。

（二）先锋模范

AI 党群智慧党建平台上共有 3 万名党员、干部，各级党员、干部始终秉承中国共产党的优良传统和作风，发挥着共产党员先锋模范带头作用，勇担重任，始终让党旗在斗争一线高高飘扬。"战疫"捐款系统响应了市直属机关工委的工作部属，考虑到疫情救援工作的紧急性和线下防疫工作的安全性，充分发挥线上募集捐款覆盖广、低成本、高效率的优势，迅速将众多党员、干部的爱心力量汇聚起来，方便市直属机关工委和市委组织部与疫情灾区的相关福利机构进行衔接，开展救援工作。捐献系统为党员和灾区群众搭建了具有良好公信力的制度化帮扶渠道，使得帮扶资源源源不断向灾区人员输出，一方面，发挥着密切党群关系、促进社会进步的积极作用；另一方面，齐心抗疫、众志成城展现中国力量、中国精神、中国担当，彰显中华民族同舟共济、守望相助的家国情怀。

市委直属机关工委紧跟中央要求、市委部属依托 AI 党群智慧党建平台开展的消费扶贫系统，既加强了机关党员干部队伍建设，又帮助贫困区县和贫困户解决农副产品销售难的问题，并且平台上的客户都是市直机关党员干部，不存在被恶意投诉、无理退货的现象，免除供应商的后顾之忧，增强抓好生产、自力更生、防止返贫的信心。志愿服务平台也为党员与困难群众联系提供了帮扶渠道，志愿团队通过发布活动，将党员个人的自觉行动转化为组织化的统一行动，精准对接到困难群众的实际需求，在专业运作下发挥了巨大的社会效益。

（三）系统普惠

Saas 系统可以让更多的基层党组织用上优质的智慧党建工具，助力党建工作打通"最后一公里"。Saas 系统可以用平台战略替换孤岛模式，用数据资源驱动党群创新，助力各类党群组织高效、快捷完成工作目标，提升组织和成员间的有效互动，激发党群组织成员的活力和创造力，是新时代下党建工作不可或缺的高效能数字化工具。为了加强系统安全性，AI 党群产品线实现了"安全"国产化，取得了华为鲲鹏认证，进一步确保了信息数据的安全性。

（四）智能统计

平台系统会自动判定捐款人所在的工作单位和党组织关系，智能统计每笔的交易，提供 AI 智能报表，方便政府工作部门对人员进行管理，其辅助迅速精准科学决策。在党建工作方面，可以通过数据分析手段及时跟踪和了解基层党建工作情况，随时可以通过图形化方式直观展现党组织分布、党员分布、流动党员分布等情况，为党建管理和组织决策提供切实有效的数据依据，不断提升党建管理效率和科学化水平。

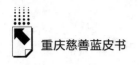

三　项目未来展望

互联网改变了基层党组织人员的工作思维和传统党建工作的模式，给党建工作的开展和相关决策的形成注入了新技术。虽然极大地促进了信息传播，但其信息的真实性与价值度也广为诟病，信息的发酵变形可能会误导决策的方向，大数据的可用性要求数据具有一致性、精确性、完整性、时效性、实体同一性[①]。

多部门基于协作和分工网络所进行的协同式行政也对互联网基础设施提出了新要求：首先，要求互联网基础设施能够使治理主体确信所采集到的数据的真实性和准确性，即具备需要高效验证数据真伪的机制[②]；其次，互联网基础设施还需要能够保证治理实体之间传输数据时不会发生数据隐私泄露问题；最后，互联网基础设施需要能够支持对治理过程的溯源评价[③]。

由于该系统为政府部门做党建和辅助决策，就特别强调数据的安全性和权威性，所以未来可以考虑探索引入区块链技术，以进一步完善互联网基础设施建设。区块链作为去中心、去信任、不可篡改的分布式共享账本（Distributed Shared Ledger），可以作为新基础设施为互联网构建可信的生态环境。区块链数据是不可篡改的，如

---

① 邵奇峰、金澈清、张召、钱卫宁、周傲英：《区块链技术：架构及进展》，《计算机学报》2018 年第 5 期。

② 朱昱锦、姚建国、管海兵：《区块链即服务：下一个云服务前沿》，《软件学报》2020 年第 1 期。

③ 金澈清、张召、潘斌：《区块链：面向新一代互联网的基础设施》，《新疆师范大学学报》（哲学社会科学版）2020 年第 5 期。

果要改变数据的某个节点，就要让所有节点都要改变，进而导致整个系统改变。下一步，该系统可将平台数据与第三方机构做一个认证，产生节点关联，如此系统里产生的任何行为和数据都会上传到第三方机构，得到公共服务机构认可，保证每笔交易数据的行为操作都是合规的，不能随意更改任何记录。

B.11

公益传播：新媒体时代下的华龙公益网

金 征*

摘　要： 互联网的普及推动着传统媒体的网络化、多元化发展，全媒体融合有效提升了主流媒体的公共传播效力，大大拓展了公益慈善的传播阵地。华龙网作为重庆市委市政府唯一官方新闻门户，目前已发展成为整合"两微一端"、覆盖省市县的全媒体矩阵，在重庆全域具有强大的传播力量。华龙公益网则是华龙网重点打造的"重庆最具有公信力的综合公益信息发布平台"，充分发挥"喉舌"作用和融媒体优势，聚焦慈善文化、扶贫攻坚、助残帮困、社区公益、禁毒教育等领域，开展形式多样的公益宣传报道，弘扬了社会主义核心价值观。此外，华龙公益网积极动员社会资源，联合慈善组织，线上线下协同发力，组织开展公益活动、实施公益项目、提供公益服务等，打造出区域"互联网+慈善"服务平台。未来，华龙公益网将立足慈善城市发展，利用好党媒强大影响力，着力打造本地公益品牌，为重庆慈善事业高质量发展提供助力。

关键词： 公益传播　互联网慈善　公益慈善

---

* 金征，中国慈善联合会研究部副主任，助理研究员，研究方向为慈善捐赠、互联网慈善、城市慈善发展。

近年来，华龙公益网在普及慈善文化、倡导志愿服务、举办慈善活动等方面开展了形式多样的宣传和实践工作，积极与社会各界互动配合，弘扬新时代慈善精神，发挥出媒体在慈善事业中的独特作用。

一 凝聚强大资源，打造华龙公益

华龙公益网成立于 2015 年，是华龙网集团在重庆市委宣传部指导下打造的"重庆最具公信力的综合公益信息发布平台"，是重庆市首家，也是主流媒体开设的唯一的非营利性公益网站[①]。华龙公益网整合重庆市民政局、重庆市妇联、共青团重庆市委、重庆市残联、重庆市慈善总会、重庆市红十字会、重庆市福彩中心、重庆市体彩中心等政府职能部门，集合重庆主要公益项目进行展示，搭建起政府与慈善组织、爱心企业、热心网民之间沟通的桥梁。

在融媒体时代，公益活动的策划者和实施者要不断丰富和创新宣传推广形式[②]。华龙公益网将公益传播、公益创新和公益文化作为三大核心工作，凭借自身平台的媒体优势及强大的资源整合能力，通过组织公益项目、开展公益活动、融合新闻报道、提供公益政务服务，打造"互联网+慈善"发展平台，成为重庆慈善事业发展强有力的助推力量。

---

① 如无特殊说明，本报告资料均来自华龙网提供的内部材料。
② 马琴：《融媒体时代公益活动的突破与创新研究》，《西部广播电视》2022 年第 17 期。

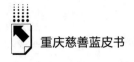

"十三五"期间,华龙公益网立足媒体社会责任,在脱贫攻坚、防控疫情、助残帮残、防毒禁毒、促进慈善行业发展等方面,积极创新慈善事业在互联网上的传播方式,大力宣传传播慈善正能量,实现公益慈善平民化、常态化发展,使"人人慈善"理念深入人心。近两年,华龙公益网认真贯彻落实中央关于大力发展网络公益的重要指示精神,加快"互联网+慈善"深度融合,不断建立和完善促进慈善事业发展与树立舆论正确导向的良性循环机制。

以 2019 年为例,华龙公益网全年独立开展及主办、协办、联合开展大型落地公益活动 8 个,参与人数超过 1000 万人次,并通过全媒体手段、融媒体方式发布公益活动新闻报道 600 多条,点击浏览量超过 1000 万次,形成了线上线下相结合的重庆特色网络慈善新模式。

二　发挥媒体优势,营造公益新风

(一)聚焦抗疫英雄,做好防疫报道

2020 年初,新冠疫情发生,华龙公益网第一时间策划抗疫专题和活动,聚焦奋战在抗疫一线的医生、护士、社区干部、慈善工作者、志愿者、社工等群体,联动多个社会组织推出系列采访报道、海报宣传、H5 互动、视频传播、专题汇总等,综合展现最美"逆行者"们的英雄风采,以不同视角持续报道疫情防控进展,吸引更多市民关注抗疫勇士,参与慈善捐助等抗疫行动。随着全国复

工复产，华龙公益网还针对社会组织、企业等，采用图文并茂的形式发表了多篇深入浅出的报道，吹响我国经济复苏的号角。

受疫情影响，重庆不少农户已经成熟的白菜、萝卜等蔬菜滞销，华龙公益网积极对接永川区农业农村委、永川区扶贫办、涪陵妇联等单位，全面统计当地菜农的蔬菜存量，并启动"同心战疫 爱心助农"公益活动，连接地产等社会资源消化蔬菜和农产品。华龙公益网先后通过图文直播吸引500余万人次观看带货，累计拉动永川农户销售蔬菜近40吨，价值30余万元，帮助农户渡过难关。

（二）聚焦禁毒宣传，传递无毒理念

为进一步提高青少年禁毒防毒意识，2019年3月以来，华龙公益网在每年国际禁毒日开展系列毒品预防教育宣传体验活动，组织青少年、网络大V、警风监督员等200余人走进重庆市未成年人强制隔离戒毒所，提升广大青少年识毒、拒毒、防毒的意识和能力。2020年，在"护航梦想·共筑平安"重庆警方梦想驿站主题宣传活动中，华龙公益网组织青少年禁毒志愿者走进火车站、走上街头，以青年力量号召旅客、市民关注和参与禁毒。还通过制作专题、拍摄纪录片、制作H5等宣传方式，对禁毒民警、社工、志愿者等群体开展系列报道，发布200条稿件，网络点赞逾1000万次，页面访问200多万次。

除了开展志愿行动、扩大禁毒宣传教育力度，华龙公益网还将益友公益发展中心等本地公益组织开展的禁毒工作为报道重点，把青少年群体作为禁毒宣传教育的重点，开展志愿活动，促进社会参与。此外，还连续报道2020年"最美禁毒志愿者"、2021"最美

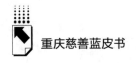
禁毒人"评选表彰活动，获得市民点赞 350 余万次，传递榜样力量，宣扬奉献精神。

三　整合多方资源，扩大帮扶群体

（一）聚焦脱贫攻坚，讲好扶贫故事

脱贫攻坚事关民生福祉，既要做好也要讲好。"十三五"期间，华龙公益网聚焦重庆脱贫攻坚战，推出一系列扶贫第一书记报道，连续 5 年关注贫困山区"幸福学校"建设、贫困吸毒人员"脱毒脱贫·共创美好"系列宣传等。华龙公益网联动奉节县人民政府、奉节脐橙产业协会，开展了"奉节脐橙携手华龙公益网 助力爱心公益"活动，募集善款 20 余万元；还携手 10 余家微信自媒体发起"电商+众筹+扶贫"酉阳"麻旺鸭"脱贫公益消费活动，一系列以购代捐促扶贫活动拉近了消费者与农户的距离，帮农户增收致富。

针对重庆市 18 个深度贫困乡镇，华龙公益网充分发挥主流媒体的平台优势，打造"重庆电商扶贫在行动""全市青年网络主播大赛"等活动，培养出一批农村电商带头人和人气"乡土网红"，推介重庆"大山好货"，用实际行动助力区县打赢脱贫攻坚战。

2020 年 10 月，脱贫攻坚战进入决胜的关键阶段，华龙公益网启动了"大江大河话脊梁——2020 年重庆市决战决胜脱贫攻坚全媒体宣传活动"，深入基层践行"四力"，全面报道了重庆各区县、各部门在脱贫攻坚道路上的创新思路、实现路径和具体成效，得到了全社会的高度关注。

（二）聚焦残疾群体，传递助残意识

2018 年，华龙公益网选派资深记者，对谭木匠万州工厂 350 余名残障员工走进南京艺术学院交流学习进行了全程跟踪报道。此后，在残疾人创业创新大赛暨第二届"渝创渝新"残疾人专项赛活动期间，配合重庆市残联进行了活动宣传。相关新闻报道图文并茂，深入挖掘了残疾朋友内心世界，全面展现他们自强不息的人生经历和乐观向上的精神面貌，记录了残疾人群体的创业故事，动人的事迹感动了众多网友。为了扩大影响力，华龙公益网还利用电子阅报屏、户外 LED、华龙直播等多媒体手段对活动进行了广泛传播，树立了残疾人自尊自信的良好社会形象。

2020 年，华龙公益网联合重庆市残疾人联合会开展"书香有爱·阅读无碍"残健融合阅读比赛活动，组织语言艺术专业老师对残疾人的参赛作品进行指导培训，邀请演员、名家等参与活动，倡导社会各界关注残障群体，激发残疾人阅读兴趣。华龙公益网充分发挥媒体优势，全力营造尊重和帮扶残疾人的良好社会氛围，让助残精神成为公众道德共识和行动自觉。

四　搭建交流平台，推动行业发展

（一）聚焦行业发展，关注社区社工

2019 年，华龙公益网组织召开"公益传播与媒体融合共生发展"重庆公益慈善事业宣传工作恳谈会，邀请了重庆市慈善总会、重庆社会救助基金会、重庆儿童救助基金会、重庆市妇女儿童基金

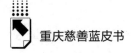

会、重庆市残疾人福利基金会、重庆市教育发展基金会、重庆市红十字会及 20 家社工机构参加，讨论公益慈善行业和媒体融合发展的好思路和好想法，对网络公益的开展形式建言献策。还联合多家慈善组织开展公益项目宣传，表彰了一批爱心企业、优秀志愿者，并举办"互联网+慈善"专题交流会，采用直播、图文、海报、H5等形式，让公益项目传递更广。

自 2017 年起，华龙公益网配合重庆市民政局连续五届开展巴渝社会工作宣传周活动。活动期间，华龙公益网开设专栏报道，邀请专家学者做客华龙会客厅进行经验交流，走访对话一线优秀社工，连续报道社工人物故事，积极传递榜样力量；关注社工服务领域，聚焦社会弱势群体，为困境儿童一对一实现心愿。此外，还利用电子阅报屏、户外 LED、华龙直播等多媒体手段广泛传播，弘扬社会工作专业精神，营造社会工作发展的良好舆论氛围和社会环境。

华龙公益网积极扩大社区基层慈善宣传阵线，以点带面、上下联动，在持续宣传服务本地社区慈善事迹基础上，积极开展"致谢热血英雄""安全伴你行""温暖骑心日""致敬人民守护者""困境儿童宠爱日"等感恩季系列活动，展现外卖小哥、快递员、环卫工人、教师、医护人员、司机等平凡百姓的善行善举，持续营造城市、社区向善向美的人文环境，擦亮"善美重庆"城市名片，打造"善的力量"华龙公益网品牌形象。

（二）聚焦公益品牌，打造善美重庆

2017 年以来，华龙公益网在市委宣传部、市民政局、市网信办指导下，联合社会各界开展"善的力量"系列品牌宣传活动。

2017 年，华龙公益网邀请各方代表探讨重庆慈善发展方向，并联络动员 60 余家企事业单位、100 余家公益组织、60 余位志愿者开展集中宣传，活动期间华龙网 PC 端阅读量超 20 万次，"重庆"客户端阅读量超 30 万次，活动得到 20 余家媒体渠道的转载和刊播。

2018 年，华龙公益网对全市 74 个公益机构、78 个公益人物、78 个公益项目以及 67 个公益企业进行网络展播，并邀请慈善组织负责人、企业代表等 22 人做客华龙网会客厅，采写公益慈善人物故事深度稿件 30 余篇，制作并发布原创公益歌曲《善的力量》及 MV，"善的力量"专栏阅读量超 100 万次，并在观音桥举办"善的力量"2018 重庆公益慈善文化展暨公益慈善事业发展交流会。

2019 年，华龙公益网开展网络展播、寻访报道、会客厅访谈、"善的力量·十大微光榜样人物评选"等，以及"致谢热血英雄""安全伴你行""温暖骑心日""致敬人民守护者""困境儿童宠爱日"等感恩季系列活动，在持续宣传、服务本地慈善组织、爱心企业、公益项目、公益人物基础上，也积极寻找长期奋斗在一线的平凡工作者们的善行善举，持续营造城市向上向善的人文环境。

2020 年，华龙公益网以抗疫为重点，聚焦抗疫一线工作者，进行系列采访报道，不懈宣传和践行公益慈善理念。

五　结语

华龙公益网在抓好网络宣传的同时，持续加强网络阵地建设，依靠新媒体新技术的力量，积极报道展示慈善活动，传递弘扬慈善理念。从主动响应政策号召投身慈善行动，到联合各方搭建区域慈

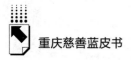

善平台，吸引更多人和更多机构加入慈善事业，不断推进重庆慈善事业高质量发展，使城市面貌更加美丽。

参考文献

《重庆华龙网集团股份有限公司 2021 年社会责任报告》，人民网，http：//h5. people. cn/socialRespons/index. php/social/preview/？file = uploadfile/pdf/202202/20220224141300415. pdf ，最后检索时间：2022 年 5 月 9 日。

戴佳毅、王静：《新时代地方媒体如何做好公益传播——以华龙公益网的发展与实践为例》，《新闻研究导刊》2020 年第 4 期。

周伟、荣欣欣：《新理念构建公益传播新格局》，《传媒》2022 年第2 期。

借 鉴 篇
Reference Chapter

B.12
国外网络募捐监管经验及借鉴
——基于美英德俄日法六国的分析

王　栋*

摘　要： 从国际上看，全球性的社会信息网络化成为时代趋势，网络的及时、便捷和高效特征有效地推动慈善募捐事业快速发展。相对于传统慈善募捐，网络募捐能够跨越空间隔阂，争取更多宝贵的时间去帮助迫切需要救助的人。但网络的可变性、不稳定性和随机性等问题，对于网络募捐的监管造成很大的压力，也相对应的对于募捐环节、网络程序、法律法规都提出了更高要求。本报告通过深入研究美

* 王栋，重庆工商大学重庆廉政研究中心研究员，法学与社会学学院教授，研究方向为社会组织协商与治理。

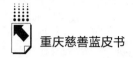

英德俄日法等六个国家的网络监管制度，从监管原则、监管形式、监管主体、监管法律、监管程序等五个方面分析，提出建立多元联合监管机制、发展适合本土的监管法律、综合运用多种监管形式、注重培育和规范并重、建立多层制度化的监管平台等对策建议。

关键词： 网络募捐　监管平台　联合监管

一　美英德俄日法六国网络募捐监管梳理

（一）监管原则

在俄罗斯，从慈善组织的慈善行为来说，必须"建立在法律允许的、可行的、自愿的、无报酬的、慈善基金会自主管理等原则基础之上"[1]。而对于慈善组织自身的责任原则来说，基金会每年需向主管司法机关作关于慈善收支的财务清单，并向主管政府机关、税务部门和全体会员汇报慈善活动的支撑数据及提供资产结算情况，而且做到客观真实[2]。如果故意伪造财政结算，以及向税务部门隐瞒情况或逃税，应依法进行惩戒。在英国，注册一家网络募

---

① 徐冀鲁：《社会募捐也应有一定的法律规范——俄罗斯慈善法草案简介》，《现代法学》1994年第6期。

② 崔冬：《慈善组织行政规制研究》，吉林大学博士学位论文，2015。

捐机构必须接受严格的审批手续①。国家规定民间慈善组织在注册
成为慈善机构的同时，也可以按照英国《公司法》注册为"公共
有限责任公司"，即"双重注册"模式。就美国而言，对募捐行为
的监管由司法机构统一执行，保证政策一致性②。在监管权限方
面，美国慈善组织管理联盟制定的《查尔斯顿原则》详细规定了
地区监管和报告制度的适用范围。在信息披露方面，美国《数字
千年版权法案》提出了"避风港"原则，指在发生著作权侵权案
件时，如果被告知侵权，则有删除的义务，否则就被视为侵权。在
德国，慈善组织以财团法人角色存在，相比社团法人，它更依托于
外部监督来保证其目标的实现。最基本的准则就是个人不能单独向
社会公众发起募捐的行为。虽然德国有许多民间性质的众筹平台，
但也严格设置了对慈善组织审批为财团组织的规定，不管是其成立
还是撤销都需要经过严格的审批程序。在日本，政府对慈善募捐的
依法规制已成为法律活动的常态③。目前日本"没有专门规制慈善
募捐活动的立法"，而且对慈善募捐准入并不采用严格的许可制
度④。因此，日本采用原则规定的方式来规范募捐主体的范围。即
从总体上规定慈善活动的规则以及慈善募捐的程序而不再具体规定
慈善募捐的主体类型，至于哪些主体承担慈善募捐责任，则依注册

---

① 新华网：《为慈善立规 国外怎么做》，http：//korea. xinhuanet. com/2016-03/08/
　c_ 135165 788. htm，最后检索时间：2020 年 10 月 1 日。
② 搜狐网：《互联网公开募捐平台监管的美国经验》，https：//www. sohu. com/a/
　164170808_ 669645，最后检索时间：2020 年 10 月 1 日。
③ 杨道波：《慈善募捐法律规制论纲》，《法学论坛》2009 年第 4 期。
④ 李永军：《域外慈善募捐准入制度考评》，《社团管理研究》2011 年第 9 期。

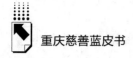

机构的具体性质来确定①。法国的募捐制度确定了保证善款善用的四项原则：严格管理、不谋私利、规范运作、财务透明。慈善组织负责人不取薪酬、不从慈善活动中获利，要求慈善机构向宪章委员会提交经过严格会计制度设计、由会计责任人检定的年度财务总结，并应捐款人和相关利益组织或个人的要求向其提供证据资料。国家委员会审查建立基金会的申请，要求所有慈善组织必须是非营利性质的公共部门。每个慈善组织都应把身份信息、联系方式、财产结构以及捐赠账户公布于众，作为其募集捐款的身份证明。根据相关法律法规，慈善组织从创立到运行，乃至撤销等都必须严格遵守法律程序，组织的内部治理、结构组成、财务制度、日常活动等方面都要接受严格监管。

（二）监管形式

美国在网络募捐监管上主要是通过慈善信息署网络募捐平台进行评估，评估结果对外公示，评估结果不合格的组织必须在规定时间内进行整改。慈善组织每年按规定向财务监管部门提供详细的机构财务运行状况和组织人员的报酬机制。而且在评估方面因组织不同而采取不同的方式，并随机抽查慈善组织的财务状况，严格细致的查验组织运行中存在的漏洞。对违规违法的机构严格处理，包括罚款和刑事处罚②。相关机构还成立第三方评估组织，从财务情况、透明度两个方面对各个项目进行评分。再者，还借助行业协会对网络

---

① 杨道波：《慈善募捐法律规制论纲》，《法学论坛》2009年第4期。
② 郭微：《网络募捐平台监管问题研究》，长春工业大学硕士学位论文，2019。

慈善组织的运行情况进行研究，将存在的问题或不足及时反馈给监管部门。美国的慈善监管机构还制定了规范整个行业制度以及维护本领域可持续发展的保障措施。英国网络募捐在制度建设方面显得不够成熟。英国主要还是依靠法律法规的制度效力对慈善活动进行监管，并规定了公众对网络募捐的监事责任，例如建立了全天候的举报和处理部门，公民随时可打电话投诉不法行为。但是英国网络募捐监管还没有统一的监管形式，也没有具体的立法机构对其进行规范。同样在日本，国家层面也未制定明确的与慈善募捐相关的法律，因此网络欺诈、骗财等违法行为比较普遍。为了补上这一监管领域的漏洞，日本依靠社会组织力量参与到监管工作中来。不过日本在慈善募捐入口上把关很严，相关活动实施之前必须经过监管部门审批，并要同时向警务部门提供活动的详细执行方案。俄罗斯在慈善募捐法律方面则做得较为完善，建立了一系列慈善募捐活动的相关规则和宗旨要求。但是针对慈善活动还缺乏相应的法律制度约束，而且有些慈善组织只需公开其简要的机构介绍、资产来源，并不提供具体的预算或结算的检测报告，这就为违法活动创造了可乘之机。俄罗斯在关于灾害救助方面没有专门机构监管，相关慈善机构只接受通过银行或手机短信的捐赠，这样在整个捐赠过程中的证据留存就存在问题。德国并没有统一的募捐监管法律，虽然在每个州都有自己的法律，但是大部分州由于对行政经费等的宽松管理而撤销了部分监管法律，这容易导致行政执法中不够严谨甚至出现腐败问题，如果查询具体的规制则必须求助于税法。法国对慈善募捐则建立了单独的《参与性筹资法令》。同时，法国慈善行业协会也在慈善监管中发挥了重要作用。规范的监督管理使宪章委员会的认证认可度很高，凡获得其认证的慈善组织均以此为荣，并且该

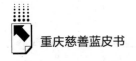

认证确实有助于提升其影响力，截至 2014 年，宪章委员会的成员已经发展到 50 多个，涵盖了法国多数知名的慈善组织①。

（三）监管主体

在监管主体执行方面，美国建立了组织自律与法律监管的双重主体机制。其中在外部监管方面，除了严格法律法规外，还依靠税收部门和司法部门来监管募捐行为。值得称道的是，美国通过相应的免税审批和监管机制建立全面监督网络募捐过程，包括检查慈善组织的活动是否非法营利，以及检查网络募捐的盈利部分是否被组织的领导私分或者用于对组织成员进行福利发放。司法组织则通过各州的总检察长对网络募捐活动进行就地全面的审核。慈善组织的固定资产和捐赠资产都应接受具备监管资质的机构的统一监管。而且美国政府还将对监管慈善组织活动的监管机构进行再监督，也就是杜绝监管机构在监管过程中的徇私舞弊行为。在机构自律层面，这些慈善机构依靠制定严格的内部约束规则和监督组织成员的行为准则等。除此之外，美国公民有对慈善组织问责的权利，包括从设立登记到组织运行甚至对管理层监管漏洞的问责。媒体、第三方评估组织以及教会也是美国重要的网络募捐监管主体。英国成立了慈善监管机构和组织自查机构。首先，英国建立了独立于政府机构和议会的专门的英国慈善委员会，其监管过程客观真实中立，具有很强的震慑力。慈善委员会具体负责慈善组织的备案登记，同时它又是法定裁决部门并具备一定的执法调查权，负责规范引导网络募捐

---

① 谢琼：《欧洲慈善监管模式及对我国的启示》，《苏州大学学报》（哲学社会科学版）2015 年第 5 期。

慈善活动健康有序进行。其次，英国工会也对网络募捐监管行使个人应尽的义务，他们有权查阅网络募捐的具体档案材料和活动过程。此外还有三个非政府性的社会组织承担了社会监管角色。其中包括接受处理公民投诉的募捐标准委员会，也包括起到社会监督责任的募捐协会。法国也采取了宪章委员会与政府机关的双重监管主体责任机制。法国宪章委员会制定的《宪章》是通过标准认证的方式对网络慈善募捐过程进行监督的专门法规。其发生的金融监管风险主要由金融市场管理局和审慎监管与处置局负责，而对于捐赠类捐款则主要由审慎监管与处置局负责。除此之外，法国的慈善机构还要受到社会事务监督机构、行政审计法院等机构的监管，机构的财务账目需要会计师事务所和政府审计人员的双重审计。德国则依靠天主教联盟和社会福利问题研究所对慈善募捐资质进行全程的网络募捐监管，并限制了所有网上的慈善捐赠必须在这两个机构认证的平台上完成，也要求两个机构共同配合才能完成法律所赋予的监管权力。德国的慈善组织内部治理较为简单，缺少监事会这样内部的监督机关。日本网络募捐当前主要采取的是业务主管机构和政府首脑分置并存监督的形式。在日本，政府可以直接委托慈善认定委员会对慈善组织的资格进行严格的审查。在都、道、府、县设立的慈善组织由当地政府负责人负责财务监督，但在两个都、道、府、县区域内设立的慈善组织则由内阁管理。日本政府对网络慈善机构的监管权力很大，拥有要求机构提交事业报告书、直接现场检查、干预机构内选任临时理事重大事项、对违规事项要求责令改进、取缔认证资格等诸多方面的监管权力。

总结而言，美国、英国、法国、德国网络募捐前期的审批都极

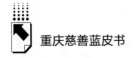

其严格，只有日本前期在慈善组织准入方面较为宽松。美国采取政府监管和机构自律并重的方式。法国依靠宪章委员会与政府机关双重监管，属于政府和社会机构协同监管。日本重点依靠业务主管机构和政府首脑分置并存监管，其中政府监管的裁决权力很大。与日本主要依靠政府监管相比，英国和德国转变政府监管职能，将监管权力转交给社会机构，英国主要依靠英国慈善委员会代表官方实施监管职能以及依靠机构和行业自律监管；德国主要依赖天主教联盟和社会福利问题研究所这两个大的独立机构进行监督。

（四）监管法律

英国关于网络募捐的监管制度采取集中立法，即以基本法《慈善法》为主，和《关于网络众筹和通过其他方式推介不易变现证券的监管规则》《众筹监管规则》等相关法为辅的双重监管的机制。俄罗斯也是采取集中立法的方式，以1995年颁布的《慈善活动和慈善组织法》为主，以《非营利组织法》《俄罗斯联邦慈善行为和慈善基金会法》《莫斯科慈善活动法》为辅。包括对慈善行为主体、客体、方式、原则，慈善活动所取得的财产分配、权利能力，慈善组织成立及有关文件、章程、注册登记、种类、会员资格、管理机构、资产与财产、活动监管、改组与撤销等进行监管。在法国，网络募捐监管制度的设立采取了分散立法的方式，即将运用于慈善组织的各种规范设置在多部法律中，主要有《慈善发展法》《非营利社团法》《参与性筹资法令》等。法国于1901年颁布了《非营利社团法》，对包括慈善组织在内的非营利社团进行了行为规范。法国虽然统一将众筹放置于金融监管的体系中，但是对众筹监管机制进行了单独立法，并形成了单独的体系，是一个偏独立类型的监管方式。德国关于网络募捐监管的相关法律主要有《德国基本法》《德国民法典》《德国结社法》《所得税法》等，虽然和法国一样都是采取分散立法的方式，但在德国主要以组织法来约束慈善组织，国家对慈善组织并不专门监管，其登记与管理机制是分开的。但是法院或政府部门也将利用司法规范对慈善组织非法的募捐行为进行惩罚并向政府汇报。德国对慈善组织活动的监管机制与其他国家有些不同，主要是政府基本不对其进行管制，而是通过法院和财政管理部门以及民众对慈善活动进行监管。德国的法律没有规定慈善机构必须向社会大众提供其活动和财务状况的信息，但是法律规定慈善机构必须设立基金会登记册，这样可以使慈善机构更好的受到社会公众的监督。在日本，官方网络募捐主要受《日本红十字法》《社会福祉法》等专项法律的规制，社会网络募捐则分别接受《更生事业法》《社会福祉法》《医疗法》《私立学校法》《宗教法人法》等专门法的规范，而少数被官方批准开展的募捐行为，还需接受相关政府部门的更为严密的监督。不过根据日本募捐协会的总结，个人或机构在进行募捐时，更需要遵守《道路交通法》《特定商业交易法》《个人信息保护法》《公职选举法》《特定电子邮件法》《政治资金规正法》以及前述各地政府部门制定的募捐制度。美国关于网络募捐制度采取分散立法的形式，通过税法引导并规范各界的慈善活动与行为。各州在处理慈善募捐的时候将成文法和习惯法作为根本，美国各州的慈善法内有相关规范网络募捐的条文，如加利福尼亚州的《非营利法人法》《统一机构资金审慎管理法》，对慈善机构资金

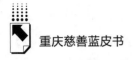

的投入、分发都进行了追踪与监督；2006 年，美国律师协会发布了《非营利法人示范法改革草案》，其内容就包括对非营利组织的监管问责。在立法制度方式上，英国和俄罗斯采取集中立法的方式，以基本法为主，以其他相关法为辅。但是跟俄罗斯相比，英国的监管制度具有独立性，英国设置了慈善委员会，依法独立行使职权。法国、德国、日本和美国则采取分散立法的方式，其网络募捐由多部相关法律共同作用、由多项相关法律制度共同监管，而且这四个国家的监管制度都相对较严格。

（五）监管程序

监管程序基本上已经在各国的慈善法中有所体现，如法国有《社会组织筹款法》。1995 年，俄罗斯国家确立了《俄罗斯慈善活动和慈善组织法》，其中规定了慈善组织网络募捐实施的条件和程序。日本政府在筹款活动中对几乎所有的组织或个人实行了非常严格的"进入许可证制度"。同时，获得政府授权的筹款募捐活动在开展过程中还必须受到相关政府机构的严格管控。日本在组织准入方面的监管渐渐被淡化，但相应地加强了运行中的监督和管理，包括对当地网络募捐采取突击检查和全面视察等方式。日本网络慈善组织也实行了财务公开和负责人信息公开的公开机制，最大限度地实现了财务和管理工作的透明化。从美国方面来看，美国法律规定了非营利企业的资格，通过税收过程的履行情况查验监督网络募捐存在的过程问题。英国的监管更多集中于网络公开募捐活动前期筹备阶段的资质审核、活动规划等审批程序上，要求审批制度做到规范统一，但对网络募捐活动生效后的运行过程的监管相对缺失。德国在长期完备的社会福利法律体系中发展出一套比较健全的募捐程序，例如在进行大规模募捐活动时，一般需要对募捐者或者召集者进行资质核验，并对募捐所得资金使用情况进行严格监管，这些监督活动大都交给社会福利问题研究所和天主教联盟这两个部门完成。

二　经验借鉴

当前中国网络募捐存在风险漏洞、逆向选择、信息披露不及时不到位等多重问题，严重影响了我国慈善组织的社会公信力和慈善事业的总体发展态势。通过对国外慈善活动的规则梳理，可以借鉴国外较为完善的网络募捐监管制度来规制我国的网络募捐行为。

（一）建立多元联合监管机制

因为网络募捐活动涉及了银行支付系统、互联网金融系统等诸多方面，对网络募捐活动的监管应采取多个部门联合监管的机制。比如民政部门对慈善事业规则进行日常化监管；网信办对网络募捐活动中出现的违法类网站进行管制；金融监管部门和人民银行对金融支付领域的活动进行监管；公安机关则对网络募捐活动中的诈骗行为进行立案处理。2018年，发改委、民政部、人民银行等40个部门联合发布了《关于对慈善捐赠领域相关主体实施守信联合激励和失信联合惩戒的合作备忘录》。而且《慈善法》也明确规定了民政部、公安机关在日常管理方面的职责和对违法犯罪的惩戒措施，并建立了慈善机构负责人法律问责机制，从制度层面将网络募捐惩治

机制常态化。因此，政府部门应该对网络募捐监管活动发挥基础性主导作用，同时还应结合慈善组织内部监管、行业自律和社会监管。当前慈善组织缺乏自律或者内部监管不完善问题普遍存在，因为慈善行业处于新生阶段，整体的规范性不够，民众缺乏充足信息，导致监管的积极性不高。因此可以引入独立的三方网络募捐评估监管机构、专业靠谱的财务会计审计人员和社会大众来对网络募捐发起主体进行资格审查，对其组织信息披露的执行情况、运行过程、资金动向以及剩余财产的处置等进行全方位监督。同时委托网络募捐的相关监管机构或平台，负责处理公众投诉、制定慈善募捐行为的活动准则。现任管理层定期发布组织的财务报表或是审计报表，接受专业的审计人员和会计人员的监督检查，同时也方便民众对其进行监督。

（二）发展适合本土的监管法律

在实践中，只有符合国情的法律才能真正有效并产生持续影响。通过分析发现，美国、德国、英国等国家的慈善监管法律尊重国家传统并与社会现实、发展需求等密切相关，从而促进了慈善事业顺利发展。目前，越来越多的中国慈善机构加入了网络慈善募捐的行列，有关网络募捐的法律法规的制定也得到相关部门的重视，不断出台一些法律规范用于加强慈善募捐活动的规范性建设。2017年，民政部社会组织管理局对慈善机构的互联网公开募捐信息平台所适用的《慈善组织互联网公开募捐信息平台基本技术规范》《慈善组织互联网公开募捐信息平台基本管理规范》这两项行业标准开展公开的意见征求活动。其中《慈善组织互联网公开募捐信息平台基本技术规范》规定了慈善组织互联网公开募捐信息平台在性能、功能、安全、运维等方面的基本技术要求；《慈善组织互联网公开募捐信息平台基本管理规范》规定了慈善组织互联网公开募捐信息平台在指定、运行、服务、监管等层面的基本管理要求。虽然有相关法规对网络募捐的监管起到一定的作用，但是面对一些具体的"骗捐""诈捐"事件时，法律监管力量依然显得力不从心，主要是因为相关的监管法律不健全。因此必须加强相关法律建设，比如2014年国务院发布了《关于促进慈善事业健康发展的指导意见》，2016年全国人民代表大会签署了《中华人民共和国慈善法》，2016年国务院颁布了《慈善组织公开募捐管理办法》和《公开募捐平台服务管理办法》，2017年民政部颁布了《慈善组织互联网公开募捐信息平台基本管理规范》和《慈善组织互联网公开募捐信息平台基本技术规范》这两项行业标准。但是，总体来看中国对现有网络募捐的监管，存在现行监管法律滞后、相关规定较笼统、方式形式较单一等问题，这就需要进一步对当前的网络募捐监管形式进行认真总结，进一步健全网络募捐监管的相关法律法规，做到所有慈善募捐监管活动有法可依、执法必严、违法必究。

（三）综合运用多种监管形式

单一和传统的政府监管手段已经不能适应我国日益发展的网络募捐所提出的各种要求。对于网络募捐的监管，政府要根据监管主体和背景的变化采取多样化的监管手段。除了强制性的法律、制度等监管方式外，还可以根据网络募捐问题的轻重来考虑是否采用语言教育的方式。因为单纯的运用法律等强制力来监管会导致慈善募捐组织对于网络募捐产生消极感。除了政府部门监管之外，还应加强社会监督对慈善募捐的监管，其中包括不断创新公共媒体、互联网用户和社会监督平台的监督机制，实现对慈善组织、企业和行为的全方位监督和评价。此外，媒体还应更新传统媒体对公众投诉的监管方式，积极开发新的信息技术和网络技术监管形式，不断拓宽慈善募捐的监管渠道。例如区块链技术在互联网慈善信息公开的监管上有较大的潜力。因为区块链可对每一个获取的网络数据进行记录，信息链上的所有重要数据将对外公开，从而全部的信息数据都将有据可查。而且区块链技术一般使用非对称的加密计算方法，可以对慈善组织的身份信息进行安全设置。因此，运用区块链技术有利于使互联网慈善信息公开透明，同时也有助于保护国家的机密、企业秘密和个人隐私等法律不允许公开的信息，以保证这些信息的安全。

（四）注重培育和规范并重

我国政府应该加大对于网络募捐的培育，在发展中不断完善监管机制和加强监管力度，包括鼓励网络募捐组织自主性治理，通过其内部自律机制的成熟达到监管的效果。同时加快建立独立的第三方评估监管机构，以客观真实的监管立场给予募捐机构客观公平的监管结果。并加大力度发展社会大众的监管力量。而在政府的规范性方面，则应强化政府监管范围、监管机制、税收政策、违规财产处置和处罚等。中国网络募捐组织应当在民政部门按规定注册，并经管理部门的审核批准，然后由司法机构负责法律监管，税务部门做好财务监管。政府还可以根据掌握的网络募捐平台的参与人数、项目发起数目、实际落地项目数等信息评估网络募捐的平台,对这些募捐平台进行综合排名,引导民众高效有序的参与网络募捐。除此之外,政府应该采取积极的态度和宽松的政策做好引导和支持工作,引入更多的第三方社会组织参与监管工作,从而促进网络募捐组织的健康持续发展。

(五)建立多层制度化的监管平台

随着网络技术的日益进步,我国网络募捐监管平台的发展形式也得到了不断改进,但其资金流动监管、诚信监管、募捐渠道监管都还不稳定。参考各国的经验,建议进一步明确互联网监管平台的监管职责,尤其是加强各级监管机构的制度化发展,包括各级登记注册部门的健全、各级法律规制部门的建设、各级网络科技监督部门的建设。各级监管部门对网络募捐平台的运行、捐款收支的管理建立公诉机制,并按照严格的程序进行;完善网络募捐机构的审批工作,加强竞争机制和轮换机制等。积极利用互联网技术,加强对网络监管平台大数据的研究,引入区块链技术,开发多维网络联动制裁机制。还可以在政府设立一个总的一级监控平台,在各网络募捐机构设立二级分平台,政府可以对慈善募捐机构进行直接检查和定期抽样。政府机构内部、募捐组织内部又分别设立三级分平台互相监控,其中一个特殊平台统计每月监控各三级平台的最新信息或报告,在层层监控下来,可以最大限度减少网络募捐平台的腐败,保证慈善组织在无缝隙监管体系中健康有序发展。

参考文献

徐冀鲁：《社会募捐也应有一定的法律规范——俄罗斯慈善法草案简介》，《现代法学》1994 年第 6 期。

崔冬：《慈善组织行政规制研究》，吉林大学博士学位论文，2015 年。

新华网：《为慈善立规 国外怎么做》，http：//korea. xinhuanet. com/2016-03/08/c135 165788. htm，最后检索时间：2020 年 10 月 1 日。

搜狐网：《互联网公开募捐平台监管的美国经验》，https：//www. sohu. com/a/16417 0808_ 669645，最后检索时间：2020 年 10 月 1 日。

杨道波：《慈善募捐法律规制论纲》，《法学论坛》2009 年第 4 期。

李永军：《域外慈善募捐准入制度考评》，《社团管理研究》2011 年第 9 期。

杨道波：《慈善募捐法律规制论纲》，《法学论坛》2009 年第 4 期。

郭微：《网络募捐平台监管问题研究》，长春工业大学硕士学位论文，2019。

谢琼：《欧洲慈善监管模式及对我国的启示》，《苏州大学学报》（哲学社会科学版）2015 年第 5 期。

权威报告·连续出版·独家资源

皮书数据库
ANNUAL REPORT(YEARBOOK)
DATABASE

分析解读当下中国发展变迁的高端智库平台

所获荣誉

- 2020年，入选全国新闻出版深度融合发展创新案例
- 2019年，入选国家新闻出版署数字出版精品遴选推荐计划
- 2016年，入选"十三五"国家重点电子出版物出版规划骨干工程
- 2013年，荣获"中国出版政府奖·网络出版物奖"提名奖
- 连续多年荣获中国数字出版博览会"数字出版·优秀品牌"奖

皮书数据库　　　"社科数托邦"
　　　　　　　　微信公众号

成为用户

　　登录网址www.pishu.com.cn访问皮书数据库网站或下载皮书数据库APP，通过手机号码验证或邮箱验证即可成为皮书数据库用户。

用户福利

- 已注册用户购书后可免费获赠100元皮书数据库充值卡。刮开充值卡涂层获取充值密码，登录并进入"会员中心"—"在线充值"—"充值卡充值"，充值成功即可购买和查看数据库内容。
- 用户福利最终解释权归社会科学文献出版社所有。

数据库服务热线：400-008-6695
数据库服务QQ：2475522410
数据库服务邮箱：database@ssap.cn
图书销售热线：010-59367070/7028
图书服务QQ：1265056568
图书服务邮箱：duzhe@ssap.cn

社会科学文献出版社　皮书系列
SOCIAL SCIENCES ACADEMIC PRESS (CHINA)

卡号：199121376896
密码：

S 基本子库
SUB DATABASE

中国社会发展数据库（下设 12 个专题子库）

紧扣人口、政治、外交、法律、教育、医疗卫生、资源环境等 12 个社会发展领域的前沿和热点，全面整合专业著作、智库报告、学术资讯、调研数据等类型资源，帮助用户追踪中国社会发展动态、研究社会发展战略与政策、了解社会热点问题、分析社会发展趋势。

中国经济发展数据库（下设 12 专题子库）

内容涵盖宏观经济、产业经济、工业经济、农业经济、财政金融、房地产经济、城市经济、商业贸易等 12 个重点经济领域，为把握经济运行态势、洞察经济发展规律、研判经济发展趋势、进行经济调控决策提供参考和依据。

中国行业发展数据库（下设 17 个专题子库）

以中国国民经济行业分类为依据，覆盖金融业、旅游业、交通运输业、能源矿产业、制造业等 100 多个行业，跟踪分析国民经济相关行业市场运行状况和政策导向，汇集行业发展前沿资讯，为投资、从业及各种经济决策提供理论支撑和实践指导。

中国区域发展数据库（下设 4 个专题子库）

对中国特定区域内的经济、社会、文化等领域现状与发展情况进行深度分析和预测，涉及省级行政区、城市群、城市、农村等不同维度，研究层级至县及县以下行政区，为学者研究地方经济社会宏观态势、经验模式、发展案例提供支撑，为地方政府决策提供参考。

中国文化传媒数据库（下设 18 个专题子库）

内容覆盖文化产业、新闻传播、电影娱乐、文学艺术、群众文化、图书情报等 18 个重点研究领域，聚焦文化传媒领域发展前沿、热点话题、行业实践，服务用户的教学科研、文化投资、企业规划等需要。

世界经济与国际关系数据库（下设 6 个专题子库）

整合世界经济、国际政治、世界文化与科技、全球性问题、国际组织与国际法、区域研究 6 大领域研究成果，对世界经济形势、国际形势进行连续性深度分析，对年度热点问题进行专题解读，为研判全球发展趋势提供事实和数据支持。

法律声明

"皮书系列"(含蓝皮书、绿皮书、黄皮书)之品牌由社会科学文献出版社最早使用并持续至今,现已被中国图书行业所熟知。"皮书系列"的相关商标已在国家商标管理部门商标局注册,包括但不限于 LOGO( )、皮书、Pishu、经济蓝皮书、社会蓝皮书等。"皮书系列"图书的注册商标专用权及封面设计、版式设计的著作权均为社会科学文献出版社所有。未经社会科学文献出版社书面授权许可,任何使用与"皮书系列"图书注册商标、封面设计、版式设计相同或者近似的文字、图形或其组合的行为均系侵权行为。

经作者授权,本书的专有出版权及信息网络传播权等为社会科学文献出版社享有。未经社会科学文献出版社书面授权许可,任何就本书内容的复制、发行或以数字形式进行网络传播的行为均系侵权行为。

社会科学文献出版社将通过法律途径追究上述侵权行为的法律责任,维护自身合法权益。

欢迎社会各界人士对侵犯社会科学文献出版社上述权利的侵权行为进行举报。电话:010-59367121,电子邮箱:fawubu@ssap.cn。

社会科学文献出版社